Über dieses Buch Ein Lesebuch, ein Textbuch, Umschreibungen des Selbst und des Anderen, Impressionen und Skizzen – oder wie immer man diese Form des nicht romanhaften, aber erzählenden und essayistisch aufgelösten Schreibens nennen will. Das Buch erschien 1981 in Paris und bildet Abschluß und Neubeginn des Versuchs von Leiris, Alltäglichkeiten, Situationen und Nuancen – gebrochen im Auge des Beobachters – zu umkreisen, bezogen auf die eigene Person zu entschlüsseln oder einfach nur zu beschreiben. Poesie und Prosa, Autobiographie und Skizze sind mögliche Formen, wenn das Auge sich seinen Fesseln nicht demütig unterwirft. Das Buch ist ein »letztes« Protokoll der Forschungen von Leiris, in dem er der eigenen Existenz eine Begründung zu geben versucht und das er entrollt wie ein langes Gedicht...

Der Autor Michel Leiris, 1901 geboren, Ethnologe und Schriftsteller, gehörte der surrealistischen Bewegung an, arbeitet seit den 30er Jahren als Ethnologe am Pariser Musée de l'Homme und schreibt kontinuierlich an seinem autobiographisch geprägten dichterischen Werk. – Weitere Titel von Michel Leiris im Fischer Taschenbuch Verlag: »Die Lust am Zusehen« (3609), »Bacon/Picasso/Masson« (3610).

Michel Leiris

Das Band am Hals der Olympia

Herausgegeben von
Hans-Jürgen Heinrichs

Aus dem Französischen und
mit einem Nachwort versehen von
Rolf Wintermeyer und Simon Werle

Fischer Taschenbuch Verlag

Ungekürzte Ausgabe
Veröffentlicht im Fischer Taschenbuch Verlag GmbH,
Frankfurt am Main, Dezember 1989

Lizenzausgabe mit freundlicher Genehmigung des
Qumran Verlags, Frankfurt am Main und Paris

Umschlaggestaltung: Buchholz/Hinsch/Hensinger
unter Verwendung eines Gemäldes von
Edouard Manet ›Olympia‹, 1963 (Ausschnitt)
Druck und Bindung: Clausen & Bosse, Leck
Printed in Germany 1989
ISBN 3-596-23613-4

Das Band am Hals der Olympia

Auf einmal schwingt das Bett nach rechts weg und ich werde so schnell auf die Seite geworfen, daß es mir schier den Atem nimmt. Jeder Halt ist mir entglitten, und als ich – wacher jetzt – dagegen ankämpfe und mich auf den Rücken drehe, während ich vorher auf der rechten Seite lag, schwingt nun die Zimmerdecke nach links. Es bedarf einer gewissen Anstrengung meiner Augen, um das Gleichgewicht wieder herzustellen, und die Decke schwankt mehrere Male, bevor es mir gelungen ist, sie wieder ins Lot zu rücken, so etwa wie ein Fahrer, dessen Wagen ins Schleudern kommt, ihn auffängt, ohne gleich auf Anhieb die rechte Richtung wiederzufinden.

Ich bin weder trunken oder irgendeinem Rauschmittel verfallen, noch Opfer eines Erdbebens, sondern hatte gerade das, was man gewöhnlich einen Schwindelanfall nennt, ein Unwohlsein, dessen psychologischer Mechanismus (der im übrigen von Fall zu Fall verschieden sein wird, daran besteht kein Zweifel) den meisten Leuten genauso unbekannt ist wie mir.

Angesichts des noch trüberen Einschlags meiner Gedanken seit meinem kürzlichen Geburtstag – einem jener Trauertermine, die manche bitterernst in Feste umgemünzt wissen wollen – verläßt mich die Unruhe nicht wieder. Und doch ziehe ich aus dem winzigen Warnzeichen bald einen optimistischen Schluß: jenen fatalen Schritt, vor dem es mir dermaßen graut und den man – so scheint mir – erst dann wird machen können, wenn man zuvor schon durch ein dichtes Gestrüpp hindurchgegangen ist, dessen Dornen einen schmerzhaft zerreißen, werde ich vielleicht im Fluge gehen, ohne mehr zu empfinden als einen plötzlichen Schwindel, der sich nicht einmal mehr aufzulösen braucht, denn die nötige Zeit dazu wird mir auf immer fehlen.

Lassen Sie es sich gesagt sein, Leser oder Leserin, oder laß es dir gesagt sein (denn wenn du mich liest, gehörst du zu meinem vertrauten Umgang), daß es mir, wenn ich hier rede, mehr darum zu tun ist, zu reden, als etwas zu sagen.

– Wie, du redest, um nichts zu sagen?

– Es ist eine Redensart, wenn ich sage, daß ich rede, um zu reden: wenn ich rede, dann tue ich es durchaus, um etwas zu sagen, aber etwas (um offen zu reden), wovon ich nicht weiß, was es sein wird.

– Da kannst du mir viel erzählen ... Du weißt also nicht, was du redest!

– Vielleicht ... Aber gemach, gemach, was soll das heißen? Ich bin kein kleiner Junge, dem man über den Mund fährt, indem man ihm sagt, er wisse nicht, was er redet. Wenn ich es wüßte, dann müßte ich es nicht sagen. Wie ich es dir schon gesagt habe, sage ich es, um zu reden – und indem ich es sage, erfahre ich, was ich zu sagen habe.

– Nur zu ... Wenn du weiß sagst, wenn du schwarz sagst, wenn du ja sagst, wenn du alles sagst, was dir durch den Kopf geht, was hat das dann zu bedeuten?

– Das hat zu bedeuten! Und nun, nachdem das gesagt ist, werde ich alles sagen, was mir Spaß macht. Selbst wenn ich es von den Dächern rufe, kannst du nichts dagegen sagen.

– Ganz im Ernst, du kommst mir vor wie ein verflixter Schwätzer, laß dir das gesagt sein!

– Sag, was du willst, ich habe kein so flinkes Mundwerk: um die Wahrheit zu sagen, ich rede ganz einfach (und mehr werde ich darüber nicht mehr sagen), um das zum Schweigen zu bringen, wogegen sich nichts sagen läßt und wodurch es soweit kommt, daß dir eines Tages nichts mehr etwas sagt. Laß dir das gesagt sein!

– Meine Güte, du redest wie ein Buch . . . Das kann man doch wohl sagen, oder man sagt gar nichts mehr.

– Wem sagst du das! Und dabei hast du mich für einen Phrasendrescher gehalten . . .

Guten Tag
Ein gutes Jahr,
einen guten Stern,
guten Mut,
guten Appetit,
gute Reise!

Möchtest du die Sprache wiederfinden, du, der man an der Stummheit erstickt!

Möge die Tinte lebendige Arabesken auf dein Leichentuch aus weißem Papier zeichnen!

Möge eine Spinne in dir das Netz weben, in dem die Fliegen sich dir ergeben auf Gnade oder Ungnade!

Möge der Tisch, auf dem dein Heft sich öffnet, der gezimmerte Nachen werden, den ein windgeblähtes Segel vorwärtstreibt!

Mögen dein Stuhl und das Viereck seiner Füße dich verbinden mit den vier Himmelsrichtungen, anstatt nur der Schemel zu sein, der dich von allem trennt, sobald du auf ihm Platz genommen hast!

Möge die Lampe, die dir Licht spendet, dich lehren, nicht länger ein kärgliches Feuer zu sein!

Möge das Querkissen, der Freund deines Schlafes, ein Schlauch voller Träume sein!

Möge der Boden, den du betrittst, sei er weich oder hart, dich daran erinnern, daß du nicht auf dem Kopf gehst!

Mögen die Häuser auf der Straße für deinen Blick weniger Mauern sein als Fenster!

Mögen die wenigen Jahre, Monate oder Tage, die dir bleiben, eher Glut als Hefe sein!

Möge der Knoten, der dich würgt, sich lösen, bevor die Zeit ihn durchschneidet!

Mögest du, anstatt verriegelt zu bleiben, im Geist

die Gefährtin umarmen, die deine Hinfälligkeit im Fleisch zu umarmen dir nicht mehr erlaubt!

Mögest du das Sprachrohr der Worte sein und nicht ihr bedürftiger Benutzer!

Möge dein Winterfest ganz ohne Finsternis in Damast und in Kristall erstrahlen!

Vorausgesetzt, man darf meinem Gedächtnis noch volles Vertrauen schenken, so haben zahlreiche Pferderennen – Vorwände für große und kleine Wetten, obwohl es das Pferdetoto damals als Institution noch gar nicht gab – lange Zeit unter dem Deckmantel der Veredelung der Pferderasse stattgefunden. Darin bestand denn auch das erklärte Ziel zumindest einer jener Renngesellschaften, von denen die einen die Organisation der sogenannten »Flachrennen« übernahmen, der Steeple-chases und Hindernisrennen (Disziplinen, für die in der Pariser Gegend noch heute Longchamp und Auteuil die Hochburgen darstellen) während die anderen – oder *eine* andere – die etwas weniger vornehmen Trabrennen, entweder mit Sulky oder im Sattel, veranstalteten.

Verdrehe ich etwa die Wahrheit in analoger Weise, wenn ich meiner Tätigkeit als Ritter des Federhalters, die als ein bloßes, seinen Sinn in sich selbst findendes Spiel zu praktizieren mir widerstrebt, jene entfernt humanitäre Tugend beilege: den Anderen Bereiche zu erschließen, von denen sie nichts wußten, ihnen zu helfen, den Dingen auf den Grund zu gehen, einen klareren und weiteren Umblick zu erwerben, sich selbst genauer zu erkennen, ja besser zu werden?

Da er nicht alles, was er im Kopf hatte, restlos auf die Fläche seiner Haut eintätowieren konnte, entschloß er sich – zu versessen, wie er war, auf Totalität, als daß er es hätte akzeptieren können, diesen oder jenen Teil seines Körpers, den seine Hand nicht bequem zu erreichen vermochte, unbeschrieben zu lassen –, das, was er von sich zur Kenntnis bringen wollte, dem Papier anzuvertrauen und nicht jener feinen Hülle, die allein den Geschundenen fehlt. Aber trotz der unzweifelhaften Vorteile (der Möglichkeit, heikle Probleme der Typographie zu umgehen, über einen weniger beschränkten Raum zu verfügen, das publik machen zu können, was der Anstand im Privaten versteckt zu halten genötigt hätte, etwas Dauerhafteres als sich selbst zum Träger seiner Botschaft zu machen) blieb es doch ein Notbehelf: auf diesem indirekten Wege – sich auf eine Bildfläche zu projizieren, anstatt unmittelbar mit seiner eigenen Person zu zahlen und sich von Kopf bis Fuß mit Inschriften und Bildern zu bedecken, die noch enger mit seiner Körpermasse verbunden wären als ein Moos- oder Flechtenbewuchs mit einem Felsen – würde sein Diskurs an Beredsamkeit niemals jener Sprache gleichkommen, die sein Fleisch, als Organ seines Lebens und Gefäß seines Empfindungsvermögens gesprochen hätte, wenn er sich gewissermaßen zum Gegenstand einer Art Einlegearbeit gemacht und dem natürlichen Zauberbuch seines menschlichen Organismus ein anderes Rätselbuch eingeschrieben hätte, das zum Bersten voll wäre mit Zeichen und keinen toten Punkt duldete.

Im Musée de l'Homme die Steingravur aus dem Magdalénien III, die eine (vermutlich beleibte) Frau darstellt, deren fransenbesetztes Gewand sehr genau wiedergegeben zu sein scheint.

In Kreta – wo ich noch nie gewesen bin – das trotz seiner jahrtausendealten Geschichte noch so aktuelle sogenannte »Fresko der Pariserinnen«.

In Sizilien die Frauen im Bikini auf einem der römischen Mosaiken von Piazza Armerina.

In der Accademia zu Venedig auf dem Hintergrund eines der Gemälde von Carpaccio, die Szenen aus dem Leben der heiligen Ursula darstellen – in diesem bestimmten Fall die Ankunft der englischen Botschafter in der Bretagne – der Hundespaziergang auf einem Platz mit Leuten, die nach der unverkennbaren Absicht des Künstlers der allerneuesten Mode seiner Zeit entsprechen, von jungen Dandies bis (so scheint es) zu einem Zwerg, der nicht größer ist als ein Stehaufmännchen; ferner – in einer späteren Episode – das erlesene Paar Schuhe unter dem Bett der schlafenden Heiligen.

*Das berühmte Gemälde von Turner (*Regen, Dampf, Geschwindigkeit *in der National Gallery), das die schwarzen Aufbauten einer Lokomotive in einem Lichtgewirr von Farbtönen darstellt, das somit eine Datierung erhält und dem Chaos entrissen wird.*

Das um den Hals von Manets Olympia geschlungene Band und die Pantinen, die ihre Füße, deren Blöße ebenso kraß hervorsticht wie unter der Wirkung der Accessoires die Nacktheit ihres ganzen Körpers, schon abzustreifen scheinen.

Die Armbanduhr, die bei den unzähligen Frauenakten, die Picasso gemalt oder gezeichnet hat, das Handgelenk umschließt und sie davor bewahrt, zu mythologischen Venusgestalten zu werden.

Die Injektionsnadel, die bei Bacon im Arm eines weiblichen Akts steckt und die der Figur, indem sie sie in moderne Bezüge stellt, eine echtere Präsenz verleiht.

Der schöne Pantoffel, vermittels dessen der Prinz das Aschenputtel Perraults, die Cinderella der Weihnachtspantomimen und – diesmal ist der Pantoffel zum Armband geworden – Rossinis Cenerentola entdeckt.

Im Theater der verstaubte Schädel, die wandelnde Statue, die Rasierklinge, die Marotte des Irren, die weiße Uniform, der abgeschnittene Kopf auf dem Tablett und so fort, durch die Hamlet, Don Juan, Figaro, Rigoletto, Aiglon, Salomé und andere Phantome existieren.

Die Strümpfe, die vormals die Dirne anbehielt, um nicht aufzugehen in dem paradiesischen Flirren der völligen Entblößung.

Der Köder, bei dem man anbeißt, das Detail, das einen heiligen Thomas aus uns macht, der seine Finger in die Wunde legt.

Unverhofft oder vorhergesehen, der Augenblick, der sich festhalten läßt und das unheilvolle Rieseln der Zeit entschärfen kann.

Mein Vater gab mir
Rubine und Bänder,
mein Vater gab mir
seidene Schleifen . . .

Ein Kehrreim, der noch aus Kindertagen zu mir herüberklingt, leise gesungen von Frau oder Maid. Unterwegs hat ihn das Seidenkleid der Melancholie umhüllt.

In dem ausdrücklich als solchen deklarierten kulturellen Rahmen des Pariser Theaterfestivals der Nationen, das jedes Jahr sehr verschiedene Aufführungen darbot, die unter Umständen von sehr weit herkamen, gab die Frankfurter Oper 1959 unter der musikalischen Leitung von Georg Solti die *Hochzeit des Figaro*. Einem auch nur im geringsten heiklen Opernliebhaber wäre der Genuß dadurch verdorben worden, daß das Werk Mozarts und da Pontes auf deutsch und nicht auf italienisch gesungen wurde; ich hingegen, der ich in so manchem Bereich eher ein Schlemmer bin als ein Feinschmecker, war nichtsdestotrotz von meinem Abend begeistert.

Beim Ausklang des »Air militaire«, mit dem der erste Akt zu Ende geht (jene berühmte Melodie, die Mozart als Zitat in einer der letzten Szenen des Don Giovanni wieder aufnimmt, als wolle er dem frevlerischen Gastmahl eine schalkhafte Note verleihen, und auf einer verborgeneren Ebene, als ob dieser anachronistische Verweis, der Einbruch des Aktuellen in eine legendenumwobene Handlung, andeuten solle, daß man sich schon nicht mehr innerhalb der Zeit befinde in dem Augenblick, als in Gestalt der wandelnden Statue das Übernatürliche seinen machtvollen Einzug hält), war Cherubino zu sehen – eine graziöse Sängerin, die ihre Stimme genau so unbefangen einsetzte, wie ihr rasantes Auftreten als angehender Lebemann überzeugte – wie er aus dem Hintergrund der Bühne mit solchem Schwung, daß das Geschoß über die Musiker im Orchestergraben hinwegflog, die Kopfbedeckung (in diesem Falle einen Dreispitz) von sich schleuderte, die ihm soeben zu teil geworden ist, da man ihn aus dem Range eines Pagen in den eines Offiziers erhoben hat. Mit seiner linken Hand fing Maestro Solti den Gegenstand im

Fluge auf, während er mit der rechten, die den Stock hielt, für die Dauer der wenigen noch übrigen Takte weiter dirigierte.

Dieser Gag, den man für improvisiert hätte halten können, hatte zumindest zwei Vorzüge: schlagartig hob er jede Distanz auf zwischen Bühne und Orchester wie zwischen Bühne und Saal, die in unseren Theatern fast immer zu streng voneinander getrennt sind, und seine Ungezwungenheit zeugte von einer sympathischen Vertrautheit mit dem Meisterwerk, das allzu häufig mit einem Ernst gespielt wird, der schon an Pedanterie grenzt. Zum unverhofften Abschluß einer brillanten Werkinterpretation schien er der Idee zu entsprechen, daß man, will man besser als gut sein, der lebendigen und unvorhergesehenen Wirklichkeit des *Happenings* sogar in einer Darbietung, die nach strengen klassischen Regeln abläuft, ein wenig Raum lassen muß.

Ich muß jedoch sagen, daß ich hingerissen war von diesem Jungenstreich, noch bevor er mir die geringste theoretische Reflexion über die Bühnenkunst eingab, und daß er mir bald den unverhohlenen Genuß in Erinnerung rief (wobei der vorgebliche Ort der Handlung ohne Zweifel Pate stand), den das, was die Sprache des Stierkampfs *adorno* nennt, hervorrufen kann, wenn es zum richtigen Zeitpunkt eingesetzt wird und wenn der Torero in eine im übrigen meisterhafte Leistung diese Zugabe einfügt, einzig und allein um zu zeigen, in welchem Maße er das Tier beherrscht, mit dem er kämpft.

Aber vielleicht ist es eine zufällige Analogie, die sich auf eine andere Einzelheit am Rande bezieht, die mich solcherart von den Glanzstunden der Oper zu denen des Stierkampfs übergehen ließ. Die Gebärde Cherubinos, die eine Brücke schlug zwischen

Fiktion und Wirklichkeit, indem er seinen Dreispitz über das Orchester und seine Pultreihen wirbeln ließ, erinnerte in der Tat, wenn nicht im Geist, so doch der Form nach, an die Geste des Matadors, der die *montera*, die er auf dem Kopf getragen hatte, demjenigen oder derjenigen zuwirft, welchem auf der anderen Seite des kreisförmigen Ganges, in dem sich wie Schildknappen die Komparsen bereit halten, der Stier zugedacht ist, den er zu töten sich anschickt.

Vor Regane, die man ihre schönen Arme wollüstig schlängeln sieht, reißt der Herzog von Cornwall dem alten Grafen Gloucester, der sich in seinen Fesseln kaum rühren kann, ein Auge heraus. Plötzlich gehen auf der Bühne und im Saal die Lichter aus, und für einen Augenblick herrscht pechschwarze Nacht. Genauso beim zweiten Auge, und auch dieses Mal hat der Zuschauer den grausamen Eindruck, auf einmal blind geworden zu sein.

Dergestalt wurde die entgrenzte Form des Theaters, die Artaud gefordert hatte, unversehens Wirklichkeit in einer englischen Inszenierung des *König Lear*, die von vorn bis hinten sehr banal und in ihrer Dekoration platt historisierend war.

Ein Stuhl mit hoher Rückenlehne steht neben dem Bett, auf dem Desdemona soeben von ihrem Gatten umgebracht worden ist, in welchem Jago, noch bevor er ihn dem trügerischen Anschein hat aufsitzen lassen, den Gedanken aufkeimen ließ, die junge Patrizierin, die ohne Rücksicht auf den Skandal mit ihm, dem Mann einer anderen Klasse und einer anderen Rasse, durchgegangen ist, werde ihn früher oder später verraten. Der sehr große und stattliche Tenor, der an diesem Abend in der Pariser Oper Othello verkörperte (ich könnte das genaue Datum angeben, aber dazu müßte ich mit einem Aufwand, der zu der geringen Bedeutung dieses chronologischen Details in keinem Verhältnis steht, den Schrank durchstöbern, in dem schlecht und recht meine persönlichen Archive angeordnet sind, um darin das Programm wiederzufinden, das ich aufbewahrt habe wie bei fast allen Aufführungen, die ich sehe, falls ich ihnen nicht ein nur sehr geringes Interesse entgegengebracht habe), der Wagnertenor Hans Beierer, den ich schon in anderen Rollen gehört und geschätzt hatte, stützt sich mit beiden Händen auf die Lehne des Sessels. Die Lehne gibt nach unter seinem Gewicht und für eine Sekunde scheint Othello zu stürzen. Aber der Sänger richtet sich auf, und der Zwischenfall, der, falls es zum Sturz gekommen wäre, das Drama sehr zur Unzeit in das schmierige Wasser der Burleske hätte hinabstürzen lassen, erweist sich im Gegenteil als *glücklicher Zufall.* In der Tat hätte keine berechnete Szene die herkulische Kraft und den Verwirrungszustand des Mohren überzeugender darstellen können.

Achill, den man in seinem Weiberrock gezeigt hat, schreit nun auf vor der Leiche des Patroklos, die entblößt und blutüberströmt zu seinen Füßen liegt. Er deklamiert und – was dasselbe heißt – spielt nicht, sondern, aufrecht stehend, das Gesicht dem Publikum zugewandt, brüllt, schreit, heult, stöhnt und trompetet er, und mitten in die auslaufende Handlung reißt dieses Toben ein Loch. Durch diesen bestialischen Schrei wird der Darsteller so gegenwärtig – von uns durch nicht mehr Szenenbilder getrennt als von der dargestellten Figur –, daß es fast peinlich ist. Ist es nicht die Wirklichkeit selbst in ihrer schrecklichen Rohheit, die schamlos hereinbricht? Nicht mehr Alan Howard, der eine der großen Rollen von *Troilus und Cressida* spielt, sondern Achill, der tobende und schmerzgepeinigte Freund, der mit seinem rasenden Geheul das poetische Gewebe um den Trojanischen Krieg zerreißt, das Wolkenreich des Mythos verläßt und bis zu uns vordringt, um unserer unauslotbaren Wunde seine Stimme zu leihen.

Im zweiten Akt der *Tragédie du Roi Christophe*, dem Stück, in dem Aimé Césaire aus dem ehemaligen Portier, der nun König geworden ist, einen Helden von Shakespeareschen Dimensionen gemacht hat, hat eine Gestalt einen kurzen Auftritt: als Gesandter König Ludwigs des Achtzehnten mit dem Auftrag, Christoph als den Herrscher über Nord-Haiti aufzufordern, in den Schoß Frankreichs zurückzukehren, erregt der Spanier Franco de Medina lediglich den Zorn des Monarchen, der ihn zum Tode verurteilt. Man wird Zeuge, wie er unter der Bedeckung einiger Soldaten zum Richtplatz schreitet. Ein Auftritt, knappe Rede und Gegenrede und ein Bühnenabgang, darin besteht die ganze Rolle – eine Rolle ohne Tiefgang, ganz und gar nebensächlich, eine Charge, bei der man sich fragt, welcher Schauspieler etwas aus ihr herausholen könnte. Im übrigen hatte von all denen, die sie bis zu jener Aufführung (einer unter denjenigen, die 1965 in Dakar gegeben wurden) kein einziger etwas aus ihr herausgeholt, wofern einer es überhaupt versucht hätte!

Nun wollte es der Zufall, daß der Regisseur und Leiter der Truppe, Jean-Marie Serreau, Hals über Kopf diese Rolle spielen mußte in Vertretung des Darstellers, mit dem sie zu der Zeit besetzt war und der von seinen Verpflichtungen nach Paris zurückgerufen worden war.

Weder Césaire noch irgendeiner der Freunde, die sich wie ich im Saal befanden, war über diesen Wechsel unterrichtet. Groß war denn auch unsere Überraschung, als der neue Franco de Medina die Bühne betrat und wir die Gestalt dieses Unglücksvogels erblickten, die plötzlich nicht mehr der trübe Schattenriß war, den wir kannten.

Zwei denkbar simple Einfälle. Historisch war Franco de Medina Spanier, und selbstverständlich ließ sein Französisch dies merken – was Serreau zum Anlaß nahm, seiner Figur etwas von der Ausdruckskraft einer Karikatur zu geben, indem er ihr einen starken Akzent verlieh. In der Bühnendarstellung stellte sein Abgang ein Problem: wie sollte er den Sterbegang antreten? Eine gebrochene Haltung war zu melodramatisch, und ein martialisches Gebaren hätte zu sehr nach »die Fahne hoch« ausgesehen, so daß bis dahin die Darsteller sich wohlweislich mit jeglicher psychologischen Andeutung zurückgehalten hatten, was die Szene ziemlich unvermittelt abbrechen ließ. Nun löste Serreau das Problem, indem er dem burlesken Akzent seines Franco de Medina noch ein auffälliges Hinken hinzufügte; damit schlug er zwei Fliegen mit einer Klappe, denn zum einen verschaffte er der Figur noch etwas mehr Eigengewicht, und zum andern verlieh er ihr einen unmittelbaren szenischen Reiz, indem er sie beim Gang in den Tod kläglich das Bein nachziehen ließ, gichtgeschlagen vielleicht wie ihr königlicher Oberherr.

Ich habe es immer bewundert, daß ein Schauspieler durch seinen Einfallsreichtum es fertigbringen konnte, dieser Gestalt ein Gepräge zu geben, die Césaire nur zu dem Zweck eingeführt hatte, eine bestimmte Seite an Christophs Charakter stärker hervortreten zu lassen. Die verschiedenen Vorgaben auf Anhieb zu erfassen und die gestellte Aufgabe mit Bravour zu lösen, das hatte Serreau geleistet als ein Theatermann, der sich den Erfordernissen des Schauspiels anpaßte, aber dabei gewissenhaft genug blieb, um nicht in Willküreffekte zu verfallen. Solcherart mit der Treue zur Vorlage gekoppelt, führte die Phantasie zur uneingeschränkten *Präsenz* einer Gestalt, die es zuvor nicht gegeben hatte.

Der abgekaute Nagel, die Haarlocke oder sonst ein Fragment einer Person, dank dessen sich eine Magie ausüben läßt.

Bei Sigmund Freud, den ein französischer Intellektueller der zwanziger Jahre mit einem Detektiv (namentlich mit Nick Carter) verglich, dessen Jagd nach dem Geheimnis sich auf ein paar unbedeutende Indizien stützt, das unscheinbare Faktum – ein Lapsus, eine Fehlleistung –, das von größter Bedeutung erfüllt ist.

Bei Marcel Proust, der fast seine ganze Zeit auf den Versuch verwandte, die Zeit zu neutralisieren, die flüchtige Empfindung, welche ein weites Feld von Erinnerungen hervortreten läßt.

Der Apfel Newtons, der präzise und konkrete Fall, von dem man ausgeht, um eine Theorie zu erarbeiten.

Im umgekehrten Sinn der Wassertropfen, der das Faß zum Überlaufen bringt.

Eine Gestalt ohne jedes Leben, an der sowohl die Steifheit der Körperform als auch die fast kadaverfahle Hautfarbe abstoßend wirkten: so dachte in etwa mein Vater über die *Olympia* Manets; eine Ansicht, mit der er in Gegensatz zu einem ziemlich nahestehenden Vetter meiner Mutter geriet, der in diesem Gemälde ein Meisterwerk erblickte. Auch er ein Maler zu seiner Zeit, der seine in obskuren Gemeinde- und Vereinsblättern veröffentlichten Artikel »Louis de Lutèce« signierte – denn Louis wie Louis XIV und aus Paris gebürtig wie François Villon – war dieser bescheidene Beamte, der sich rühmte, Kunstkritiker zu sein und dessen gewollt rebellischer Redefluß die Rose darstellte im Knopfloch des ein wenig bohemehaften, wenngleich durch und durch wohldenkenden Bourgeois: dieser bescheidene Beamte war in Fragen der Schönen Künste der Modernist der Familie.

Schon sehr früh (wahrscheinlich kurz nach der Überführung des Bildes aus dem Luxembourg-Palais in den Louvre, womit es seine endgültige Weihe erfuhr, und als ich noch ein kleiner Junge war, dem die Kirche Notre-Dame d'Auteuil vertrauter war als jene Laientempel, die Museen) war mir über die *Olympia* irgendetwas zu Ohren gekommen, und als ich sie dann zum ersten mal sah, entweder in Fleisch und Blut – gewissermaßen – oder in Gestalt einer dürftigen photographischen Wiedergabe, war sie demnach keine vollständig Unbekannte mehr für mich. Und ist nicht die vage Reminiszenz dieses längst vergangenen Zwistes zwischen meinem Vater, dem Philister, und seinem angeheirateten Verwandten, dem feinsinnigen Kenner und Liebhaber, der Grund dafür, daß sie für mich von jenem besonderen Charme des berühmten, aber nicht immer verstandenen Werkes umwoben ist und – als Gegenstand leidenschaftlicher Auseinandersetzung, ja von manchen gar als Sünde wider den guten Geschmack betrachtet – trotz des umnebelnden Weihrauchs in dem leichten Geruch des Ketzerischen steht?

An dieser Operation war mein Vater nach schrecklichen Qualen gestorben, und ich, der ich selber in die Jahre gekommen war, mußte sie nun meinerseits über mich ergehen lassen. Obwohl mir durchaus bewußt war, daß sie dank der Fortschritte der Chirurgie nicht mehr den schwerwiegenden Schritt darstellte, der sie früher einmal war, hatte ich große Angst. Weniger deswegen, weil mir ein dramatischer Ausgang möglich schien, als aufgrund der Schmerzen, die in meiner Vorstellung ein derartiger Eingriff nach sich ziehen mußte. Trotz allem, was man mir zur Beruhigung sagte – »es wird Ihnen alles in allem nur eine Stunde lang wehtun“, versicherte mir jemand, ohne sich darüber im Klaren zu sein, daß selbst eine Stunde mir viel zu lang erschien – hatte ich das Gefühl, es stünden mir unerträgliche Augenblicke bevor, und darüber hinaus verursachte mir allein schon der Gedanke an diese Wunde in meinem persönlichsten Intimbereich und an die ganz spezielle Pflege, die mein Zustand erforderlich machen würde, einen regelrechten Abscheu. Sobald ich mich also dazu entschlossen hatte, ohne Zaudern auf diese Radikalkur zurückzugreifen, um Beschwerden ein Ende zu setzen, von denen ich nur erhoffen konnte, daß sie sich nicht allzu rasch steigerten, sah ich mich mit meiner Angst konfrontiert und konnte mich ihrer verstörenden Wirkung nicht entziehen. Nicht nur tagsüber ging sie mir nicht aus dem Sinn, sondern zumindest einmal kam es auch vor, daß sie mich in der Stille der Nacht in Gestalt wirrer Phantasien überfiel.

Es handelte sich nicht um Bilder, sondern um ein ganz abstraktes Meditieren oder Spekulieren über das, was mich erwartete. Als ein Phänomen kulturellen Kontaktes, unter dieser albernen Form stellte sich für mich als diplomierten Ethnologen die Sache dar: ebenso wie ein Volk bestimmte Kulturmerkmale von einem anderen Volk übernimmt, mit dem es in Beziehung steht, wäre ich binnen kurzem gewissen mir bis dato unbekannten Praktiken ausgesetzt, und es tat not, daß ich, der ich innerlich schon vorbereitet war, mich vollends darauf einstellte, diesen Sprung in eine andere Zivilisation, nämlich den Übergang in die Klinik, zu vollziehen. Zwei Phasen waren zu unterscheiden, das war mir bekannt, ohne daß ich allerdings wußte, welche als erste auf mich zukam: die eine, welche die technische Ausführung betraf, war das *Verfahren*, das insbesondere vorsah, daß ich nach der Anästhesie zu mir kam mit einer Sonde im Glied; die andere, die die psychologische Seite betraf, war die *Annahme* oder die *Anpassung*. Darin lag nichts Quälendes, und ich hatte im Gegenteil das Gefühl, all dies sei durchaus nichts Unzumutbares, sondern im wesentlichen eine Frage des guten Willens. Als ich zwei Tage später darüber nachdachte, daß es bei diesem nächtlichen Gedankenspiel, dessen Einzelheiten ich mir sämtlich wieder vergegenwärtigen wollte, im Endeffekt darum ging, die Sonde in der Weise zu übernehmen, in der eine Zivilisation von der anderen Pfeil und Bogen oder den Webstuhl übernimmt, und nachdem ich mich schon einmal auf das Feld der Technologie begeben hatte, fragte ich mich, ob der Ausdruck »Verfahren« (»procédé«), der auf den Zwang anspielte, dem ich unterliegen würde, mich bis zur Genesung an die Sitte zu gewöhnen, eine Sonde zu tragen, durch die ich mich an meinen vorübergehenden Defekt anpaßte, sich nicht auch nur auf den Gegenstand selbst bezog, so wie das Wort »pratique« (»Praxis«) abgesehen von seinen geläufigen Bedeutungen auch zur Bezeichnung des kleinen Blechgeräts verwandt wird, das die Puppenspieler sich in den Mund stecken, um ihrer Stimme einen gellenden Ton zu verleihen. Dies ergab eine anscheinend befriedigende Erklärung, bei der ich es belassen hätte, wenn mir nicht vor kurzem eine sehr viel einfachere eingefallen wäre. Drei Zeilen, die ich zufällig bei der Suche nach etwas ganz anderem in einem Wörterbuch las, haben mich in der Tat daran erinnert, daß auch das Wort »procédé« sich auf etwas Gegenständliches beziehen kann: auf den Lederring um die Spitze einer Billardqueue, die dann »Queue à procédé« heißt (in dem Fall, von dem ich spreche, ergab sich daraus eine kaum mehr metaphorisch zu nennende Definition meiner Männlichkeit, wie sie eine Zeitlang beschaffen sein würde).

Die gefürchtete Prüfung in ein Phänomen zu verwandeln, analog denen, die mir von Berufs wegen zu untersuchen oblag, das war sicherlich ein Mittel, sie zu bagatellisieren. Hätte ich sonst an Pfeil und Bogen, an den Webstuhl oder an das Blechstück gedacht, an jene völlig abwegigen Stellvertreter des winzigen *Fremdkörpers*, dessen Anwesenheit ich dulden mußte?

Als die Hürde genommen war, stellte ich fest, daß ich sehr zu Unrecht etwas als tragisch genommen hatte, was sich alles in allem als etwas herausstellte, das eher mit dem Klistier der alten Schwänke als mit dem Schwert oder mit dem Dolch zu vergleichen war. Man mußte kein Held sein, sondern sich nur mit dieser eher abstoßenden als grausigen Farce abfinden, die durch die Notwendigkeit, eine der niedrigsten Körperfunktionen neu einzutrainieren, nachdem das Instrument, das zunächst diesen Zweck erfüllt hatte, entfernt war, schlechterdings deprimierend wurde – allerdings mit Ausnahme einer nicht eingeplanten Episode, die aber schmerzhafter war als alles andere, als ich nach der Genesung in dem Glauben, es sei endgültig ein Strich gezogen, wegen einer harmlosen Komplikation eine Untersuchung über mich ergehen lassen mußte, die mir mehr zusetzte als das Schlimmste, was ich zu erdulden gehabt hatte (die paradoxe Bedrängnis der ersten Nacht, die quälende Empfindung einer zu verrichtenden Notdurft, während doch die Ausscheidung ungehindert möglich war). Wie eine Scherzattrappe, die einen in das Loch des Absurden fallen läßt – vergleichbar dem Zuckerstückchen, das obenauf schwimmt, anstatt zu zergehen, oder der Zigarette, die nach wenigen Zügen explodiert –, kam mir schließlich die Tortur vor, in deren Erwartung ich mich in einer Art Quiproquo zu so vielen Finten hatte bewegen lassen, um mir Mut zu machen.

„Jetzt sind Sie wieder ein Mann!" hatte die junge, fröhliche und zuvorkommende Afrofranzösin aus Sidi-bel-Abbès, die meine Hauptpflegerin war, keck erklärt, als sie mich von der unerquicklichen Röhre befreite. Aber was für ein Mann? Diese Frage steht weiterhin im Raum, und selbst wenn mein medizinisches *Curriculum vitae* schon abgeschlossen wäre, könnte es darauf nur eine höchst lückenhafte Antwort geben.

Das Wort »Liebe« wie eine rote Standarte.
Das Wort »Abschied« wie ein zusammengelegtes Taschentuch.

Den Zwischenfall (der diese Bezeichnung im übrigen kaum verdient) wollte ich erst – und das war schon zu viel – unter dem Datum des 14. November 1975 zum Gegenstand einer kleinen Aufzeichnung in dem seit langem mehr als unregelmäßigen Tagebuch machen, in das ich dennoch hier und da manches hineinschreibe, was mich aus dem einen oder anderen Grund berührt hat und das ich, vielleicht zu Unrecht, nicht verlorengehen lassen möchte. Nun unterlag ich allerdings, als ich mich an die Niederschrift machte, fast sofort einer Art Faszination, die mich dazu trieb, mit so vielen Einzelheiten wie ich nur konnte und ohne in die Ungenauigkeit zu verfallen oder gar in die Fiktion auszuweichen, eine Geschichte zu erzählen, die es, als *ein* Staubkorn unter unzähligen anderen, mit denen das Gedächtnis sich gewöhnlich nicht beschweren mag (und für die alle im übrigen auch menschlich die Fassungskraft nicht da wäre) vernünftigerweise nicht wert gewesen wäre, festgehalten zu werden, und sei es auch nur in ein paar Worten. Halb ehrlicher Wunsch nach Ausführlichkeit und Vollständigkeit, halb Befriedigung durch ein verbales Zeremoniell anstelle des eigentlichen Abenteuers, das sich mir als möglich darstellte und gleichwohl nicht stattfand und aus seiner Unerfülltheit (und zumal aus dem Umstand, daß meine körperliche Hinfälligkeit die volle Realisierung vereitelt hätte, selbst wenn ich gewollt hätte) seine betörende, nicht abzuschüttelnde Macht bezieht, habe ich jene Art Erzählung mit größerer Beteiligung redigiert, als ihr zukam, und mit einer

Sorgfalt, die mit der Nichtigkeit ihres Vorwandes in keinem Verhältnis stand.

Auf der ungeraden Seite des Trottoirs der Rue des Capucines (Kapuzinerstraße), welche die Onomastik den Kletterpflanzen und den Nonnen zuspricht, an einem Freytag, dem *veneres dies* (vendredi), den die Etymologie unter das Zeichen der Venus stellt, hält auf meiner Höhe kurz vor dem Boulevard ein koketter, dotterblumengelber und sehr flacher Sportwagen (Sunbeam oder Triumph vielleicht). Zwei schlanke, recht schick gekleidete Damen nehmen die beiden Vordersitze ein. Die links Sitzende ist eine Brünette mit ziemlich langen Haaren und eher ernsthafter Miene. Die Rechte, die auffälliger angezogen ist als ihre Nachbarin und über der weißen Bluse (was zu der Blässe ihres Teints paßt) einen schwarzen oder doch sehr dunklen Mantel trägt, hat kürzere blonde oder kastanienbraune Haare und ähnelt – genug, daß ich sie fast verwechsle – einer mir bekannten jungen Amerikanerin aus bester Familie, die für das Museum of Modern Art in New York arbeitet und deren kecke Miene und ranke Silhouette ausgesprochen verführerisch sind. Zwischen den beiden Mädchen und mir entspinnt sich ein Dialog, und ich halte sie erst für zwei Auskunft suchende Fremde.

Die Blonde (die als erste meine Aufmerksamkeit auf sich zog, wozu auch ihr Platz im Auto beitrug, während die andere neben ihr wie die bekannte Vertraute des klassischen Theaters wirkte): Nehmen wir Sie mit?

Ich (beide Hände auf die Wagentür gestützt, deren Scheibe heruntergekurbelt ist): Wohin denn?

Die Blonde (und im Chor mit ihr wahrscheinlich die Brünette): Nicht weit...

Eine Pause, und dann mit sanfter Stimme und charmantem Lächeln:

Die Blonde: In Amors Schoß ...

Ich (liebenswürdig, wie es sich geziemt): Ihr seid sehr freundlich, aber ich bin schon ein bißchen alt.

Die Blonde (ungeniert, obgleich immer noch lieblich): Ja dann!

Das Auto fährt sofort los und ich sehe die beiden noch einmal ein paar Meter weiter, wo sie, in der Straßenmitte diesmal, an einer Ampel halten.

Ich setze meinen Weg fort, und in der Rue de Sèze, auf dem rechten Trottoir nach der Rue Chauveau-Lagarde zu – wo ich als gelegentlicher Kunde eines der Geschäfte kenne, den Kramladen an der Ecke des Boulevard Malesherbes – mache ich eine zweite Begegnung. Eine ausnehmend reife Frau, etwas verquollen in ihren dicken Pelz verschnürt (ein echtes oder falsches Leopardenfell, soweit ich das erkennen konnte) und trotz ihres koketten Aufputzes ohne jede Spur von Anmut. Genau in dem Augenblick, als sie an mir vorübergeht, bedenkt sie mich – unvermittelt die Lippen aufwerfend, die plötzlich die Form eines umgestülpten Zirkumflexes annehmen – mit einem roten Lächeln, das wie durch einen, dem ersteren, auslösenden Reflex analogen Vorgang sofort wieder verschwunden ist; nichts in meiner Haltung deutet darauf hin, daß ich das stumme Angebot auch nur einen Moment in Betracht ziehen könnte. Über diese, deren Alter vielleicht nachsichtiger gewesen wäre für das meine, zur Stunde, wo der Körper des Mannes sich mit einem königlichen Szepter schmückt, bleibt kein Bedauern zurück, während mich das andere Bild noch weiter verfolgen wird: die beiden Sirenen, die meinem Blick nur ihren Oberkörper, und nicht einmal in seiner Feier, preisgaben und die ich in dem ozeanischen Getöse des Madeleine- und Opernviertels hatte untertauchen lassen. Ich bin sicher, daß ihre Jagd schon bald von Erfolg gekrönt war, und all das Geld und vielleicht das Vergnügen, auf das sie aus waren, möge ihnen spielend in den Schoß gefallen sein. Aber wenn mir die Silhouette der Anderen (die mit dem zu mechanischen und zu knallig geschminkten Mund) wie der vage gespenstische Anblick eines alten *kabuki*-Schauspielers vor Augen steht, der mit stilisierter Übertreibung die Ziererei einer Kurtisane mimt, so ist mir das freche Bild der beiden Mädchen, die mich zu weißgott welcher Kammer oder einem banalen Einzimmerappartement zu befördern versprachen, das sich – wäre ich imstande gewesen, der Betörung zu entsprechen – in ein Eden verwandelt hätte, so ist mir dieses Bild zu einer bitteren und zarten Erinnerung geworden, die wohl so schnell nicht wieder zerrinnen wird.

Eine Erinnerung, die mich – um bei bei der Wahrheit zu bleiben – schon bald nicht mehr weiter geplagt hätte, wenn das *Nein*, welches ich dem Angebot der beiden Schönen entgegensetzte, anstatt von der Furcht vor einem *Ja* diktiert zu sein (in dessen Folge ich zweifelsohne das Gesicht verloren hätte), aus einer freien Wahl hervorgegangen wäre (einer Wahl, die ich in Anbetracht meiner geringen Neigung zu außerehelichen Eskapaden sicher im negativen Sinn getroffen hätte, zumal ich im übrigen an der käuflichen Liebe wenig Gefallen finde und es mir darüberhinaus an jenem Tag auch an der nötigen Zeit mangelte).

Da sich nun freilich meine zwielichtige Träumerei wie ein hartnäckiges Fieber festsetzte, komme ich nicht um die Frage herum, ob diese Prüfung, falls ich sie ohne größere Katastrophe überstanden hätte, mich nicht zu einer zwar eher anrüchigen, aber wohltuenden Praxis geführt hätte, die darin besteht, manchmal insgeheim mit bereitwilligen Hexen, welche (mögen sie nun zum Angeln ihrer Kunden in Karossen fahren oder nicht) mehr als nur *einen* Dreh in petto haben, einen kostbaren Teil meines Lebens wieder neu anzufachen, von dem ich nur ungern zugeben mag, daß er für immer verblaßt sein sollte ...

Aber es ist gut möglich, daß die Angelegenheit eine für mich mehr als erniedrigende Wendung genommen hätte, falls das Abenteuer umgekehrt auf den befürchteten Fehlschlag hinausgelaufen wäre: verärgert über die Trägheit ihres tristen Kavaliers, beleidigt in ihrer Würde als Verführerinnen, denen es ein kleines ist, die Toten zu erwecken und die Heiligen in die Verdammnis zu stürzen, betrogen – bei all meiner eventuellen Großzügigkeit – in ihren pekuniären Erwartungen als Verkäuferinnen mit allzu langen Zähnen, hätten sich die beiden Nymphen (oder mein Liebling, die Blonde, wo ich nicht etwa zu einer gemeinsamen Umarmung geladen war) in Furien verwandelt und mich gerade in dem Moment ihrer Verachtung preisgegeben oder gar mit ihren mißtönenden Beschimpfungen überschüttet, als ich eines stillenden Verbandes für meine Blessur bedurft hätte, anstatt daß man mir das Messer noch tiefer in die Wunde stieß. So daß die versprochenen Wonnen in eine Marter umgeschlagen wären und die Idylle in wechselseitigen schwelenden Groll.

Als dann meine besessene Träumerei allerdings abebbte und der kritischen Überlegung den Vortritt ließ (nach Zwischenstadien wie etwa der Vorstellung, eine elegante Lösung hätte möglicherweise darin bestanden, meinen beiden Komplizinnen, falls es zwei gewesen wären, zu bedeuten, ich gedenke nichts weiter als der angeregte Zeuge ihrer Umarmungen zu sein) sagte ich mir – und hier liegt wieder der Grund für eine andere Art Melancholie – daß ich nervlich in recht jämmerlichem Zustand sein mußte, damit eine solche Lapalie, die höfliche Zurückweisung der merkantilen Avancen zweier gefälliger Mädchen durch das Eingeständnis, ein zu alter Herr zu sein, mich in solchem Maße verwirren konnte.

Das Wort »Lust« wie eine leere Schale.
Das Wort »Mut« wie eine Wurzelbürste.

Was schauen Sie mich so an, Sie können mich mal! Das wurde mir – in eben dem Augenblick, als unsere Wege sich kreuzten in der Rue Dauphine mit ihren zahlreichen Erdgeschoßläden, für die meine Apotheke, mein Tabakladen und der bescheidene Friseursalon, in dem eine junge hübsche Frau jede Woche mit Haarschneidemaschine und Schere meinen Schädel traktiert, nur ziemlich farblose Beispiele abgeben – von der fahlen und gebückten Gestalt zugerufen, die leicht schwankend einige Meter vor mir mitten auf einer Querstraße stand. Ich hatte den Mann kaum mit dem Blick gestreift, allerdings wohl mit einem Widerwillen, den er hatte erraten können (zweifellos wußte er um seinen Zustand und um die Mißbilligung, die ihm daraus erwachsen konnte), den festzustellen ihm jedoch gewiß nicht Zeit geblieben war, so flüchtig war mein Blick gewesen.

– Sie mich auch! stieß ich hervor, ohne mich umzudrehen und mit einer wegwerfenden Geste meiner rechten, herabhängenden Hand, ähnlich der, mit der man einen Köter zur Ruhe bringen will, der einem hinterherkläfft.

– Sie können mich zweimal! gab mein Brüllaffe *fortissimo* zurück, während ich meinen Weg fortsetzte mit der abgemessenen Würde desjenigen, den eine Beleidigung nicht treffen kann, die ihm von weit unter seinem eigenen Niveau entgegenschlägt und von jemandem geäußert wird, dessen Kopf durch momentane Trunkenheit oder gar permanent vernebelt ist, was mich die Arme-Leute-Aufmachung (die etwas schlampige Kleidung, die aber eher nach der eines Kleinbürgers als nach der eines Stadtstreichers aussah) vermuten ließ, die mir bei diesem Unbekannten aufgefallen war, der sich sogleich zu meinem Beleidiger entwickelt hatte.

Würdevoll ging ich weiter mit demselben schlendernden Schritt, den ich schon vor der Pöbelei eingeschlagen hatte. Würdevoll, aber innerlich vor Angst erschauernd. Angst wovor? Gewiß nicht vor den möglichen Tätlichkeiten, zu denen sich dieses schmächtige Wesen in seiner Wut gegen mich hätte hinreißen lassen (ich bin gewiß kein Muskelprotz, aber ich wußte sehr wohl, daß diese Jammergestalt mich höchstens in einen grotesken Kampf hätte verwickeln können, bei dem keinerlei ernsthafter, dem Gegner zugefügter Schaden für ihn oder für mich als Trophäe zu erwarten gewesen wäre). Angst, um ehrlich zu sein, wie man vor einem Gespenst Angst hat, das hier in der Gestalt eines Wesens auftrat, das nur mehr eine Ruine war. Angst, als ob der Anblick eines Menschen, der zum Wrack heruntergekommen ist, daran erinnerte, daß man selber dem körperlichen Verfall nicht entrinnen kann, wenn einmal die Uhr abgelaufen ist, und daß jetzt, wo das Alter meine Abwehrkräfte untergräbt, die ich doch nötiger hätte als je zuvor, meine abstrakte Angst vor dem Unausweichlichen tief genug ist, um von jedem beliebigen Umstand wachgerufen zu werden und sich praktisch in der Angst vor allem niederzuschlagen.

Auch Grauen vor dem Gefühl, Gegenstand des Hasses zu sein und Ekel davor, einer Welt anzugehören, deren grundlegende Grausamkeit allein schon die Existenz bestimmter Formen von Elend, denen kein rationales Mittel Abhilfe zu schaffen vermag, zur Genüge anprangern kann.

Über die Place de Furstenberg, die eine Straßenlaterne ziert, deren fünf runde Leuchten wie große weiße Trauben aussehen in dem Weinspalier, das von den Ästen der vier umstehenden Bäume gebildet wird, schlendert ein älterer, etwas ausgemergelter Mann in schmuddeliger Kleidung, der anscheinend aus der Rue Jacob kommt. Er geht auf die Südseite des Platzes zu (die angrenzt an die Rue de l'Abbaye, in der sich das Polizeirevier des Viertels befindet) und gelangt zu einem ärmlichen Erdgeschoßfenster auf der Linken von ihm wie von mir aus gesehen, und dort – wie einer, der die guten Winkel kennt – stellt er auf dem Fenstersims die halbvolle Flasche ab, die er in der Hand hielt. Dann geht er in aller Ruhe davon und tut so, als sei er bei sich zu Hause und als betrachte er mit Kennermiene den Steinsims dieses vergitterten Fensters als den Keller, in den er seine verbleibenden Weinvorräte eingelagert hätte.

Ich selber gehe durch die Rue de l'Abbaye in Richtung Saint-Germain des Prés, wo ich im Café Aux Deux Magots, das, wie sich bald herausstellt, saisonbedingt geschlossen hat, zwei Freundinnen aus England treffen will, von denen die eine, die ich schon sehr lange nicht mehr gesehen habe, telephonisch mitgeteilt hat, daß sie sich auf der Durchreise in Paris aufhält und heute abend gegen sechs Uhr etwas Zeit erübrigen kann. Nachdem ich mich von meinen beiden Freundinnen verabschiedet habe nach einem kurzen Besuch in einem Café zwischen der Rue de Buci und der Rue de l'Echaudé, im Mabillon, wo wir (da die Zeit der Durchreisenden sehr knapp bemessen war) gerade die Zeit hatten, bei einem Kir und, für mein Teil, einem Kaffee ein wenig zu plaudern, überquere ich abermals die Place de Furstenberg und gehe diesmal in Richtung Rue Jacob, wie ich es tun muß, um nach Hause zu gelangen, nachdem ich die beiden bis zur Tiefgarage von Saint-Germain des Prés begleitet habe, wo die Freundin der Durchreisenden ihren Wagen geparkt hatte, da kein anderer Platz zu finden gewesen war. Fast sofort gewahre ich den Mann von eben, der diesmal aus der Rue Jacob zu kommen scheint. Ohne Zweifel verspürt er Lust, zumindest einen tüchtigen Schluck aus der Flasche zu nehmen, die er sorgsamst auf jenem Fenstersims abgestellt hatte (wie zur Bevorratung in einer Speisekammer oder wie Meßwein auf einem Altartisch), und kehrt deswegen, so vermute ich, zu dieser Art Bistrot zurück, das er selbst bei Wind und Wetter geöffnet hat, so wie während eines Kampfes der Stier zu seiner *querencia* zurückkehrt. Nichts hat sich an seinem Aufzug verändert, und in demselben leicht wankenden Gang bewegt er sich auf mich zu. Aber – und das ist neu, wenn es mir nicht eine Stunde zuvor entgangen war, weil wir uns da in einem anderen Blickwinkel gegenübergestanden hatten – die linke Seite seines Gesichts, für mich die rechte, ist mittlerweile halb von einem großen und üblen rötlichen Bluterguß überzogen, der die Stirn, einen Nasenflügel und eine halbe Backe entstellt.

Ist er gefallen? Hat er sich gestoßen? Hatte er eine Schlägerei? Um das zu erfahren, hätte ich ihn fragen müssen. Nun bin ich mißtrauisch gegenüber Kontakten mit unbekannten Betrunkenen, die einem sehr schnell lästig fallen können, und im übrigen hatte ich nicht das geringste Recht, mich in seine Privatangelegenheiten einzumischen, wie sehr auch seine Verwandlung (oder was mir als solche erschien) meine Neugierde geweckt hatte.

Zur *Olympia* erhoben oder zur *Mademoiselle V. im Espada-Kostüm*, im Liegen dargestellt oder im Stehen, entblößt oder mit forscher schwarzer Tunika und Kniehose, die – freilich erfolglos – ihre Formen vermännlichen: es gibt nichts an Edouard Manets Modell Victorine Meurent, das nicht die Schönheit bedeutete. Aber auch nichts, was diese Schönheit versüßte, sie der Situation entrückte und auf den Höhen des Erhabenen ansiedelte. In einem Zimmer oder in heller Sonne, auf einem Bette liegend oder die Füße fest in den Sand einer Manege gestemmt, zerstreut ein Blumenbukett in Empfang nehmend oder mit erhobenem Degen, als schlüge sie bedächtig den Takt zu einer tragischen Symphonie (während die fleischig wuchernde Capa in ihrer linken Hand etwa im selben Rosa gehalten ist wie die große, am Ohr der gelassenen Olympia knautschende Schleife): trotz des Abstandes von mehr als einem Jahrhundert bleibt ihr hübsches, etwas schweres Gesicht das Antlitz einer vollkommen gegenwärtigen Frau, die – so irdisch wie kaum eine andere – sehr wohl eines jener Geschöpfe sein könnte, von denen man nächtens träumt, denn sie sind einem am Tage begegnet.

Ungeschickt mit schwarzem Stift oder mit Buntstiften über die ganze Fläche eines Blattes Schulpapier hingemalt, bildete die Zeichnung eine Folge von Szenen, bei denen eine blutrünstiger war als die andere, und die sich entweder auf einen einzigen Unfall bezogen, der samt seinen unmittelbaren Auswirkungen dargestellt war, oder auf mehrere Unfälle, bei denen ich mich nicht mehr erinnern kann, ob sie lediglich gleichzeitig waren (nur durch ein Zusammentreffen untereinander verbunden), oder ob sie wie eine Art Katastrophenverkettung auseinander hervorgingen. Die Hauptepisode war das Entgleisen einer Tram oder ihr Zusammenstoß mit einem anderen Fahrzeug. Überall rann Blut, und sogar an den blutbespritzten Vögeln des Himmels tropfte es herab, wofern diese nicht ihrerseits Opfer eines Unglücks geworden waren im Einklang mit dem ringsum herrschenden Desaster.

Die Freude an der roten Farbe – die unter allen anderen hervorsticht – hatte wahrscheinlich bei der Wahl eines solchen Themas eine große Rolle gespielt, während umgekehrt das Rot (daran besteht kein Zweifel) einen großen Teil seiner Anziehungskraft, die es auf den begeisterten Schmierer ausübte, der ich eine lange Zeit meiner Kindheit über war, der Tatsache verdankte, daß es par excellence die Farbe des Dramas ist, insofern dieses, um wirklich Drama zu sein, Blutvergießen beinhaltet.

In dem ärmlichen Hotelzimmer, in dem die leere Flasche auf den Fußboden gerollt war und das größte Durcheinander herrschte (der Tisch war umgestoßen, die Wäsche verstreut und das Geschirr in Scherben), saß auf einem Stuhl der Mann in seinen groben, wahrscheinlich genagelten Schuhen, dessen nicht zugeknöpftes Hemd die behaarte Brust zum Vorschein kommen ließ. Sein abgestumpfter Blick fiel weder auf die umgestoßene Wiege noch auf das Bündel (man hätte meinen können von schmutzigen Lumpen), nach dem jetzt das Baby aussah, dem er den Kopf an der Wand zerschmettert hatte. Die Frau war nicht da, entweder weil der Rasende sie mit Schlägen und Fußtritten vor oder nach der Tragödie hinausgeworfen hatte, oder weil sie – freilich zu spät – die Gäste holen wollte oder (weil diese nicht erreichbar waren, da sie im nächstgelegenen Ausschank Karten klopften) die Polizei, um ihren Gefährten zu bändigen, der diesmal zu weit ging. Trotz der einsetzenden Dämmerung deutlich sichtbar klebte ein sternförmiger Fleck, der nicht von Erbrochenem herrührte, an der Tapete, deren Blumenmuster mit der Zeit verblichen oder in der wachsenden Dunkelheit nicht mehr erkennbar war. Welches war das Motiv des Zanks gewesen: von ihm aus (der sehr schnell rot gesehen hatte), daß die Suppe nicht heiß genug war, oder von ihr aus (weinerlich wie immer), daß er wankend nach Hause kam?

Beim Abschied von ihr, nach unserer nicht eigentlich zufälligen Begegnung – denn es hatte nichts Ungewöhnliches, daß wir uns an jenem Nachmittag beide an diesem Ort befanden – küßte ich meine trotz ihres düsteren und feinen Raubvogelgebarens stets freundlich lächelnde Pique-Dame auf beide Wangen.

Bei der Berührung war mein Mund auch diesmal wieder überrascht von dem kindlichen Rund dieser Wangen, und auch mein Blick, obwohl er nichts an ihr entdeckte, was ihm unbekannt gewesen wäre, war gleichermaßen erstaunt über ihre Statur, die mit den Absätzen (und im übrigen ohne Mühe) etwas höher war als die meine.

Daß ich derart herzlich von ihr Abschied nahm, beweist, daß ich noch immer an jener Zeit hänge, als ich – entflammt von dem Land, dessen Besuch uns zusammengeführt hatte und das damals dazu angetan schien, sämtliche Hoffnungen neu zu entfachen – mich zu ihrem ergebenen Ritter und Kavalier gemacht hatte, wie man es in früheren Zeiten wohl genannt hätte. Aber wenn die mein »Auf Wiedersehen« begleitende Geste zugleich auch zeigt, daß sie nur aufzutauchen braucht, um mich schon gleich wieder in den Bann ihres zweideutigen Charmes zu schlagen – und sei es auch nur in meiner Gegenwart, solange sie in meiner Reichweite ist, und keine Stunde länger – so kommt darin doch kein tatsächlicher Wunsch zum Ausdruck, aufs neue eine Karte auszuspielen, mit der ich vor einigen Jahren verloren habe.

Eine Karte, auf die ich in Wahrheit gar nicht gesetzt habe, es sei denn auf eine dem Wachtraum analoge Weise, denn ich stand in anderen Bindungen und wußte letzten Endes, daß Fortuna – an falsch vergebene Karten gewöhnt – sich zu spät bemühte, sie (Illusion vorbehalten) in meine Hände fallen zu lassen.

Anmut, Nonchalance, Frivolität könnte wohl die Devise sein für jenes Pariser Fabrikat Olympia. Ohne daß ihr eine andere Rolle zukäme als die, ihren Körper ins Licht zu rücken und seine Herrlichkeit zu bedeuten, weist ihr auf einige wenige, nichts verhüllende Accessoires reduzierter Schmuck und, in Reichweite, das galant ins Haus geschickte Blumenbukett sie als ein Gut aus, dessen höchster Preis – gerechtfertigt allein durch die Freuden, welche jene Kopfverdreherin zu versprechen scheint – jedem tugendhaften Gedanken entgegensteht. Gleichviel auch, ob das von Edouard Manet geschaffene Bild zu der Art von Dingen gehören mag, die den Schwankungen des Marktes unterworfen bleiben, man wüßte nicht, mit welchen Maß man diese von hexerischen Händen gebildete explizite Gestalt der Verführung messen sollte, bei der – ob man nun lediglich das zur alleinigen künstlerischen Freude gemalte Werk meint oder an das von diesem Werk evozierte Luxusgeschöpf denkt – jeder utilitaristische Nutzen im großen oder im einzelnen auf zynische Weise abwesend ist.

Meine Geliebte,
meine Herzensfreundin,
mein Maskottchen,
mein Totem,
mein Talisman,
mein Manna,
mein indischer Hanf,
mein Liebchen,
mein Muttchen,
mein Feenteich,
mein Raunen,
meine Musik,
mein Augenziel,
meine Späherin,
meine Erde,
mein Rubin,
mein Band,
meine Aufständische,
meine Lichtvolle,
mein Aufklaren,
mein Sonnenschein,
meine Vielzahl,
meine Hälfte,
meine Einzige,
meine Augenblickliche,
meine Tausendjährige!

Gab es zwischen diesen beiden Menschen, deren Geschlechtsunterschied ausgeklammert war und die sich daher noch freier verbunden sahen, gab es – als negative, aber ungemein starke Beziehung – die Komplizität eines stillschweigenden Verbotes, das nur sie allein betraf und ihnen in der Clique mit eher weitherzigen Sitten, in welcher sie verkehrten, einen etwas abgesonderten Platz zugewiesen hätte? Oder war allein er es – so einsam, als habe er geträumt –, der unter dem Vorwand allertiefster Freundschaft für jene Frau, die genau wie er bei jemand anderem ihre bleibende Verankerung hatte, sich ihrer heimtückisch bemächtigt hatte – alle Hindernisse umgehend – und aus ihr, ohne daß irgend jemand, und auch sie selbst nicht, davon wußte, seine unberührte Dulcinea gemacht hatte?

(Halb schon Fiktion, ist dies das Schema des Romans, den schreiben könnte, wer sich ohne puritanische Treue gegenüber dem Diktat der Tatsachen diese Frage unter dem Deckmantel eines *Er* der Konvention stellte, falls er nur zur Behandlung seines Motivs Details ins Werk zu setzen wüßte, die – ob nun passend oder unbegründet, wahr oder erfunden, und gleich auf was sich beziehend: auf Charaktere, Peripetien, Ort, Zeit oder anderes – nicht allein dazu dienten, das Thema auf ausführlichere Weise darzulegen, sondern dem solchermaßen mit satten Lebenspunkten gesäumten Text eine Realität einzuhauchen, die es ihm ermöglichte, aus eigener Kraft die Rampe zum Publikum zu überspringen.)

Schnüre, Litzen, Borten, Bänder, Tressen und so weiter. War es ein Laden für Posamentierwaren, Kurzwaren oder sonstigen Kleinkram, den jene Madame Sapin innehatte, der ich – wie ich mich erinnere – als Kind begegnet bin, ohne recht zu wissen, in welcher (gewiß entfernten) Verbindung sie zu meinem Vater und meiner Mutter stand? Zum einzigen Getreuen hatte diese bestimmt verwitwete Person, die allein für sich lebte, einen Neffen, dessen Körperbau (als hätte sein Vorname Prosper ihm zu ungehöriger körperlicher Prosperität verholfen) zu denen gehörte, die man nicht vergißt: fettleibig, mit purpurroter Gesichtsfarbe, als neige er zum Schlagfuß, geistig nicht feinnerviger als körperlich, aber als braver Junge angesehen, einen nach meinem damaligen Maßstab schon reifen Mann, bei dem ich mich frage, – mit nicht geringerer Unsicherheit als betreffs der ehemaligen Berufsausübung der alten Dame – ob er ihr nicht als Angestellter und vielleicht schließlich als Nachfolger bei der Führung ihres bescheidenen Unternehmens zur Seite gestanden hatte. Aber hat dieser kleine Laden wirklich existiert und ist er nicht eine bildliche oder in gewisser Weise hieroglyphische Übersetzung, die in meinem Kopf, der gerne etwas Positives wiederaufleben lassen möchte, an die Stelle von nach meinem Dafürhalten allzu abstrakten Ausdrücken tritt wie »ältlich«, »schäbig«, »kleinbürgerlich«?

Mein Onkel mütterlicherseits – dem es an Herzensabenteuern nicht eben gemangelt hat und den man für einen Kenner in Sachen weiblicher Schönheit halten konnte – zeigte sich manchmal erstaunt darüber, daß diese hagere, spröde Person, die als bösartig galt, in ihren jungen Jahren so hübsch gewesen sei, wenn sie sich (setzte er erklärend hinzu) zu dieser oder jener Hochzeit oder Festlichkeit herausgeputzt hatte, zu der er trotz seiner gewöhnlichen Menschenscheu ebenfalls erschienen war.

Was diese Madame Sapin angeht, die, als sie noch die »kleine Sapin« hieß (wie mein Onkel sie nannte), so reizend gewesen, dann aber so abstoßend geworden war wie eine böse Fee, als habe ihr galliges Wesen mit zunehmendem Alter immer weiter an ihr genagt, so schwindele ich ganz gewiß nicht, wenn ich darauf hinweise, daß sie zu der Zeit, als ich meine Mutter auf einem Besuch begleitete, den diese ihr aus reiner Höflichkeit abstattete, wohnhaft war in der Rue de l'Abre-Sec.

Von meiner älteren Schwester – deren fast untrügliches Gedächtnis mich ebenso wundernimmt wie die Fröhlichkeit, die sie sich mit mehr als neunzig Jahren zu bewahren verstanden hat – habe ich erfahren, daß es den kleinen Laden, den ich nicht mehr genau einzuordnen wußte und an dessen tatsächlicher Existenz ich schließlich zu zweifeln begonnen hatte, wirklich gab, und daß der Neffe in der Tat als Nachfolger seiner Tante seine Leitung übernommen hatte. Was dort feilgeboten wurde, waren, wie meine Schwester mir berichtet hat, Netze für Damenhaar, oder etwas, was ich – knapper, und froh darum, das richtige Wort zu benutzen – Resillas nennen will.

Ein anderer Faden des Netzes: ebenfalls durch meine Schwester (die eigentlich nach den bloßen Fakten der Genealogie meine Cousine ist, die nach dem allzu frühen Tod ihres Vaters, des Bruders meines Vaters, in die Familie aufgenommen worden war) habe ich erfahren, daß sie ihrerseits mit der Ladeninhaberin verwandt gewesen sei, also durch ihre Familienzugehörigkeit und nicht nur durch ihr höheres Alter unmittelbar dazu befähigt war, mir den Wirrwarr all dessen zu lichten, was mit dieser Person zusammenhängt, deren einst vorhandenen, damals aber mehr als verwelkten Reize mein Onkel allem Anschein nach doch scherzhaft übertrieb, wenn er behauptete, sie sei damals eine Frau gewesen, für die er auf den Knien durch ganz Paris gerutscht wäre.

In dem Roman ohne alle Phantasmagorie und ganz und gar aus unserer Zeit, den ich gerne schriebe – ein diffuser Wunsch, der mir allerdings nie irgendeinen ernstzunehmenden Ansatz zu einem Plan, die Idee einer szenischen Verwicklung oder (als berauschendes Parfum) eine auszuprägende Atmosphäre eingegeben hat – kämen natürlich Männer und Frauen vor. Aber was wären sie? Wo wären sie? Was täten sie?

Schon gleich von Beginn an komme ich aber in Verlegenheit mit meinem Vorsatz, Gestalten zu erfinden, die keine verkleideten Portraits sein dürften (meines und das der Leute, die ich kenne), sondern von sich aus existierten und mich in ihrem von meinen Entscheidungen unabhängigen Handeln als allerersten überraschten; denn wären sie nur abgepauste Kopien oder ferngesteuerte Hampelmänner, aus deren Handlungen ich nichts erführe, wozu dann einen Roman schreiben? Als Ausgangsproblem stellt sich die Frage, welchen Beruf ich ihnen geben soll. Unmöglich, sie zu Arbeitern oder zu Bauern zu machen: die Welt der Fabriken und Baustellen und das ländliche Milieu sind mir derartig fremd, daß ich selbst nach eingehendsten Recherchen nichts Überzeugendes darüber zu sagen wüßte. Und wenn ich will, daß der Protagonist irgendeiner Arbeit nachgeht, anstatt in einem quasi abstrakten Himmel des Müßiggangs zu thronen, ist es gleichermaßen unmöglich, ihn zu einem Schriftsteller zu machen oder zu dem, was man in dem einen oder anderen Sinn gewöhnlich (und sehr willkürlich) unter einem »Intellektuellen« versteht: ihn dort anzusiedeln hieße, ihn eine Luft atmen lassen, die meiner eigenen zu verwandt ist, als daß ich hoffen könnte, ihm möchten von sich selbst aus die Flügel wachsen. Es ginge natürlich an, ihm eine Beschäftigung in der Industrie, im Handel, in der Finanzwelt zu geben, einen sogenannten freien Beruf, einen Verwaltungsposten gleich welchen Ranges oder sonst irgend etwas derartiges. Aber da ich die etwas absurde Befürchtung hege, ein solcher Berufsstand entkleide ihn, genau wie ein ungut gewählter Name und Vorname, auch jeglicher poetischer Dimension, wäre mir das entschieden zuwider. Ihm den Status eines jungen Mannes zu geben, der seine Stellung noch nicht gefunden hat (aber welche Stellung strebt er an?), würde das Problem nur verschieben, und mich andererseits an jemand binden, der im Leben nur einen Klappsitz innehätte (einen Handwerker oder sonst einen auf mehr oder weniger marginale Weise tätigen Arbeiter), wäre in Anbetracht meines Argwohns gegenüber jeder Anfechtung, einem lohnenden Pittoresken aufzusitzen, genauso wenig angezeigt wie aus ihm – ein gleichermaßen bei den Haaren herbeigezogener Kunstgriff – eine Art patentierten Wanderer zwischen den Welten zu machen (einen Diplomaten, der immer mehr oder weniger schnell seine Zelte abbricht und – wer weiß? – der Geiselnahme ausgesetzt ist, einen Piloten oder Steward, den reisenden Vertreter einer Firma mit internationalen Verbindungen, einen Photoreporter, einen Lehrer für Bridge oder sonst ein Vergnügungsspiel, der zwischen schönen Villen, zwischen Winter- oder Sommerkurorten hin und her pendelt usw.) oder umgekehrt einen Seßhaften, der – als Grundbesitzer zum Beispiel, als Kunstgärtner oder Meteorologe mit eventuell vom Radio her bekannter Stimme – so enge Beziehungen zur Natur unterhält, daß diese Fixierung auf die Erde oder jenes unerhörte Schauspiel ihrer azurenen Hülle den beharrlichsten Gemeinplätzen Tür und Tor öffnet. Ein Mann mit der bewegten Vergangenheit eines Revolutionärs, der jetzt seine Illusionen verloren hat und seinen Lebensunterhalt in einem ihm gänzlich gleichgültigen Brotberuf verdient, nachdem er lange als besoldetes Mitglied der politischen Organisation lebte, deren überzeugter Anhänger er war; wäre ein solcher, zur Zeit ohne eigentlichen Bezugspunkt lebender und gleichweit zwischen dem Nomadentum und der festen Verwurzelung stehender Mann nicht ein geeigneter Angelpunkt, um den man die ganze Geschichte kreisen lassen könnte? Unmöglich allerdings, meinen Roman dann nicht auf die politische Reflexion abzustellen – mit all dem, was das bei dem heute mehr denn je verstellten Horizont an Verzweifelndem beinhaltet –, wenn ich einen derartigen Helden oder Antihelden wählte (der mir vertraut genug wäre, daß ich ihm Gestalt geben könnte, und zugleich unähnlich genug, um nicht aus allzu großer Nähe meiner Vormundschaft zu unterliegen). Aber warum dann nicht gleich einen Essay schreiben, der letztlich eine gewisse Chance haben könnte – wer weiß? –, von größerem Nutzen zu sein als eine Fiktion . . . Dasselbe Problem stellt sich bei jenem anderen Element von meines Erachtens grundlegender Bedeutung, denn ein Roman, in dem nicht die Liebe – und sei es auch nur im Hintergrund – eine Rolle spielt, bietet mir trotz aller eventuellen Schönheit, und gleichviel ob er irgend eine für mich entscheidende Frage berührt, nicht jenen mythischen Gang, der imstande ist, meinen Durst ganz und gar so zu stillen, wie ich es möchte: der Heldin, die meinethalben keines eingestehbaren oder uneingestehbaren Berufes bedürfte, die aber wenigstens irgendeine Lieblingsbeschäftigung haben müßte (einen Sport wie das Reiten mit im Wind flatterndem Haar oder das Schwimmen an allen geeigneten Orten – Schwimmbäder ausgenommen –, das Lesen, irgendeine gesellige Kunst, Musikliebhaberei, den Kult der Blumen, der Hunde, der Katzen oder dergleichen) und die es jedenfalls von ihren Ursprüngen her zu definieren gälte, welche auch nicht unbedingt französischer zu sein bräuchten als die ihres Partners, – oder aber von ihren Beziehungen her, falls ich nicht gerade eine Einzelgängerin aus ihr zu machen gedächte, die sich selbst ihr Einsiedlertum erwählt hätte, es sei denn, es ergebe sich aus einer unglücklichen Lage, die sie von der Welt abschnitte, mit – im Falle, daß wirklich eine gewisse Hinneigung zur Misere den Ausschlag geben sollte – einer Nachkommenschaft, die sie nur mit Mühe großzuziehen vermöchte (falls nicht vielmehr ihr männliches Pendant mit dergleichen Sorgen belastet wäre).

Wohl können jene Vorab-Schwierigkeiten, die ich hier aufzähle – ungeschickt genug aufzähle in Anbetracht eben der Lauheit meiner romanschreiberischen Ader, und im übrigen mit zahlreichen Vereinfachungen, denn in der Praxis würde ich mich nicht mit einem Paar begnügen, das von Komparsen umringt oder noch durch einen Dritten erweitert wäre, dessen Rolle mittelbar oder unmittelbar ins Boulevardfach gehörte – wohl können dies rein technisch die Hindernisse gewesen sein, die mein Wunsch, einen Roman zu schreiben, nicht zu überwinden vermochte. Immerhin frage ich mich, ob es nicht doch mein Egoismus ist, meine bleibende Unfähigkeit, mich selbst zu vergessen, die mir hier immer den Weg verbaut haben: es ginge zweifellos über meine Kräfte, Gestalten zu erfinden, die lebendig genug wären, sich von mir zu unterscheiden, aus eigenem

Antrieb zu leben und ihre Präsenz gewissermaßen an die Stelle der meinen zu setzen. Genauso wie ich nie Kinder hatte, werde ich auch diesen Roman nicht geschrieben haben, der (so hoffte ich) in seiner Sprachform freier und belebter, dem Leben, wie es in der Außenwelt sich abspielt, verwandter und folglich auch gelöster gewesen wäre und der jenem reinen Rausch zu leben, zu dem ich hinfinden möchte (falls eine solche Umkehr in meinen Kräften stünde), mehr entspräche, der weniger verkrampft wäre und allein von daher auch eher dazu imstande als jene anderen Formen, welche ich so lange schon dem Vakuum der exakten Selbstbeobachtung entnehme, mich diesem Ziel näherzubringen, das so einfach ist wie »Guten Tag« und dennoch fast außer meiner Reichweite liegt. Keine menschlichen Gestalten, die ich auf das Papier geworfen hätte und auch keine Kinder, die ich in das Dickicht der Welt gesetzt hätte . . . Ich befürchte sehr, daß der eigentliche Grund für diese, zum großen Teil als eine rational begründete Verweigerung erklärbare doppelte Unfruchtbarkeit – nichts ins Leben setzen, um nicht das Leben zu nehmen, nicht die Wahrheit, das Unterpfand der *Authentizität* im Schreiben, dem puren Schein der Fiktion opfern – bei diesen beiden wohl unterschiedenen Arten des Erzeugens meine knausernde Neigung dazu war, an meine unweigerlich, viszeral als Mitte und Maß von allem empfundene Person gefesselt zu bleiben.

Das erste Mal, daß dieser keineswegs durchtriebene Don Juan sie betrog (die erste Bresche für etwas, was bald nur mehr ein Zusammenbruch war, der weitere Zusammenbrüche ankündigte), geschah dies wegen eines Anzugs, den er zu rasch gewählt hatte und dessen Schnitt ihm nicht stand: nach diesem Fehlgriff (der dem Auge seiner Gefährtin, die dem typischen Pariser Modehaus, in dem er seit neuestem Kunde war, ohnehin kritisch gegenüberstand), mußte er seine Selbstsicherheit wiedergewinnen, indem er sich bewies, daß er für seine Person, ob gut oder schlecht ausstaffiert, nicht zu verachten sei. Zudem – und das war das Schlimmste – fiel es zuallererst ihm selber schwer, sich in diesem Kleidungsstück wiederzuerkennen, dessen betonte Eleganz mit seiner gewöhnlichen Zurückhaltung nicht in Einklang stand, und zu seinem ebenso körperlichen wie geistigen Mißbehagen schien es ihm, als betreffe diese Veränderung, die eigentlich doch nur äußerlich war und nur dann ins Gewicht fiel, wenn er so angezogen war, ihn insgeheim in seiner innersten Natur, die hinfort verfälscht, umgekehrt, verdorben und nicht nur verkleidet sei ... Sicherlich, es wäre nur an ihm gelegen – der zu sehr zur »Bohème dorée« gehörte, um Angst vor Verschwendung zu empfinden –, darauf zu verzichten, das mißliebige Kleidungsstück zu tragen. Aber eine zufällige Begegnung trieb ihn zu einer radikaleren Lösung: weit entfernt, zu versuchen, sich als den wiederzufinden, der er seiner Meinung nach immer gewesen war, und dadurch, daß er das Stück ausrangierte und anschließend eine sorgsamere Wahl traf, den ärgerlichen Irrtum wieder gutzumachen, den er trotz seiner Geringfügigkeit für nicht weniger verderblich erachtete als eine Sünde, die ihn bis in seinen Wesenskern getroffen hätte, nicht davon abzugehen und – indem er die Verwandlung in einer Art Flucht nach vorne auf die Spitze trieb – in der Liebe einer anderen Frau nicht nur die Bestätigung zu suchen, die ihm fehlte, sondern das Unterpfand einer neuen Identität. In gewisser Weise in eine völlig *neue Haut* zu schlüpfen – ein Unterfangen, zu dem er, wie die Jahre vergingen, zu mehreren Malen die verschiedensten Gründe hatte, er, der sich (wie viele andere auch, seien sie nun arm oder reich) in seiner Haut niemals ganz wohl fühlte.

Eher als eine ausgeprägte Neigung zu ausschweifendem Lebenswandel wurde also ein lächerlicher Fehler betreffs seiner Kleidung (ein allzu auffälliger Anzug mit zu eng sitzender Weste) zum Ausgangspunkt der Karriere eines Mannes, über den man klatschte, er wechsele die Frau, wie man das Hemd wechselt.

Nenne mich deinen Irokesen, deinen Wandalen, deinen Westgoten, deinen Ostgoten . . .
– Wirst du wohl still sein, du falscher Salzsieder!
– Mach was du willst . . . Du bleibst doch immer mein Reisebüro.

Hat Edouard Manet, der als Steuermannsmaat an Bord des Frachtschiffes *Le Havre et Guadeloupe* mit 17 Jahren eine Reise nach Rio de Janeiro, der Stadt des legendären Karnevals, unternahm, in dem vielbödigen Koffer seines Gedächtnisses die Gestalt jener Schwarzen mitgebracht, die er mit einem großen Blumenstrauß in den Armen, mit um den Kopf gewundenem Madrastuch und freier Stirn 14 Jahre später neben das Lager der weißen Olympia plazieren sollte?

Ein Hauch warmblütiger Exotik an einem (ohne Zweifel) Pariser Ort, dessen alleinige andere exotische Note die weibliche Nacktheit darstellt – die einzige und hauchzarte Anspielung auf ein mögliches *Anderswo*, wo doch alles im Zeichen des Hier und Jetzt sich darbietet – eine Nacktheit, die man auch in Ermangelung jeden Gefühles, das auf ihrem Gesicht oder ihrem Körper zum Ausdruck käme, geschaffen weiß für das große Gehenlassen der Umarmung ...

Für sie, die ihren Lebensunterhalt damit verdiente, den ganzen Tag über Schreibmaschine zu tippen, bestand das Glück darin, sich nachts in eine Tastatur zu verwandeln unter den kundigen Händen ihres Geliebten.

Seit dem Tag, an dem – schnell vertuschter Skandal – dieser reife Mann jenes kleine Mädchen verführt, wenn auch keineswegs vergewaltigt hatte, konnte er in seinem Viertel, zu dessen bekannten Persönlichkeiten er gehörte, nicht auf die Straße treten, ohne Blicken zu begegnen, die sich hinterhältig zu Boden senkten oder ihm ihre Mißbilligung bekundeten. Er zog jedoch daraus mehr Stolz als Scham in der Überlegung, daß er genügend geistige Unabhängigkeit besessen habe, um sich zu vergehen, zwar nicht an dem Mädchen mit der rosa Schleife im Haar, das er als guter Genius doch nur mit Zärtlichkeiten überhäufen wollte, wohl aber gegen das Tabu, das Kinder gegen ungeduldige Lehrmeister schützt, die sie schon in frühester Jugend in Praktiken einführen wollen, die später, sobald die Volljährigkeit erreicht ist, als normal gelten.

Darum wollte dieser Herkules mit dem langen Nikolausbart, der eine Statur hatte wie eine Kathedrale, deren einziger Strebepfeiler aus seinem Stock bestanden hätte, sogar angesichts seiner fortdauernden Ächtung nie die Durchsichtigkeit einer Sylphe oder den bescheidenen Wuchs eines Liliputaners annehmen. Aus welchem Grund im übrigen sollte er es sich vorwerfen, ein Paradies wiederfinden zu wollen vermittels eines Wesens, das ihm hier und jetzt einen Abglanz seiner eigenen Kindheit eröffnete, die mittlerweile in dem Urgroßvaterbart versunken war, mit dem die Jahre ihn ausgestattet hatten, über deren Unentrinnbarkeit sich nach außen hinwegtäuschen zu wollen er für eitel erachtete.

Hart wie Porphyr und geschwungen wie eine Urne, ist das Wort »Porno« zu schön für das, was es bedeutet: während dieses Kürzel in seiner prallen und runden Fülle die höchsten Formen der Erotik vermuten läßt, gebraucht man es für gewöhnlich, um deren trivialste und kommerziellste Aspekte zu bezeichnen.

Divergenz zwischen Form und Gehalt, wie es viele im Wörterbuch gibt, von dem man oft meinen könnte, es sei für die Zwiegespräche von Tauben geschaffen, und dessen Willkür um so offensichtlicher ist, als der offizielle Gebrauch zwischen mehreren möglichen Bedeutungen gerade die gewählt hat, von der man es am wenigsten erwartet hätte. Der Vokabelfanatiker muß sich jedoch deswegen nicht empören, denn es kommt sehr häufig vor, daß sich über die Fehler, die man immer wieder einmal begeht, indem man sich vom Klang tragen läßt, die Korrelation einstellt, die der Code verweigerte, und daß die Wörter, die der schlechte Hirte selber irregeleitet hatte, auf den rechten Weg zurückfinden.

Welche Sprecher werden, von unsichtbaren Feuerzungen erleuchtet, das Wort »Porno« rehabilitieren, das rein und nackt klingt wie das Wort »Vulva«, das Wort »Arsch« und das Wort »Sack«, das für den Mund anständiger Leute eine richtige Beschmutzung darstellt?

Als Feind diskriminatorischer Praktiken und weil es unter den Worten keine armen Verwandten geben sollte, hatte es sich jener Schriftsteller, beseelt von regstem beruflichem Gewissen, zur Aufgabe gemacht, sie ohne Ausnahme alle zu gebrauchen (die noblen nicht weniger als die plebejischen, die Parias nicht weniger als die von anerkanntem Gebrauch), und um den Wald zu lichten, kreuzte er in einem Diktionär jedes Wort an, das er gerade verwendet hatte.

Die Angst zur »Unruhe« ernannt,
das Brottrockene zur »Strenge«,
die Feigheit zur »Schwäche«,
der fehlende Elan zur »heiteren Gefaßtheit«,
die Faulheit zur »Nonchalance«,
die Eitelkeit zum »Stolz«,
das Weinerliche zur »Melancholie«,
die Erregung zur »Liebesglut«,
die Gleichgültigkeit zur »Umsicht«.

Ökonomisch schwach gestellt,
Hausgehilfe,
ledige Mutter,
Ruheständler.

Mitbürger,
Genossen,
Gefährten,
Brüder,
aufgepaßt!

Im Westen wie im Osten wäscht man euch das Gehirn mit den monumentalen Kübeln der Massenmedien. Frech-dreiste oder hinterhältige Propaganda, Werbung als Nagel in den Kopf, Katechismus – von welchem dieser drei Moloche soll man sich am ehesten auffressen lassen?

Durch die Presse, durch das Radio, durch das Fernsehen schläfert man euch ein, kastriert man euch: ihr werdet mit Nachrichten gefüttert, die – selbst unverfälscht – auf bloße Informationen reduziert sind und, als plattgewalzte Realitäten, nur mehr ein leeres Wortgeröll darstellen oder als reines Bilderpanoptikum fungieren! Wenn es wahr ist, Gutenberg, daß du jenes erste Mittel der Massenverbreitung, die Druckerei erfandest, hätte man dich dafür nicht auf den Scheiterhaufen werfen sollen?

Hier, auf der Allerweltsseite, schluckt man ohne Erbrechen den täglich offerierten Brei, überfettet von Sportereignissen und Kriminalaffären und mit einer allzu oft törichten Kurzweil gewürzt. Auf der Seite der Intelligentsia jargonnieren die Einen – sich mit großen Systemen umstellend – und die Anderen, angeblich auf dem Weg zu größerer Erleuchtung und unter dem Vorwand – als Wissende, die sich nichts vormachen lassen – die Ungewißheiten des Diskurses und das täuschende Vertrauen, das man in ihn setzt, zu umgehen: die Anderen schwatzen so viele Worte über Worte zusammen, daß die Sprache bei ihnen nur mehr für sich selbst spricht und sich im eigenen Labyrinth verläuft. Geht es in diesem Tempo weiter, so frage ich mich, ob es in ein paar Jahren noch einen geistigen Hafen geben wird, der vor den Verwüstungen jener doppelten Pest geschützt ist: der Degradierung der Sprache im Dienst eines diskontierten Kuhhandels mit Mengenrabatt und – ein weniger verderbliches, weil subtileres und daher selteneres Übel – der Ermattung durch exzessives Ausfeilen und Polieren oder wegen unausgesetzten Im-Kreise-Gehens. Das Audiovisuelle als Schulmeister, der gewitztere Comic, auch ihr seid mit von der Partie und schadet, jeder auf seine Weise, der lebendigen Ausübung des Denkens, denn haltet ihr nicht den Geist dazu an, wie ein Kind nur noch am Gängelband zu gehen?

Wenn auch die Anästhesie einen unbestreitbaren Fortschritt darstellt (den einzigen freilich, denn kommt es überhaupt darauf an, ob man länger dauert, wo das Leben deswegen nicht weniger schnell vergeht, daß man größere Annehmlichkeiten genieße, wo das einzig den Appetit vergrößert, oder gar daß wir eine positivere, objektivere Anschauung unserer Lage gewinnen, wenn der unmenschliche Kult des Genius Fortschritt den der toten Götter ersetzt hat?), ist das ein Grund, jedes Mittel recht sein zu lassen, vom gröbsten bis zum allerfeinsten, um uns bei vollem Bewußtsein und ohne daß wir uns dagegen aufbäumten, das Gehirn auszublasen?

Mitbürger,
Genossen,
Gefährten,
Brüder,
aufgepaßt!

Doch war meine Rede beredt genug, in diesem Wirrwarr ihren Weg zu euren Ohren zu finden, so hütet euch auch vor mir, dem Schwätzer, der warnt und nichts anzubieten weiß. Nicht einmal – wo es mir ohnehin schon an einem Aktionsplan fehlt – eine intime Strategie des Imaginären, den idealen Boden für eine unauslöschliche Guerilla …

Meine Teuerste,

Du bist nicht da, und seist du nun groß oder klein, seist du robust oder grazil, düster oder heiter wie die Sonne, du wirst für mich niemals mehr da sein. Abwesend durch meine eigene Abwesenheit und – tot nicht und auch nicht lebendig – unbeschreiblicher Widerschein dieser Abwesenheit. Denn schon existiere ich nur mehr anderswo ... Aber wo? In dem Wunsch und Bedauern, die mich wie ein fremdes, von außen einbrechendes Übel bedrängen, dem man sich ausgeliefert weiß, gefesselt an Händen und Füßen? In der ängstlichen Erwartung des unwahrscheinlichen Augenblicks, wo ich – mein Selbst wiederfindend – mich gewappnet wüßte, dich nicht nur in meiner Vorstellung zu entdecken, namenlose Teufelin, ohne Antlitz, ohne Fleisch und Blut, und dennoch so unvergleichlich betörend? Oder in den Worten, die ich aneinanderreihe, bang vor Ungeduld versuchend, die Leere auszufüllen, die mich nach und nach verschlungen hat, seitdem in der reinen Sprache des Tastens kein anderer Körper mehr mit dem meinen zu sprechen vermag?

Ohne Schwere noch und ohne Gestalt, so sei denn du meine Muse, Teuerste, und nicht länger mein Dämon – wenn eine Muse durch das Fehlende den Weg sich zu bahnen weiß, gerufen von unserem Durst!

PS: *»Teuerste«, die du, vielgestaltige Eva, vielleicht nicht allein das Bild bist, das meine gereizten Sinne bisweilen zu ihrem Komplizen begehrten, sondern – als Rippe Adams – das Verborgene, das so weit weg Verscharrte bist, daß ich es nur mit Mühe noch auszumachen weiß: das, was ich in mir trage und was es, um der Gehenna zu entrinnen, vom Inneren ins Äußere, vom Diffusen ins Kompakte zu wenden gälte. Ver-*

trackte Aufgabe, wo kein Rausch im Indikativ Präsens mich mit einem Wesen außerhalb meiner selbst zu verschmelzen vermag (diese verletzliche Haut, die ich fühle, ist es die ihre?) und – mich mit Körper und Seele in ihre labende Gegenwart versetzend – dem eklen Magma der Vergangenheit, des Futurum und des Konjunktivs, jener lauen Mixtur aus Nostalgie, aus allzu hypothetischer Hoffnung und Furcht, entreißen kann.

Goldenes Vlies,
die Seelöwin,
die Fischotter,
die Biene,
die Libelle,
die Natter,
die Ringeltaube,
die Lamprete,
Betty Froment,
Bohle,
die Ährenleserin,
die Fernfahrerin,
die Schelmin,
die Sibylle,
die Hurtige,
die Brave,
die Träumerin,
die Schnörkelschnepfe
Viviane,
Morgane,
Radegunde,
Klothilde,
Margot,
Glyzinie,
das Dummchen,
die Stromerin.

Olympia, nicht als Göttin, sondern ein Mädchen seiner Zeit, und als solches auch ausgewiesen sowohl durch den noch in Papier gewickelten Blumenstrauß, hereingetragen von der liebenswürdigen Negerin mit dem hellen Kleid, der die schöne schwarze Katze nachstreicht, als auch durch ihre schmückenden Accessoires – das schmale Band um den Hals, die große rosa Schleife im Haar, die Ohrclips, das Armband und die Pantinen – die sie vor dem bewahrten, was das Plakat eines modernen Varietétheaters vielleicht als »Sex total« anbieten würde, und die sie nur noch aufreizender machen.

Die Seite Lotterleben: ein käufliches Mädchen, daran besteht kein Zweifel, aber gerade hierdurch noch *realer* (falls man der Nomenklatur vertraut, derzufolge zur Zeit der Fréhel und Damia die Stimme einer Sängerin erst dann als realistisch galt, wenn man in ihr eine Blüte des Trottoirs vermuten durfte).

Die Seite Luxusleben: Nippfigur ohne andere Seele als ihren Charme, Puppen-Frau, so weiß und so kalt wie ihr Name es verrät, weniger an den Olymp und die Abenteuer seiner Göttin erinnernd als an jenes Geschöpf, in das der Held der Hoffmannschen Erzählung *Der Sandmann* sich bis zum Wahnsinn verliebt und das sich – so lebhaft und anziehend diese Olympia ihm auch scheinen mag, denn er will in ihr ja viel mehr als nur einen Effekt der Kunst sehen – als bloße Automate herausstellt, welche von dem Physikus, der ihr das zerbrechliche Leben einhauchte, mit höchster Täuschungskraft begabt worden war.

Bin ich dein Hahn mit scharfen Sporn, so wirst du meine gluckende Henne sein ...

Ihre Schuhe hatte sie schon auf den Teppich geschleudert, und jetzt, wo ihre Strümpfe abgestreift waren – sie hatten die gleiche goldgelbe Farbe wie ihre Haut – entledigte sie sich mit jähem Ruck ihres Kleides, und er glaubte, den Vorhang aufgehen zu sehen vor jener Pracht, die ihn einen Augenblick lang blendete: vor diesem Leib, der sich erbot, ihn bei vollen Sinnen aufzunehmen in eine Märchenwelt, die wundersamer war als irgendein Anblick, den er als Kind geschaut oder dessen Schilderung er gelauscht hatte. Wofern nur sein eigener Leib, der unscheinbarer war als jener andere, auch wenn er sich in gleicher Weise entblößte, mit aller notwendigen Spannkraft und dem erforderlichen Spürsinn den Zauberstab zu gebrauchen verstünde, mit dem sein Sinnentaumel ihn für eine Zeitlang gewappnet hatte.

... Und was du mir noch sonst zu sagen hast, das soll dein Atem mir dann sagen!

Beim Anblick seines Gliedes, das so lang war, dabei straff und gerade wie ein Stock, salutierte sie mit waagrecht ausgestrecktem Arm, der sich am Ende zu einer gespreizten Hand entfaltete, in einer Art olympischem Gruß, der an den der jungen blonden Trapezkünstlerin erinnerte, deren fächerförmiger Rücken sich von den nicht allzu betonten Hüften empor zu dem zwar breiteren, aber immer noch zierlichen Umriß der Schultern weitete, und die vergangenen Sommer eines Abends, fast nackt auf der schmalen Plattform kauernd, auf der sie mittlerweile zum Ausruhen saß, sich mit der linken Hand an ein Tau klammerte, um einem ihrer Kollegen ihre Huldigung zu erweisen – dabei streckte sie den rechten Arm gegen ihn aus mit weit ausholender Gebärde wie zu einem Schwur oder zu einem unmittelbar bevorstehenden Aufschwung in die Lüfte und bot ihr in die gleiche Richtung gewandtes Profil –, der soeben hoch oben unter der Zirkuskuppel und unter dem gleißenden Licht der Scheinwerfer eine artistische Glanzleistung erfolgreich hinter sich gebracht hatte: einen Todessprung oder irgend etwas Derartiges.

Ob Edouard Manet dies im Auge hatte oder nicht: seine Olympia ist auf eine Weise gestaltet, daß das enge Zimmer, das den Dekor abgibt, mehrere Zweige des prächtigen Buketts der körperlichen Liebe vereinigt:

das Ziel des Verlangens (Olympia, die durch ihr Band und die anderen winzigen Accessoires noch weiter entblößt wird);

den Appell an Wonnen, die der Alltagswelt fremd sind (die Kammerfrau mit ihrer warmen Hautfarbe und der aus fernen Breiten stammenden Kleidung);

die Undurchdringlichkeit eines Geheimnisses, das sich zwar berühren, aber durch keine Liebkosung antasten läßt (die schwarze Katze).

Dem dummen Jungen, den die Schlampe sich gefügig gemacht hatte, ersparte sie nichts: wenn sie ihre Lust auskostete, gab sie ihm zu verstehen, daß nicht er sie erregte, sondern sein Geschlecht, das zufällig von der feurigen Stute, die sie war, gewürdigt wurde.

Das Wesen, das in den einsamen Stunden von delectatio morosa, in denen die Not für den Augenblick einen Ausweg findet, indem sie zum Begehren wird, dieser alterslose Doppelgänger, der – ich selbst und doch nicht ganz ich selbst – an meine Stelle tritt in meinen Träumen, gefällt sich manchmal darin – in einer Sucht nach Totalität, die völlig abgeschlossen wäre wie eine Insel – sich die Schlußszene so vorzustellen: nachdem er dadurch androgyn geworden ist, daß er seinen nackten Oberkörper in seine eigenen Handteller schmiegt, in einem gemächlichen Hin und Her in seiner linken Faust seine fest umschlossene Rute zu bearbeiten und mit der rechten den Griff eines Revolvers zu umschließen, dessen Lauf er an seine Schläfe setzen und dessen Abzug er im richtigen Augenblick betätigen würde, damit der harte Ausstoß der Kugel mit dem flüssigen des Samens zusammenfiele.

Kaum sichtbarer als die Ohrringe, die man gleichfalls für kostspielig halten möchte: das hauchzarte Juwel, welches durch das schwarze Band am Hals der ruhenden Olympia befestigt ist. Ob man es sieht oder nicht, darauf kommt es nicht eigentlich an, denn der Schrein dieses Zimmers – das fast gänzlich von dem Bett seiner Bewohnerin ausgefüllt scheint – umschließt keinen anderen Schatz als diejenige selbst, deren kostbares Anhängsel vielleicht den nackten Körper schmückte, wenn dieser nicht in seiner Herrlichkeit schon von anderem zur Geltung gebracht würde. Von Dingen, die zwar bescheidener sind, die aber in dem Werk, wie es in der Vorstellung erdacht oder doch jedenfalls manuell ausgeführt wurde, unmittelbar in die Augen springen.

Ohne Zweifel deswegen, weil dieser Traum mir nicht zu Hause, sondern während eines Aufenthalts in Venedig widerfuhr, stellte ich mir im Schlaf vor – die kurze Szene spielte nicht in Paris, aber vermutlich nicht sehr weit davon entfernt, und zu ihrem Hauptakteur machte ich einen wenn schon nicht der Nationalität, so doch dem Namen nach italienischen Freund –, Alberto Giacometti und ich seien gemeinsam auf einer Reise oder wir begegneten uns bei der Abfahrt eines Zuges oder beim Umsteigen. Und vielleicht war es das Umfeld, in dem ich meine Tage verbrachte – 1963 machte ich Ferien in der klassischen Stadt des Masken- und Dominokarnevals, die schon seit langem dem Tourismus anheimgefallen ist und in der man mittlerweile Ausländer in den ausgefallensten Trachten antrifft, die manchmal (zumindest was die Frauen angeht) nicht davor zurückschrecken, sich mit Kopfbedeckungen zu schmücken, die die Hüte der Gondolieri nachäffen –, aufgrund dessen Giacometti (den ich nie anders sah als unter einem wilden Helm krauser Haare, die ein Gesicht umflossen, dessen steinige Hautfarbe seinem Beruf als Bildhauer zu entsprechen schien) eine hochelegante Melone trug mit Rändern fast so schmal wie bei einem weichen Filzhut, während ich selbst einen Cronstadt aufhatte, wie es sie vor fast einem Jahrhundert gab, aber in Grau und nicht in Schwarz, oder eine Art Flachzylinder, aber nicht glänzend, sondern mattgrau.

Und auch ohne Zweifel deswegen, weil Venedig – eine Stadt, die zu Begegnungen, zu Intrigen und zu langem Verweilen und Plaudern auf ihren Caféterrassen einlädt – als Kulisse gegenwärtig war, erzählte mir Giacometti, er sei sehr in eine Frau verliebt und hege deswegen einen Groll gegen Edouard

Pignon (jenen zeitgenössischen Maler, der mich durch seine stämmige Statur und seine heute allmählich verblassende kupferrote Mähne immer an einen Kampfhahn erinnert hat, wie es sie in Nordfrankreich gibt, wo er herkommt). In rüpelhaftem Ton, wie der durch solche Rede Verletzte es empfand, hatte Pignon über diese Frau, die er wahrscheinlich gut genug kannte, um über sie ein so peremptorisches Urteil zu fällen, geäußert: „Sie ist ein Ramsch, die Grüne Mücke."

Ein Ramsch: mit anderen Worten, etwas, was unter seinem Preis verkauft wird. Aber warum Grüne Mücke? Und was steckte hinter diesem seltsamen, etwas pöbelhaften Spitznamen? Das fragte ich mich jedes Mal, wenn mir die Geschichte wieder einfiel ... Bis zu dem Tag, an dem ich – ich weiß nicht wie – erfuhr, daß der Blasenkäfer, aus dem man das Pulver mit der bekannten Wirkung gewinnt, eine grüne Mücke ist. Ich würde gerne meine Quelle wieder zu Rate ziehen, da mir ein Zweifel kam, als ich (auf der Suche nach einer Bestätigung) feststellte, daß mein Wörterbuch sich jeder Angabe betreffs des Aussehens dieses Insekts enthält und sich mit dem Hinweis begnügt, es werde gewöhnlich »Spanische Fliege« genannt.

Wenn ich in einem Entomologiebuch nachschlagen würde, dann wäre die Frage schnell entschieden. Ich bin jedoch zu faul oder zu vernünftig, so daß es mir widerstrebt, in einem wissenschaftlichen Werk eine Antwort auf diese nichtige Frage zu suchen, und gebe mich mit der Idee zufrieden, daß der Blasenkäfer oder die Spanische Fliege tatsächlich eine Grüne Mücke sein kann, so daß mein Zweifel unbegründet ist. Im übrigen glaube ich nicht, daß darin das wirkliche Problem liegt, denn seltsamerweise lief der Traum so ab, als hätte ich es – dank welcher obskuren Intuition oder plötzlichen Vergegenwärtigung eines vergessenen Wissens? – nicht nötig, den genauen Sinn des Ausdrucks »Grüne Mükke« zu kennen, um ihn im Rahmen einer imaginären üblen Nachrede in den richtigen Zusammenhang zu stellen. Wie stark, sage ich mir, indem ich meine Skrupel über Bord werfe, mußte also die erotische Ausstrahlungskraft jener von Giacometti geliebten Person sein, die Pignon als Nutte bezeichnete, nicht ohne ihr – über den Spitznamen, den sie aus Trotz vielleicht zu ihrem Kriegsnamen gemacht hatte wie eine Tarnung in schreienden Farben – jene Kräfte zuzuerkennen, die es erlaubten, dieses vielerfahrene leichte Mädchen mit einem Aphrodisiakum zu vergleichen, das man für ebenso gefährlich halten konnte wie die giftige Kohlenfliege, die ich als Kind mit der gewöhnlichen großen, blau schimmernden Stubenfliege verwechselt habe!

Mittlerweile ist Alberto Giacometti nicht mehr. Was Edouard Pignon angeht, so fällt mir auf – und ich sehe darin gern eine Einwirkung des Traumes auf die Wirklichkeit – daß er vor nicht allzu langer Zeit eine Serie von *Roten Akten* gemalt hat, als habe er gleichsam als Komplementäreffekt ein Gegengewicht schaffen wollen zu der Grünen Mücke, die in einem Traum aufgetaucht war, den nicht er geträumt hatte und von dem er nichts wußte.

Aber wann hört diese Mücke endlich auf, mich zu umschwirren? Eben in diesem Moment fällt mir ein, daß Giacometti in einem frühen Text eine Beziehung herstellte zwischen einem Tripper, den er gehabt, und einer gelben Spinne, von der er geträumt hatte.

Von der gelben venerischen Spinne zu der grünen venetischen – oder venezianischen? – Mücke ist der Weg nicht weit, und es ist demnach sicher, daß ich, ohne mir den Kopf zu zerbrechen, in meinem Schlaf von der einen zur anderen gelangen konnte.

Da es noch Zeit ist bis zu der Vernissage, bei der ich vorbeischauen will – ich kenne den Künstler seit langem und finde ihn sympathisch, auch wenn ich mehr mit anderen aus seiner Clique verkehre, ihn selbst auch früher nur ganz gelegentlich sah und eigentlich kaum etwas über ihn weiß (von der Reise, die er, jung und wenig begütert, nach Tahiti unternahm, erfuhr ich kürzlich von dem gemeinsamen Freund, der mich zur Ausstellung eben der Bilder mitnahm, zu denen ihn jenes verlorene Paradies angeregt hatte, und als Detail, das mir dort wieder in Erinnerung kam, habe ich jetzt auch die angenehme Stimme dieses Freidenkers und guten Jungen im Ohr, der in den Tag hinein seine verschiedensten Talente zur Anwendung brachte; und da auch ich nicht allzeit seßhaft gelebt habe, so schätze ich ihn in seinem Drang, die Tapeten zu wechseln und jenen Luftschlössern der Inseln nachzureisen) – zu früh für die Vernissage, habe ich mich, um die Zeit zu vertreiben und vor einem unangenehmen Herbstregen ins Trockene zu kommen, ins Café-Restaurant de la Frégate gesetzt, an den Seinequais im sehr bürgerlichen VII. Arrondissement, ganz in der Nähe des Hauses, das mich verlegt. Früher, als dieses Lokal noch ein bloßes Café war, traf ich mich dort mit dem einen oder anderen, der von ähnlichen Beschäftigungen wie ich in Anspruch genommen war. Wo aber mit den Jahren die Kameradschaften sich lockern und (als weit radikalerer Einschnitt) die Zeit die Gefährten in so rascher Folge dahinrafft, daß es einem übel wird davon, treffe ich kaum noch solche Verabredungen, so daß ich schon seit langem nicht mehr Zuflucht gesucht habe an jenem Ort, dessen Atmosphäre man provinziell nennen möchte, wären die Cafés in der Provinz nicht oft zumindest genauso lärmend wie die entsprechenden in Paris.

Außer ihrem Namen, der sich vielleicht aus der Nähe der Seine erklärt, fällt mir nur *eine* Spalte auf, durch welche die Phantasie eine Vorstellung von Navigation in die stille Fregatte eindringen lassen kann: die Versenkung, die sich manchmal, ohne daß jemand sichtbarlich auf die ebenso unsichtbare Steuerung eingewirkt hätte, in dem Fußboden des Café-Saales langsam auftut und durch die schwere Kisten mit Flaschen lautlos aus dem Keller aufsteigen – so mysteriös und verschwiegen, daß man kaum zu fabulieren brauchte, wenn man annähme, dieser Keller stecke – neben anderen Vorräten – voller Schnaps- und Pulverfässer wie der Laderaum eines Freibeuterschiffs.

An einem kleinen Tischchen dieses fast ausgestorbenen Saales sitzend, in einem Sessel, den ich mir in der Erinnerung jetzt ohne weiteres als Dekor eines Schiffssalons vorzustellen vermag und dessen Sitz mit Leder gepolstert ist wie das Oberteil seiner runden Rückenlehne, trinke ich eine Flasche Guiness. Hoch oben auf der Lehne des Nachbarsessels liegend, einer Kanzel ganz nach seinem Maß und sicher bequem, döst ein dicker Kater – wenn ich nach seinen geschlossenen Augen gehen will. Ein Kater so fett wie die Katze eines Schiffskochs, behaupte ich – und schlage aufs neue die Saite des Seeabenteuerromans an. Entweder war seine Stellung ihm lästig geworden, oder er hatte mich – wachgeworden – instinktiv als anderes Säugetier ausgemacht, das ihm Gesellschaft leisten könnte, jedenfalls springt er jetzt, sich aus seiner Betäubung schüttelnd, auf meine Knie, schiebt allmählich seinen Kopf unter das linke Revers meines Jacketts und drängt sich so weit in den dadurch gegrabenen Tunnel, daß ich in Anbetracht des Umfangs des Tieres befürchte, es möchte den Knopf wegsprengen, der mein Jackett geschlossen hält. Ein lächerlicher, aber unangenehmer Zwischenfall, dem ich zuvorkomme, indem ich die Scheibe aus Galalith oder sonst einem harten Material aus ihrem Knopfloch befreie, um dem Faden, mit dem sie befestigt ist, das anhaltende Gezerre zu ersparen, dem er ausgesetzt ist.

Sei es nun Kontaktsuche oder der Wunsch nach Wärme, der auf meinem Schoß kauernde Kater stößt weiter mit seinem Kopf ganz eng an mich heran und gräbt sich unter mein Jackett, wie ein Baby, das unter dem züchtigen Schleier der Amme trinkt, hinter dem diese den Vorgang verbirgt. Mit kleinen Schlucken das nach Karamell schmeckende dunkelbraune Bier schlürfend, das man mir kälter serviert hat, als in den Ländern jenseits des Kanals der Geschmack es erheischte, streichle ich den Indiskreten und kraule ihm den Kopf, fast so froh über das Vertrauen, das er mir entgegenbringt, wie über ein besonderes Glück, das mir zuteil wurde.

Weniger griesgrämig als zu Beginn, machte ich mich trotz des wenig einladenden Wetters wieder auf den Weg und ging, als Fußgänger, den nichts zur Eile antreibt, zur Vernissage auf der anderen Seite des Flusses. Da ich jedoch früher eintreffe als es sich für eine Versammlung dieser Art gebührt und nicht länger bleibe als ein aufmerksamer Besuch es erfordert, habe ich die paar engen Räume, in denen die Bilder ausgestellt waren, durchschritten, ohne irgend jemand zu begegnen – wenn ich von den zwei oder drei Unbekannten absehe, für mich Gestalten ohne Vergangenheit und Dichte.

Randzone und »peripher« noch weit mehr wären schlechte Attribute, um das Pariser Viertel zu bezeichnen, das wegen seiner beträchtlichen Entfernung nur schwer erreichbar ist, das man aber nur abgelegen nennen könnte, denn andere, viel belebtere Viertel als es selbst, das weder Geschäfts- noch Wohngegend und nur ganz spärlich bebaut ist, trennen es von den Stadttoren. Ich weiß, daß man auf dem Hinweg eine Straßenbahn nehmen muß und daß diese Straßenbahn eine lange Strecke zurücklegt, an deren Ende ich ziemlich weit oben (und ich spreche dabei von einem Hügel mit weitläufigeren und stärker abfallenden Hängen als denen des Hügels, an den der Moulin de la Galette und Sacré-Cœur angrenzen) an der Anordnung und dem Aussehen der Häuser eine Gegend wiedererkenne, die meinem Bestimmungsort benachbart ist, den ich zu Fuß erreichen muß. Es ist noch ein gutes Stück Weg zu gehen, wie auch mit der Metro oder einem anderen Verkehrsmittel eine gewisse Entfernung zurückzulegen ist, wenn man von mir aus zu der Stelle gelangen will, wo die Straßenbahn abfährt. Eine Metrostation ist mir immer noch im Gedächtnis, vielleicht die des Montmartre oder eine in der Umgebung des Montmartre, neben einer Treppe, deren Anblick sie aufhellt, da sie aussieht wie ein Laden oder ein buntscheckiger Kiosk, brechend voll von Gegenständen, deren farbenfrohe Menge an das Durcheinander von Groschenheften und der verschiedenartigen Artikel erinnert, die zum Verkauf ausliegen bei den Hökerern, die oft in den Gängen der Bahnhöfe einen Unterschlupf gefunden haben, Gegenständen, die aber – so unter freiem Himmel ausgebreitet – eher an die Bündel von Süßigkeiten und Spielwaren denken lassen, die die Krämer in den Parks in ihren Buden feilbieten.

Unmöglich, mich an den Namen dieses Bahnhofs zu erinnern, als ich nachts (vier Uhr morgens, im Winter), aber halb wach, diesen Traum rekapituliere und vor allem diese Frage zu lösen versuche: ist dieses Viertel, in dem die Straßenbahn zuerst gegen Norden und dann gegen Osten eine weite Kurve beschreibt, die zunächst ansteigt, dann fällt und schließlich nicht weit entfernt von Lagerhallen ausläuft, Hallen von der Art wie in Ivry oder Bercy, dem Viertel, in dessen Nähe die Straßenbahn mich absetzt (oder eine zweite Straßenbahn, denn ungefähr auf halber Strecke muß ich vielleicht umsteigen), dieses reizlose Viertel, das wahrscheinlich diesseits – oder jenseits – einer Zone liegt, die auf einer alten Karte fast genauso leer aussehen würde wie eine terra incognita, ein wirkliches Pariser Viertel oder ist es wie das riesige offene Gelände, aus dem das fast wüstenhafte Gebiet besteht, das die Straßenbahn durchquert – oder umfahren – hat, ein imaginäres Viertel, von dem ich zwar geträumt, das ich aber möglicherweise nicht erfunden habe, da es vielleicht schon in anderen Träumen aufgetreten ist und das dieser Traum – oder vielmehr dieses Nachgrübeln über eine Fahrt, die ich bei entsprechender Gelegenheit schon zurückgelegt habe, die ich aber dieses Mal bei dem Versuch, sie nachzuvollziehen, nur in Gedanken zurücklege – mir wiederzufinden erlaubt, indem er mich in die parallele Welt eintreten ließ, der er angehört? Ein Viertel also, das demnach in gewisser Weise existent ist und das ganz einfach einer anderern Topographie angehört als der meines realen Alltagslebens.

Ziemlich lange, glaube ich, galt mein Grübeln diesem Problem, dessen am schwierigsten zu klärender Punkt die Metrostation blieb, die offenkundig weniger abwegig war als die Straßenbahn, da diese Art Transportmittel schon seit langen Jahren in Paris nicht mehr verkehrt (eine Einzelheit, die mir am Morgen aufging und aus der ich schloß, daß das entlegene Pariser Viertel, zu dem die Straßenbahn hinführte, kein wirkliches Viertel sei). Nachdem die Illusion gebrochen war, fragte ich mich einen Augenblick lang, ob ich nicht tatsächlich nachforschen sollte, welches diese Metrostation gewesen war, denn es ist sehr wohl möglich, daß es in Paris eine derartige gibt. Indes behielten die Bequemlichkeit und die Selbstachtung die Oberhand: da ich es als Zeitvergeudung betrachtete und lächerlich fand, auf einen Plan zu schauen – um darauf alle Stationen zu kennzeichnen, die aufgrund ihrer Lage auf dem rechten Seineufer und ihrer Nähe zu Montmartre die meines Traumes sein könnten, »Notre Dame de Lorette«, »Saint-Georges«, »Chateau-Rouge« zum Beispiel – und dann die gewiß zahlreichen Fahrten zu unternehmen, um eine ernsthafte Überprüfung vorzunehmen, verzichtete ich auf ein solches Vorgehen, im übrigen mehr und mehr davon überzeugt, daß die Metrostation – anheimelnd wie ein Weihnachtsbaum, der mit seinen Lichtern und Spielsachen mitten im geschäftigen Treiben der Stadt stünde, halb neben einer Treppe, auf der zahlreiche Menschen hinab- und hinaufhasten – nur ein Traumbild sein konnte, das geradewegs meinem Schlaf entstiegen war.

König ohne Kanone
Königin ohne Negerin
Turm in Trümmern
reif für die Zwangsjacke
Ritter allein.

Bei geschlossenen Augen sehe ich – in dem Zustand des Dösens, den die Wärme des Wassers, mit dem meine Badewanne zu drei Viertel gefüllt ist, und der hartnäckige Schnupfen, der mir seit zwei Tagen zu schaffen macht, über mich gebracht haben – eine altertümliche Gestalt, die wahrscheinlich der Zeit der Religionskriege zuzurechnen ist. Fast in der Hocke und mit gespreizten Knien zieht dieser stämmige Mann mit recht üppigem Haar, einem kleinen Bart und einem vollen, herabfallenden Schnurrbart, die alle drei so schwarz sind wie der um die Taille geraffte Kittel und die Schuhe, die er trägt, über den grasbewachsenen Rain einer Straße oder eines lehmigen Weges ein riesiges goldenes Halsband, wie ein Fischer, der über den Sandstrand ein Netz schleift, das er aus dem Meer gezogen hat.

Weder das Geräusch gegeneinanderklirrender Rapiere noch die Sturmglocke von Saint-Germain-l'Auxerrois. Nur wie auf einem Schnappschuß der Anblick dieser Szene, die zu einem Gemälde erstarrt ist, dessen reizvollstes Element in der Art besteht, wie das Halsband – das schmal, aber entschieden zu lang ist, als daß ein menschliches Wesen eine solche Kette um den Hals tragen könnte – über das bleiche, leicht gelblich schimmernde Grün der ziemlich hohen Gräser des Hintergrundes seine zwiefache Reihe fein gearbeiteter Glieder legt, die in Wirklichkeit eine einzige Kette ist, die lediglich eine Schlaufe beschreibt.

Aurea catena … So beginnt (es sind das die einzigen Wörter, die ich noch weiß) der Titel eines Werkes über Okkultismus, das ich irgendwo erwähnt gefunden habe – als ich gefesselt war von der üppigen Bilderwelt, die sich mit dieser Art von Philosophie verbinden läßt – und das, glaube ich, aus dem

17. oder 18. Jahrhundert stammt. Also näher ist als das weiter zurückliegende Jahrhundert (das 16., vermeintlich die Zeit der Henri II-Buffets), dem zumindest aufgrund seiner Kleidung der Mann, der wie ein Haudegen oder ein verfemter Jäger aussah, zuzuordnen war, der nichts anderes tat, als die eher unhandliche als schwere Last zu transportieren, die aus einer feingliedrigen, kostbaren Folge von Kettengliedern bestand, die etwas bildeten, das meines Wissens ein Halsband war, für meinen inneren Blick indes keinen sichtbaren Verschluß aufwies.

Bemerkenswerterweise verwehrte es mir dieser zeitliche Abstand dennoch nicht, die Existenz einer Abstammungslinie zu vermuten zwischen der Aurea catena und meiner »Goldkette«, die ihrem Namen nach so eng zusammengehören.

Es kommt äußerst selten vor, daß ich ganz früh morgens, zwischen Schlafen und Wachen, nicht mit einer halb geträumten Übelkeit zu ringen habe. Je nachdem, worauf mir die unergründliche Eigenart dieser wirklich quälenden Übelkeit hinzudeuten scheint, auf das Altern oder den baldigen Tod, dergleichen ist – als der eigentliche Inhalt der Angst, der ich im wachen Zustand mit vollem Bewußtsein ausgeliefert bin – der wahrscheinliche Untergrund jener trägen und unerquicklichen Überlegungen, die immer einen eigentümlichen Scharfsinn aufweisen und so schnell verblassen, daß ich mir keine ins Gedächtnis rufen kann, um sie als Beispiel anzuführen. Im allgemeinen – und mehr weiß ich nicht – beziehen sie sich auf zwei Dinge der gleichen Art, die indes wohlweislich unterschieden werden wollen oder aber, insofern sie die beiden Glieder eines Dilemmas darstellen, eine Abwägung des Für und Wider erforderlich machen, ein Paradox gerade dort, wo über dasjenige entschieden wird, dessen mögliches Eintreten (selbst bei völligem Fehlen jeglicher Anzeichen, die auf ein bevorstehendes Unglück hindeuten) mich ständig bedrückt, das aber ein allzu unausweichliches Schicksal ist, um den Gegenstand eines Distinguo oder eines Dilemmas zu bilden. Vielleicht tritt darin eine Ungewißheit an die Stelle meiner ständigen Beunruhigung, als ob der unentscheidbare Zweifel, ohne mich der Not zu entreißen, es mir erlaubte, sie in abgemilderter Form zu erleben und somit die Funktion einer relativen Ablenkung erfüllte. Einer Not, die zutiefst mich betrifft, die ich aber nicht nur als die meinige betrachten möchte, da sie durch eben das motiviert ist, was als Boden jeder Religion und Wurzel des gebieterischen Bedürfnisses, sich auf diese oder jene Art zu beschäftigen, den

Horizont der Sätze verdüstert, mit deren Hilfe der wissende Schriftsteller sich seiner geistigen Vergegenwärtigung zu entziehen versucht, selbst dann, wenn er ausdrücklich darüber spricht und wenn er sich allein dadurch schon, daß er übersiedelt in die immaterielle Zone der Wörter, anschickt, aus dem Leben zu scheiden.

Zwei dieser Dilemmata, die ich mit viel Mühe wieder ausfindig machen kann (oder ausfindig machen zu können glaube), zweifellos weil sie die einfachsten sind und also am leichtesten zu rekonstruieren:

zu einer (angeblich) strittigen Stelle eines Textes, an dem ich tags zuvor arbeitete: welcher der beiden Sätze gleicher oder beinahe gleicher Aussage ist zu verwenden, von denen der eine – und da überlege ich hin und her, ohne einen feste Wahl treffen zu können – wenn nicht treffender, so doch eleganter wäre als der andere?

bei zwei möglichen Ferienorten, von denen der eine ein solides und schmuckloses Landhaus ist, das andere – das, wiewohl immer noch ländlich, mehr Luxus zu bieten hat – ein Hotelrestaurant mit einer Terrasse wie bei einem Ausflugslokal, von welcher (denn es ist Abend) elektrische Lichter durch das Laub dringen: welchen sollte ich wählen, wenn ich zur Erholung einige Tage Paris verlassen sollte?

Besondere Nichtigkeit dieses letzten Dilemmas, das mir – als sinnlose und im übrigen rein prinzipielle Frage, da es sich nur um eine Stellungnahme und nicht um eine Entscheidung handelt, die Folgen zeitigen würde – mit seinem nur mehr aus der Vorstellung eines »Hauses« bestehenden Haus und der ordinären Farbreklame, die ihm gegenübersteht, vorkommt wie eine lebendige Illustration der Nichtigkeit der Dinge.

Angekommen, glaube ich, mit dem Omnibus. Zwar nicht an einer Postkutschenstation, aber findet sich hier vielleicht ein Gasthaus oder das, was man in der Umgangssprache eine Kneipe nennt? Wir befinden uns jedenfalls vor einer Waldstrecke, die so grün und so mit dichtgedrängten, großen Blättern zugewachsen ist, daß sie jede Fernsicht verstellt.

Der Waldspaziergang besteht in einer langen Wanderung bergauf, allerdings bei nur geringer Steigung. Der Weg wird von mehreren Wasserläufen durchschnitten, die man durchwaten muß. Wie ich es schon bei einem getan habe, schicke ich mich an, den letzten zu durchschwimmen und versuche einige Schwimmzüge, die um so ungeschickter sind, als ich in meiner Landkleidung und in meinem schweren Regenmantel stecke, dessen dickes Futter fest eingenäht ist. Ein Junge aus der Umgegend sagt mir, daß man an dieser Stelle stehen kann und daß das Wasser, wenn ich aufrecht gehe, mir nur halb bis zu den Schenkeln reicht. Aber als ich den Versuch mache, merke ich, daß es mir bis in Brusthöhe steht und daß meine neue Stellung gar nicht so günstig ist, um gegen die Strömung anzukommen.

Einige Zeit vorher, in etwa auf halbem Weg, waren wir auf einen halbtoten Hund gestoßen, eine Art deutschen Schäferhund, auf den wir erst aufmerksam wurden, als wir ihn schon zwanzig Meter hinter uns gelassen hatten, und dessen hübsches, einfarbiges Fell ein etwas falb schimmerndes Beige aufweist. Wahrscheinlich halb verhungert, weil er sich vermutlich wegen der Überschwemmung, die die Flüsse hat anschwellen lassen, verlaufen hat, liegt er mit dem Bauch auf dem Boden und scheint ohne einen Versuch, wieder auf die Beine zu kommen, in das Dickicht hineinkriechen zu wollen, dem seine

Schnauze zugewandt ist. Wir haben Mitleid mit dem armen Tier, aber was kann man für es tun!

Ich für mein Teil empfinde eine ganz leichte Unruhe: kann es nicht, wenn wir es auf dem Rückweg wiedersehen (was wahrscheinlich ist, so mitgenommen ist es), tollwütig geworden sein?

Schließlich bemerke ich – durch eine Art Mast gekennzeichnet (der zu einer Wetterwarte oder einer Funkstation gehört oder einfach ein Signal ist) – die nur wenig erhöhte, zu einer kahlen Kuppe sanft aufgewölbte Anhöhe, die jenseits des Waldes das Ziel des Ausflugs sein muß oder zumindest ihr logischer Abschluß sein könnte: ist dieser Gipfelpunkt einmal erreicht, so besteht kein Grund, weiter zu gehen. So bin ich denn auch erfreut bei dem Gedanken, daß wir uns bald nicht mehr abmühen müssen, sondern nur mehr den Weg zurückzugehen brauchen.

Von da an sehe ich das Abenteuer als beendet an ... Gerade in diesem Augenblick klopft es sachte an die Tür. Es ist der Morgentee, der wie jeden Tag um acht von der Frau unseres sympathischen marokkanischen Faktotums gebracht wird; das kündigt an, daß der Moment gekommen ist, den Drang zu befriedigen, der mir vage bewußt war und meinen sich seinem Ende zuneigenden Schlaf gestört und unter der Hand jenes Problem gestellt hatte, von dem ich aus Erfahrung weiß, daß es die heuchlerischsten Verkleidungen annehmen kann: werde ich gleich urinieren gehen oder werde ich noch warten?

Ganz unmittelbar ist meine Genugtuung groß genug festzustellen, daß das Ende des Spaziergangs und das Erwachen völlig übereinstimmen. Daß das Leben in dem Augenblick wieder anfängt, in dem ein Traum, anstatt sinnlos abzubrechen, ordentlich zu Ende geht, das scheint mir ein Erfolg vergleichbar dem Wunder, das ein Tod darstellen würde, der, da er wie gerufen käme, fast annehmbar wäre, weil er nicht nur Unzeit einträte.

Zwischen dem goldgelben Gegenstand (der glänzt wie ein safrangetönter Barren) und dem stahlgrauen Gegenstand (der rauh und glanzlos ist) fiele die Wahl nicht schwer. Aber es stellt sich heraus, daß ich nicht wählen darf: der goldgelbe in seiner Galaaufmachung ist nicht für jedermann bestimmt, und es ist sehr wohl möglich, daß von den beiden an Stoff so ungleichen, aber der Form nach einander so entsprechenden Gegenständen (wiewohl die Kanten des zweiten stärker hervortreten als die des ersten, die abgerundet sind) der stahlgraue der ist, der mir zukommt und der mich – ich weiß nicht nach welchem Kriterium und nicht einmal in Bezug worauf – in die Kategorie der Nichterwählten einordnen würde. Gewiß erscheint der goldgelbe Gegenstand mir sehr viel attraktiver als der andere, aber ich fasse ohne Bitterkeit die Möglichkeit ins Auge, daß ich mich vielleicht mit dem stahlgrauen begnügen muß.

So gibt es genauso wenig Protest, wie es eine Wahlmöglichkeit gegeben hatte, und ich könnte nicht einmal, ohne zu lügen, den Gegensatz zwischen den beiden Gegenständen im geringsten dramatisieren oder mich über die Ungewißheit beklagen, in der ich mich aufgrund der Tatsache befinde, daß ich nicht weiß, welches von beiden Gliedern eines Paars, die in gewisser Weise gleichwertig, aber in Aussehen und Wert ganz verschieden sind, das meinige ist.

Eine vom Regen gut geölte Mechanik, die alles ohne Ruck und Knirschen an seinen richtigen Platz stellt: der Sonnenschein nach dem Gewitter. Welch überbordende Freude (wenn der Anlaß auch bescheiden ist), alles anzuschauen, was er in filigranes Gefunkel zerlegt, ein regloses Schauspiel, aber in Farben so warm, daß man meinen könnte, eine Explosion stehe unmittelbar bevor.

Drei Bäume, die ich gut kenne und die mir im Winter vertrauter sind als im Sommer, weil ich dann ihre Konturen deutlicher ausmachen kann. Drei Bäume, mit denen ich oft ein einseitiges Stelldichein habe, da sie eine der wichtigsten Etappen bilden auf dem Spaziergang, den ich am häufigsten an meinen Wochenenden unternehme, und zwar eher durch Feld und Wald als über Berg und Tal. Drei Bäume, die ich also für Freunde halten könnte, von denen ich allerdings aufgrund meiner Unkenntnis der Botanik nicht einmal den Namen weiß und nicht einmal sagen könnte, ob sie der gleichen Art angehören. (Ihren Namen: es versteht sich von selbst, daß damit nur ihr Familienname gemeint sein kann, da die Tiere, die fähig sind oder für fähig gelten, auf ihren Namensruf zu hören, die einzigen Lebewesen sind, denen man einen solchen rudimentären bürgerlichen Status zubilligt.)

Selbst wenn der Wind sie schüttelt und leise zum Rauschen bringt, weiß ich doch sehr wohl, daß diese Bäume nicht mit mir sprechen und kein Zeichen an mich ergehen lassen. Aber zu jeglicher Jahreszeit sind sie da und versichern mir, daß auch ich da bin – der, genau so ein Geschöpf dieser Welt wie sie, sie regelmäßig aufsucht, der Muße hat, sie zu betrachten und auf ihre Gegenwart reagiert.

Zu nahe und einem Behelfswerkzeug zu ähnlich, geben mir weder ein Möbelstück noch sonst eine vertraute Gerätschaft – im übrigen Gegenstände bar jeglichen Anscheins einer Seele, selbst wenn ich sie personifizieren wollte – eine solche Geborgenheit, die sich jedes Mal auf ein Gefühl der Begegnung gründet.

Unter diesen dreien (oder vielmehr diesem einen und zwei weiteren, denn der größte steht weiter entfernt von den beiden anderen als diese untereinander) befindet sich einer, der kleinste, der – krumm gewachsen – ein wenig wie ein armer Verwandter aussieht und noch dazu vorzeitig gealtert oder von einem Mißgeschick heimgesucht ist. Dieser ist mir ganz bestimmt nicht am liebsten, sondern der größte. Nicht, daß er riesig wäre (weit gefehlt), sondern weil sein Stamm, dessen Basis auf einer Seite zu einer mächtigen Krümmung ausholt, die einen kräftigen Schwung anzukündigen scheint, sich noch in Bodennähe in zwei teilt (wobei eine der Hälften sich ihrerseits fast unmittelbar abermals teilt, so daß man unter einem bestimmten Blickwinkel an eine von Anfang an bestehende Dreiteilung glauben könnte), und weil die Last seiner Äste, wenn sie entlaubt sind, anstatt in einem unterschiedslosen Fleck aufzugehen, kecker und prächtiger als die beiden anderen ihr fast tuscheschwarzes Netz zackiger Linien in den Himmel reckt.

KELTISCHE STELE. In Irland oder Schottland ragte sie empor in geometrischer Kälte und ohne umgebendes Detail, das es erlaubt hätte, sie den seltsamen Naturbildern zuzuordnen, unter denen eines vielleicht der Legende von Loths Frau zugrundeliegt, die in eine Salzsäule verwandelt wurde, weil sie sich umgedreht hatte, nicht nach einer Eurydike, deren Orpheus sie gewesen wäre, sondern nach dem Feuer, das Sodom und Gomorrha in Schutt und Asche legte, und auch ohne einen Zug, der ihr den Charakter einer Gedenkstätte oder eines Grabmals verliehen hätte, eines Schlußpunkts also und dazu angetan, sie als eine Art *Omegalith* bezeichnen zu lassen, sofern man die Möglichkeit zugesteht, daß ein gewaltiger, aber nicht unbehauener Stein als eine Art Megalith angesehen werden kann. Ein Parallelepiped, das – in geringer Entfernung links und rechts und vom Betrachter aus gesehen ein wenig im Vordergrund – zwei weitere, etwas niedrigere Parallelepipede flankierten, die waagrecht am Boden lagen, wie Grabsteine, Bruchstücke aus einem eingestürzten antiken Monument oder Baumaterial auf einer Baustelle hätten daliegen können. Weder Material für ein kommendes Bauwerk noch Trümmer alter Monumente noch Gefäß für die kärglichen Überbleibsel dessen, was menschliches Leben hinter sich zurückläßt und was ein Friedhof versammelt, erschienen mir diese beiden Blöcke mit ihren klaren Kanten wie *Steinbetten*, obwohl sie in Wahrheit etwas ganz anderes waren als Betten: nämlich Schlafsäcke, in die der Körper hineinschlüpft, eher als Möbelstücke, auf denen man sich ausstreckt wie auf einer Bahre.

Nicht weit entfernt von diesen Monolithen – deren Ausmaße sehr viel größer waren als die der Salzbarren, die in Äthiopien einst als Geld dienten und von den Karawanenführern auf dem Rücken von Packeseln transportiert wurden, die aber fast dieselbe Form hatten wie diese – stand ein Pärchen, bei dem es sich vielleicht um Beatniks handelte oder aber um junge Snobs, die durch ihre Kleidung vorgaben, jener marginalen Kategorie anzugehören, deren Ideal es zu sein scheint, ein ebenso bedürfnisloses Leben zu führen wie die Menschen der Steinzeit. Verschlissene, geflickte und verwaschene Kleidungsstücke aus grobem Leinen; die Frauen mit langem Haar (das gerade herabfällt oder von einem Band zusammengehalten wird, das sehr wohl nur ein Stück Schnur zu sein braucht); ihre männlichen Gefährten mit struppigen Haaren und Bärten. Von den künftigen Gästen der Steinbetten wußte ich nur, daß sie ziemlich saubere Blue jeans trugen und daß sie, beide munter, schlank und zweifellos gutaussehend, verschiedenen Geschlechts waren. Mit Steinen anstelle eines Lakens oder einer Decke zu schlafen ist sicherlich nicht jedermanns Sache, aber ein steinernes Bett – ein Lager aus Fels, in dem der Benutzer zeitweise erholsame Ruhe zu finden vermöchte – läßt sich alles in allem leichter vorstellen als der »steinerne Gast«, wie der Untertitel des *Dom Juan* von Molière lautet, und den ich früher, als ich noch nicht wußte, daß »Festin« hier »Gast« bedeutet, mit dem sehr unklaren Bild eines Tisches aus Granit verband, auf dem ein Mahl aufgetragen worden war.

Die Höhle des Landarbeiters Tanguy, eines trunksüchtigen und halb zum Landstreicher heruntergekommenen Bretonen, der lange bei unserem Gärtner als Gehilfe tätig war, bestand mehr aus Lehm als aus Stein. Nicht ein Steinfutteral hatte er zum Bett, sondern einen eigenen und genau für ihn passenden

Erdhügel, in den er in voller Kleidung hineinschlüpfte, nachdem er sich in Zeitungspapier gehüllt hatte, wenn der Winter ihn dazu zwang, sich gegen die Kälte zu schützen. Ein altes Fahrrad, einige Küchenutensilien, ein Holzstoß für die Heizung bei Wind und Wetter und dazu noch der Packen alter Zeitungen und Illustrierten, die das bildeten, was er seine Bibliothek nannte – das war so ungefähr die gesamte Ausrüstung, über die dieser Diogenes verfügte. Ein Eigenbrötler, dem seine Freiheit über alles ging, und ein waschechter Philosoph, was er mir unter anderem eines Tages bewies, als ich ihn drängte, in der Poliklinik der nahegelegenen Stadt eine Wunde an einer Zehe behandeln zu lassen (die seiner Ansicht nach von einer Ratte stammte, die ihn gebissen hatte, als er in seinem Loch schlief), ein Übel, das ihn seit geraumer Zeit quälte und mittlerweile so stark, daß er beim Gehen den kranken Fuß offen trug, da er ebenso wenig einen Schuh anziehen konnte, als wenn man ihm die Fußschraube angelegt hätte, das er jedoch lieber aushielt, als sich der Gefahr auszusetzen, daß man ihn im Krankenhaus behielte, wenn er es zur Behandlung aufgesucht hätte. »Wozu ist eine Zehe denn schon gut?« sagte er mir, ein ebenso kompromißlos funktionalistischer und zynischer Kommentar, wie der entblößte Fuß es auf seine Weise war. Ob er nun dadurch ein Beispiel gab für das gallische Lachen oder das attische Salz, jedenfalls schloß diese Erklärung mir den Mund.

Ganz am Ende des schmalen Weges, der quer durch den Wald verlief, kommt, rosa in dem Licht des Herbsttages, ein Stück des mit ziegelroten Schindeln gedeckten Daches zum Vorschein, von dem ich wußte – weil ich auf Wanderungen oft durch diese Gegend gekommen war –, daß es einen Schuppen bedeckte, in dem verschiedene Landmaschinen untergestellt waren. Aber so aus der Ferne betrachtet und aus dem brunnenartigen Durchbruch erspäht, der den dichtbewaldeten Raum durchzog, kam mir dieser Ausschnitt eines Daches, dessen Rest unsichtbar blieb, nicht vor wie ein Bestandteil eines Nutzgebäudes, sondern schien mir eher – und das war die Überraschung – zu einem Kiosk zu gehören, wo undefinierbare Freuden meiner harrten und dessen illusorischer Anblick mir gleich jetzt schon, nur dadurch, daß er den Gedanken an ein Kiosk hervortreten ließ, einen kurzen Augenblick ungetrübter Freude gewährte. Sicherlich wären die Freuden, die ich mir in der Phantasie erwartungsvoll ausmalte, nicht Waffeln oder sonst eine der festen oder flüssigen Leckereien gewesen, an denen ein Kind sich nach dem Spielen gütlich tut, aber sie hätten nichts desto weniger all dem entsprochen, was das Wort »Kiosk« an Erfrischendem und Leckerem in Aussicht stellt, wegen dieser oder jener Kindheitserinnerung und des verschwommenen Bildes, das es sofort hervorruft: einer Luftkonstruktion mit Elementen einer Moschee, eines Nomadenzeltes und eines Holzpferdekarussells.

Während ich beim morgendlichen Tee in meinem Pariser Zimmer eine Zigarette rauche, kommt mir manchmal die unsinnige, aber deutlich empfundene Lust, eine Zigarette zu rauchen. Nun bin ich aber gerade dabei, zu rauchen, und es ist also absurd zu wünschen, das zu tun, was ich ohnehin schon tue. Was ich wirklich wünsche, ist zweifellos die Entspannung, die der Vorgang des Rauchens vermittelt (dasitzen, der rechte Ellbogen ruht in meinem linken Handteller, die Rothmans zwischen Zeigefinger und Mittelfinger der rechten Hand halten, sie an meinen Mund führen, um den Rauch tief einzuatmen, meine Lippen von dem Korkende lösen, dann den Rauch – am liebsten durch die Nase – ausatmen, von Zeit zu Zeit den Daumen an die Stelle des Zeigefingers setzen, um diesen frei zu machen, damit er durch zwei leichte Klopfer auf den Zylinder mit der glutroten Spitze die Asche in den sehr nostalgischen, um 1900 zu datierenden Aschenbecher fallen läßt, dessen Umrandung mit einem als Hautrelief gearbeiteten jugendlichen Frauenkopf verziert ist, der nach außen schaut und mit den Augen gen Himmel aus dem zwiefachen Strom des endlosen Haars hervorzutauchen scheint, der den massiven, kaum eingewölbten Metallkelch umfließt). Aber die Entspannung, die ich mir erhoffte, als ich mit der Flamme meines Feuerzeugs die Zigarette anzündete, ist nicht eingetreten, und da ich weiter in demselben Zustand bleibe, dem ich durch das Rauchen ein Ende setzen wollte, hege ich noch immer das gleiche Verlangen, das aus derselben Empfindung des Mangels herrührt, und dieses Verlangen hat zum Gegenstand – vielleicht handelt es sich um eine Konditionierung, die einen Automatismus auslöst? – eben jene Tätigkeit, mit der ich gerade beschäftigt bin und die, weil sie sich als wirkungslos erweist, mein Verlangen ungebrochen fortbestehen läßt – mein Verlangen nach Entspannung, das mich vernünftigerweise jetzt zu etwas anderem greifen lassen sollte als zu jenem Hilfsmittel, das ich gerade erfolglos in Anspruch nehme.

Einen Augenblick lang bin ich so völlig von diesem Verlangen erfüllt, daß es mir nicht in den Sinn kommt, daß, wenn ich rauche und dabei ans Rauchen denke, als sei ich nicht gerade dabei, es zu tun, mein Verlangen das zum Gegenstand hat, wonach ich kein Verlangen mehr zu hegen brauche, da ich es gegenwärtig verwirkliche, und dieses Verlangen im übrigen noch aus einem anderen Grund absurd ist, zeigt sein Weiterbestehen doch die Unzweckmäßigkeit dieses Tuns, das ihm trotz des vagen Genusses, das es verschaffen kann, nicht Genüge zu tun vermag. Wenn ich fast unmittelbar entdecke, daß das, wozu ich Lust verspüre, genau dasjenige ist, was ich gerade tue, daß aber mein Verlangen, das derart in der minderen Form, die es angenommen hat, gestillt ist, noch unbefriedigt bleibt, bin ich sicherlich beschämt wie über ein Zeichen von Verkalkung, vor allem aber empfinde ich einen leichten Schwindel bei dem Gefühl, daß, selbst wenn ich zu meiner Entschuldigung anführen kann, ich sei noch nicht richtig wach, ein Riß darin zu Tage tritt: derjenige, der in der Tiefe weiterbestehen bleiben wird, selbst wenn an der Oberfläche unser Verlangen durch etwas gestillt worden ist.

Auf der Suche nach dem Labsal aufgespürter Wahrheiten oder nach Befriedigung eines unbeherrschbaren Verlangens nach dem Rausch verließ sich dieser Starrkopf auf seine Feder wie ein Rutengänger auf seine Wünschelrute, und endlich konnte er sich einen literarischen Erfolg zugute halten. Aber dieser Erfolg – der im übrigen begrenzt war und ihm noch lange nicht jenen Ruhm verhieß, der seinen Nutznießern über Mittelspersonen einen gewissen Anschein von Weiterleben zusichert – war vielleicht niederdrückender als eine Niederlage. Was folgt aus einem mißlungenen Versuch anderes, als daß man die Scharte auswetzen und sich also dazu aufraffen muß, aufs neue sein Glück zu versuchen? Wohingegen diese Art des Erfolges – oder was einigen anderen als solcher erschien – ihn mit diesem nicht wiedergutzumachenden Ergebnis konfrontierte: die Feststellung, daß er anscheinend als Sieger aus dem Spiel hervorgegangen war, hatte ihm alles in allem nur sehr wenig eingetragen, gemessen an dem, was ursprünglich sein Antrieb gewesen war. Von da an führte nur mehr ein Schritt bis zu der Haltung, Sieg oder Niederlage sei ein und dasselbe, und als er diesen Schritt erst einmal vollzogen hatte, brauchte er lange, um sich dieses Knebels zu entledigen, nämlich der Überzeugung, nichts verlohne es, sich zu plagen.

(In einem derartigen Augenblick habe ich mich als der unverbesserliche Starrkopf, der ich bin, festgeklammert am Halsband der *Olympia*, einem Strick, der mich über Wasser hielt.)

Auf der einen Seite das wellenförmige Auf und Ab von Hügeln mit nur schwach ausgeprägtem Relief; auf der anderen Seite der Halbmond, dessen Umriß näherungsweise zu erkennen ist in einer Bucht, deren Krümmung das Meer umschließt ohne andere Schranke als die Linie des Horizonts.

Trotz der unbestreitbaren Schönheit dieser Landschaft würde ich mich nicht einmal daran erinnern, einst für sie Bewunderung empfunden zu haben, fände ich nicht ihre Spur in einem der Hefte, in denen ich planlos und ganz unregelmäßig – als Notbehelf – unterschiedslos allem (ob Einfall oder Gegenstand), was ich in mein Hirn eingetragen haben möchte wie in ein Wörterbuch, das sich zu Rate ziehen ließe, ohne daß man es aufzuschlagen brauchte, einige Zeilen widme, die bisweilen so knapp gehalten sind, daß sie über kurz oder lang ihren Zweck als Gedächtnisstützen kaum mehr erfüllen und mir bestenfalls das gerade noch identifizierbare Knochengerüst dessen abgeben, was ich erlebt oder gedacht habe. So auch diese Landschaft, die ich mir in großen Zügen vergegenwärtigen kann, indem ich mich auf das beziehe, was von ihr in meinem Heft festgehalten ist, aber um sie wieder lebendig werden zu lassen, dazu fehlt mir jede Einzelheit, die als Ansatzpunkt dienen könnte (wie zum Beispiel das Band, das Taschentuch oder der läppische Flitterkram, dank derer der Schmachtende von einst auch in der Ferne an die Gegenwart der Geliebten glauben konnte, oder wie der Knochenrest, der für den Paläontologen eine ganze untergegangene Welt in sich trägt).

Bin ich im übrigen nicht nach und nach zu dem Urteil gelangt, daß ein Panorama dieser Art mich für gewöhnlich weniger berührt als die erdgebundene Unendlichkeit einer Savanne, einer Wüste, ja heute sogar einer Ebene unscheinbarer Äcker, die sich nach allen Seiten hin erstrecken und mich einhüllen, anstatt sich als Schauspiel darzubieten (dem ich, Schauspiel um Schauspiel, dasjenige eines Himmels vorziehen würde, auf dem hervorquellende Wolken sich tummeln und der für sich allein schon das Auge zu fesseln vermöchte)?

Irgendwann in einem August, den ich an einem Strand der Bretagne verbrachte, ist mir bei einem Spaziergang – bestimmt um die Mittagsstunde –, als ich mich vom Meeresufer entfernte und die Küstenlandschaft, deren Weite mich in ihren Bann gezogen hatte, aus den Augen verlor, das traditionelle Sonnenzeichen erschienen – ein Punkt in einem Kreis –, aber nicht als herkömmliches Sigel, sondern als ein Bild, das mir konkrete Wahrheiten greifbar nahe rücken ließ. Ein Bild, das um so mehr mit Leben erfüllt wirkte, als erst kurz zuvor die Tropenreise zu Ende gegangen war, auf der ich schon beinahe die Vorstellung entwickelt hatte, ich stünde mit der Sonne im Bunde, deren sengende Glut in jenen Breiten offenbar schon ausreicht, böse Fieber und Abenteurermut zu wecken.

So wie ich dastehe mit meinem Schatten, der in dem Maße, wie der Tag verstreicht, um mich wandert wie die Schattennadel um eine Sonnenuhr, befinde ich mich da nicht im Mittelpunkt einer Außenwelt, einer kreisförmigen Kulisse, die – für meine Augen – der Horizont umschließt, jene trügerische Gerade, die sich – wie ich doch genau weiß – krümmt, bis sie sich schließlich in den eigenen Schwanz beißt?

Krone und Zepter, Vulva und Penis, der Kreis und der Punkt. Mit dem Kopf voran, als ein neugeborener König tritt der Mensch hervor aus jenem Mutterschoß, den der Horizont umschließt. Wie ein Kiesel, der in das Urwasser geschleudert wird, zeichnet der Punkt einen Kreis, dann eine Folge konzentrischer Kreise in dieses Wasser, das der Aufprall kräuselt. So wie ein Kieselstein hineingeschleudert in die Welt, kann ich mich mit ihr auf mannigfache Art zusammenschließen wie ich mag, nichts werde ich hervorbringen, was ihr Neues hinzufügen könnte, und für die ganze Dauer meines Daseins bin ich nur der Schöpfer meines eigenen Gefängnisses: des Horizonts (jener scheinbaren Grenze der Natur), der sich bei meinem Sturz um mich geschlossen hat.

Wieviel kosmologische Weisheit lehrt doch dieses Planetenzeichen, über das ich nachsann beim Gehen im seidigen Licht der Côtes-du-Nord und das mir anzeigte, daß meine Lage nur dieselbe bleiben konnte, unerachtet der Fortbewegung des Punktes, der ich war, und unerachtet der allmählichen Verwandlung meines Horizontes! So sprechend war dieses Ideogramm, daß es keiner besonderen Anstrengung der Phantasie bedurfte, um in diesem Kreis, in dessen Mitte ein dunkles Plättchen eingedrückt war, genauso auch eine schwellende Brustwarze zu erblikken, deren hostiengleiche Rundung zum Allerheiligsten ihre Spitze hat, die sich in einer Art Transsubstantiation unter der zärtlichen Berührung strafft. Hat nun diese unumwunden libidinöse Sehweise nicht auch ihrerseits eine logische Rechtfertigung, da ich der Welt am Busen liege und ihm meinen Fortbestand verdanke?

Punkt und Kreis, Zentrum und Peripherie: Ich und das, was mich umgibt, oder eher: mein Bewußtsein und alles andere unter Einschluß meines Körpers, was mir nicht auf dieser Achse zu liegen scheint. Auch jetzt noch ist dieses graphische Zeichen eine

Gußform, in die ich so manchen Gedanken hineinfließen lasse, und alle entstammen sie der gleichen Schicht, führen jedoch sehr unterschiedlichen Gehalt: so wie eine Schachfigur werde ich zum Beispiel einen Festungsturm hinstellen, eine hohe Röhre aus dickem Mauerwerk, mit zinnenbewehrter Spitze, unten mit Verliesen, die so tief sind, daß ich nicht wissen kann, was auf ihrem Grunde liegt, und in einiger Entfernung verstärkt durch einen zweiten Befestigungsring, der seinerseits umschlossen ist – *Turm gib acht! Turm gib acht!* – von der allgegenwärtigen Bedrohung, die mich dazu zwingt, weniger auf die vorgeschobenen Bastionen zu zählen (die allzu schnell bezwungen sind) als auf eine letzte Rückzugsstellung, die möglichst uneinnehmbar sein soll, obwohl ich die Unerfüllbarkeit eines solchen Ansinnens ermesse. Bergfried, Leuchtturm, den die Wogen umbranden, oder was es auch immer an Unberührbarem gibt, das belagert wird von seinem Umfeld, ist es nicht in der Tat so, daß dieser Punkt in seinem Kreis – eine Sonne, die ihre Strahlen aussendet, die schon erloschen sind, noch bevor das Weltall seine Energie aufgezehrt hat, und somit auch schon, wie mir scheinen will, ein Wild, das die Meute der Hunde umzingelt hat, oder ein Opfer, dessen Skalp bereits locker sitzt, an den Pfahl gebunden, den die Wilden umtanzen – in einem jeden der Bilder, in die ich ihn überführen will und unter denen (insofern man nur die formale Identität des Schemas betrachtet) das letzte sein heiteres Gegengewicht finden könnte in einem Knaben mit verbundenen Augen, den der Kreis der Mädchen lockt, in deren Mitte er umhertappt, eine heiß empfundene Wahrheit in sich zusammenfaßt, die mir ans Wesentliche zu rühren scheint?

Diesmal ist es ein genauer Abdruck des Sinnbilds jenes gongähnlich schwingenden Gestirns, das in seiner Glanzzeit nacheinander Wecker ist, dann Tiegel, dessen strahlende Hitze uns aus der Ferne schmort, dann Münze, die des Abends in Zeitlupe in eine unerfindliche Sparbüchse fällt, jenes andere Bild, das indes nicht an Ort und Stelle entstand, sondern nachträglich, als der Zeitpunkt kam, den Faden zu durchtrennen, der mich noch an diese Erzählung bindet, der eine nur allzu brüchige Erinnerung aus der Bretagne zugrunde liegt: ebensowenig Rad wie Schallplatte, sondern – ohne Spiralwindungen, in denen Klänge verborgen wären, noch irgendein sonstiges Anzeichen, das dem Verstand Anlaß geben könnte zu der Vermutung, daß sich da etwas um eine Achse drehe oder gedreht habe oder drehen werde – eine Zielscheibe, festgenagelt an jenem Punkt der Mitte, der das Ziel darstellt, das der Schütze anvisieren muß, um ins Schwarze zu treffen, so wie ich es mit dieser Skizze zu tun versuche, von der ich möchte – ohne sie als etwas anderes anzusehen als ein zartes Aquarell nach einem fast nicht existierenden Motiv – seine tastenden Pinselstriche seien mehr als verschossene Kugeln, Lärm um nichts oder Degenhiebe ins Wasser.

Vergessene Weise,
Name, der auf der Zunge liegt,
Tropfen, nach dem das scheinbar schon gefüllte Glas verlangt,
Loch, das um sich Leere schafft,
verlorener Ring, den es womöglich zu ersinnen gilt eher als ihn wieder aufzufinden oder zu lösen aus dem Ganggestein.

Heißt es auf dem Kopf zu stehen, zu glauben, daß die Sonne um die Erde kreist und sich für die Achse einer zu meinem Gebrauch geschaffenen Welt zu halten, wenn es mir wie die Auswirkung einer besonderen Güte der Dinge und der Wörter erscheinen will – die sich einmal willfährig zeigen und bereit, auf das Spiel sich einzulassen –, jene Fähigkeit zu verspüren, die man einen Augenblick lang hat (wo man doch jederzeit darüber verfügen möchte), auf eine solche Weise zu schreiben, daß es uns, momentan zumindest, scheint, wir hätten etwas gesagt, das gesagt zu werden verdiente, und wir hätten es auch so gesagt, wie es gesagt werden mußte? Nichts zu wollen, wenn die Dinge und die Wörter einem so feindlich gesinnt scheinen, daß man sie nicht von der Stelle zu rücken vermag und sie so verschlossen bleiben wie Steine. Unmöglich, auch nur einen bündigen Satz zu schreiben, wenn jedes Ding oder jede Idee wie ein stachliger Igel sich sträubt und zusammenrollt und sich nicht streicheln lassen will. Scheinbar geht die Initiative nicht von mir aus, sondern von der Welt, wie sie aus Wahrnehmungen und Empfindungen, in die ich eingetaucht bin, um mich her entsteht: an ihr ist es, eine Aufforderung an mich ergehen zu lassen, und an mir, darauf zu antworten – falls auch die Worte ihre Einwilligung erteilen. Will das Glück es, daß die adäquate Antwort sich artikuliert, so sprechen manche bei solchen Glücksfällen von Inspiration …

Mein Wunsch, Partner und Freunde zu finden in den Dingen, die das Äußere möblieren (wie es unter anderem mein eigener Körper tut) und auch in jenen anderen, die keine Form haben und im Innern wie fremde Enklaven sind, dieser Wunsch ist so stark, daß ich – das Verhältnis umkehrend – vergesse, daß ich selbst das Spiel anführe und nun von jenen Dingen erwarte, sie sollten mir ein Zeichen geben und mir, im Einverständnis mit den Worten, die Rede diktieren, die es an sie zu richten gilt. Mir einzubilden, daß die Angehörigen der anderen Reiche – das ganz innerliche des Unsagbaren mit inbegriffen – und die Sprache selbst, dank ganz besonderer Gunstbezeugung, die mir zuteil würde, sich mit mir ins Benehmen setzen könnten: ein bloßes Selbstgespräch für einen Dialog zu halten, ist der Rand jener Verrücktheit, an der ich stehe. Welch ein Unfug, so zu tun, als hätte dieses oder jenes Element der Natur oder meiner städtischen Umgebung, irgendein Beispiel dessen, was ich „Dinge" nenne (wobei ich diesen Terminus auf so manche Höhen und Tiefen meiner inneren Geographie ausdehne), mir eine Botschaft von größter Tragweite zu übermitteln; sich der Sprache gegenüber (der ich zu fromm ergeben bin, um anzuerkennen, daß sie zuerst von mir gesprochen wird, bevor sie zu mir spricht) wie ein Instrumentalist zu verhalten, der sich erhofft, sein Instrument möge ihn ganz ohne sein Zutun mit seiner Musik erbauen – welch eine Verirrung, wenn man sich gleichzeitig dagegen verwahrt, ein Idealist zu sein! Und welch eine Faulheit zugleich, denn es bedeutet doch, darauf zu bauen, daß das Wunder geschieht, ohne daß ich dabei auch nur den kleinen Finger zu rühren brauchte.

Die einzig wirkliche Poesie ist diejenige, an der man nichts überlegt und die sich ganz von sich aus bildet. Sie muß wie eine blinde, stumme Macht sein. Und vor allem dürfte man sich selbst nie betrachten … Nachdem ich mir die Weichen gegerbt und die Haut vom Leibe geschunden hatte, um zu meinem Gebrauch eine Technik zu definieren, die für den Poeten etwas

Vergleichbares darstellte wie für den tibetanischen Asketen (so hört man) seine Extasetechniken, schrieb ich also diese Zeilen in mein Allzweckjournal, dessen jahreszeitliches Pendant (für den Frühling, Sommer, Herbst und Winter) das Notizbuch in vier Heften darstellt, in dem das unmittelbar Bevorstehende seinen Niederschlag findet; wobei alle beide beruhigende Gedächtnisstützen sind, denn das eine, das die Vergangenheit festschreibt und Beschäftigungen und Besorgnisse widerspiegelt, die sich kaum wesentlich verändert haben, beweist mir – wenn ich aus Neugier und aus Lust, noch unberührtes Material zu entdecken, darin blättere –, daß ich bis jetzt auf einigermaßen durchgängige Weise existiert habe, wohingegen das andere, das die Zukunft unter Vertrag nimmt, mir beim Eintragen von vorgesehenen Rendezvous oder sonstwie geplanten Ausgängen das schriftliche Versprechen zu geben scheint, daß es mich bis dahin wenigstens noch gibt. Des Haders müde – obwohl es mir heute wie ein Geständnis des Unvermögens erscheint – schrieb ich also diese Behauptung in mein Tagebuch, alles in allem für eine Art Unbeweglichkeit optierend, die mich dazu geführt hätte, solange die Daumen zu drehen, bis mir die Poesie wie eine gebratene Taube in den Mund geflogen wäre, was das genaue Gegenteil dessen bedeutete (und ich schließe daraus, wie groß meine Verwirrung gewesen sein muß), was ich gerade zuvor noch angestrebt hatte. Hatte ich als Beobachter, der sich einzig aus dem Grund, zu erfahren, wie etwas, was er für einen seltenen Glücksfall hielt, in ihm entsteht, und mithin, was zu tun wäre, um das Auftreten solcher Momente vorsätzlich zu bewirken – hatte ich nicht in der Tat zu Beginn behauptet, daß mir die Poesie, wenn ich sie, einem Liebestrank gleich, der das Leben erweitert und sicher keine andere Rechtfertigung hat, in perlender Klarheit vor mir aufsteigen spüre, den Eindruck *einer Art in mir sich vollziehender Revolution vermittelt, einer Drehbewegung, bei der es so scheint, als beschreibe mein Denken einen Halbkreis und stehe schließlich sich selbst gegenüber?* Und da ich dieses Gegenüber (das als souveräne Klarsicht das Gegenteil einer blinden Unterwerfung darstellt) als die grundlegende Bedingung ansah, hatte ich, als Schlußfolgerung gewissermaßen, hinzugefügt: *Dann nehmen die Worte, anstatt mechanisch (papageienhaft) ihre Plätze einzunehmen, Gewicht und Farbe an* (und gewinnen jene steinerne Dichte, die ich gleichfalls damals von ihnen erhoffte; sie stelzen nicht länger in fadem Papageiengeschwätz einander nach); *sie bewegen, sie rühren mich selbst* (ergreifen mich und spornen mich an wie glühende, zärtliche Laute, die mich an empfindlicher Stelle treffen) *und gelten mir nicht länger für Worte* (verlieren ihren Charakter von bloßen Gerätschaften). Da ich die Vorstellung einer inneren Dynamik nicht fahren lassen wollte, die ich kurz zuvor in der noch etwas groben, vorläufigen Form notiert hatte: *sich an eine gewisse Vervielfältigung des Bewußtseins gewöhnen und sein Herz* (ein sehr »romanzenhafter« und zumal sehr ungenauer Terminus) *sich gegenüberstellen, wie man sich gewöhnlich einem Baum oder einem Haus gegenüberstellt,* denn ich hielt weiter an der Rettungsboje dieser Idee fest (vor dem, was man empfindet, zu stehen wie vor einem mit der Hand zu greifenden Gegenstand) und versuchte, obwohl noch weit vom Erfolg entfernt, zugleich das Feld zu erweitern und eine Überzeugung festzuschreiben, so notierte ich auch: *Ein solcher Zustand entspricht weniger der Dispersion des Ich in der äuße-*

ren Welt als vielmehr der Konzentrierung der äußeren Welt im Ich. Immerhin geht es nicht nur um eine Rückkehr der Peripherie ins Zentrum (die Rückkehr in das Ich, nachdem man sich hatte fortreißen lassen), *es besteht vielmehr eine Identität – ohne Bewegung in irgendeine Richtung – zwischen der Peripherie und dem Zentrum* (keine Schranke mehr zwischen dem redenden »Ich« und dem Umkreis greifbarer Realitäten, von deren Hintergründen und Vorwerken es umstellt ist). *Es ist, als wüchsen die Pflanzen in der Brust und als entspränge die Vielfalt der Ereignisse aus den Knochen.* Ein besessenes Streben nach dem Erfassen des Konkreten in geblendeter Faszination, von dem ich auch jetzt nicht abgelassen habe, das aber in diesem Fall den scharfsichtigen Analytiker, der ich hätte sein wollen, dazu verleitet, sich in den Spiegelfechtereien des Verbalen zu verlieren. Solche Irrgänge zeigen, in welche Verwirrung (die aufzulösen man kein Mittel verschmäht) mich dieses anscheinend rein technische Problem versetzte: das Entstehen der Poesie dank blinden Einverständnisses oder durch Einsatz einer Strategie! Wäre ich weniger ratlos gewesen, besser in Form und nicht allzu sehr von der Praxis in Anspruch genommen, um mich mit Theorie abzugeben, hätte ich mir dieses Problem sicher nicht einmal gestellt –, und falls ich es mir gestellt hätte, so fragt es sich doch, ob es mir unter diesem Aspekt des Für und Wider erschienen wäre und ob hier nicht vielmehr eine Illusion vorliegt, die Kavaliersansicht eines späteren Wiederlesens, die mir eine Kehrtwendung vorspiegelt, welche – obwohl sie sich einer momentanen Laune verdankt (Schluß machen mit einer Reflexion, die zu nichts führte) – von weitem gesehen meine Unsicherheit in einem Punkt auszudrücken scheint, über den ich in meinem Inneren stumme Zwiesprache gehalten hätte.

Geschehen lassen oder geschehen machen, so lautete die Alternative, und ich weiß auch heute nicht besser als gestern, welchen der beiden Wege ich einschlagen soll. Den einer gewissen Passivität (früher: mich den Umtrieben der Worte überlassen; heute: abwarten, bis das Gefühl reif genug ist, um sich quasi von selbst auszuformulieren) oder den anderen Weg einer willentlichen Aktivität (durch irgendeine geistige Vornahme oder einen technischen Trick, die beide freilich noch zu entdecken wären, sich darauf einstellen, anders gesagt: den Worten nachlaufen, anstatt sie kommen zu lassen). Doch auch wenn ich mir vornähme, nur dann etwas zu tun, wenn ich sicher bin, daß es nach bestem Wissen und Gewissen geschieht, und es demnach für besser hielte, mich nicht beliebig auf etwas einzulassen, bevor ich nicht gänzlich dazu bereit bin, würde mein Vorsatz, mir Zeit zu nehmen, um durch ein überstürztes Vorgehen nichts zu verderben, durch meine allzeit große Hast wieder zunichte gemacht. In den Momenten, in denen ich nicht schreibe, verspüre ich in der Tat ein Unwohlsein, das mir den Entzugserscheinungen von Drogensüchtigen vergleichbar scheint, jener Droge beraubt zu sein: der Suche nach der Poesie (einem genauso fesselnden Abenteuer wie für den über seinen Karten brütenden Spieler die Partie, von der sein Glück oder sein Ruin abhängen), und sich somit zu einer Leere verdammt zu sehen, die keine Lektüre und kein vom Geist eines anderen dargebotenes Schauspiel auszufüllen vermöchte, eine Art Erstickungstod zu erleiden und zur Beute jener giftigen Dünste zu werden, die den inneren Raum besetzen, in den sie – von nichts gehemmt – hineinströmen können.

Die Klugheit würde es mir gewiß manchmal gebieten, mich solange zu gedulden, bis die Frucht sich fast schon vom Baume löste. Ist es aber zu ertragen, in dieser Untätigkeit zu verharren und nicht so schnell es irgend geht sein Glück zu versuchen, selbst wenn man die anschließenden Gewissensbisse dabei in Kauf zu nehmen hat: schlecht gesagt zu haben, was gut hätte gesagt werden müssen, es durch einen mißratenen Ansatz auf immer verdorben und verfälscht zu haben; andererseits zu gepflegt ausgedrückt zu haben, was weder mir noch anderen etwas brachte und nicht gesagt zu werden brauchte, oder – als Verlierer auf beiden Ebenen –, schlecht gesagt zu haben, was ohnehin schon keinen Sinn ergab, weil eben, um der Tortur zu entgehen, irgendetwas gesagt werden mußte und unser peinigender Wunsch, es möge gelingen, unser Urteil trübte.

Durch allzugroße Hast das Material verdorben zu haben, aus dem (so scheint uns) ein Diamant gebrannt werden konnte, oder aber nichts verdorben zu haben, weil auch nichts auf dem Spiel stand, das irgendeine Vorsicht verdiente, aber dennoch in eine billige Virtuosität verfallen zu sein, indem ich aus diesem Nichts einen Funken zu schlagen gedachte, oder aber – eine noch schlimmere Verirrung – sich mit aller Macht in ein nichtiges Hirngespinst geworfen zu haben und gewissermaßen daran verblödet zu sein, ein Übel, das man um so schwerer wieder los wird, als es leicht zu bekommen war – kurz: Pfuscherei, Geziere, Tölpelei, die nicht nur, wie vieles andere, Formen des Versagens sind, sondern viel eher als Vergehen empfunden werden denn als Versehen, sogar dann, wenn man sich bei weitem nicht mit dem Privileg einer Mission höchsten Ranges betraut sieht, sondern vielmehr der Ansicht ist, daß die literarische Tätigkeit wirklich nur ein Spiel darstellt, dessen einziger Anführer man selbst ist. Denn es wäre bei diesem Spiel wie bei so manchem anderen, das nicht nur deshalb eine moralische Dimension hat, weil das Mogeln daraus verbannt ist: zu verlieren, weil man als zu leicht oder zu stumpf befunden wurde, bedeutet vielmehr, große Schande auf sich zu laden, sich in die Lage des Angeklagten zu begeben, selbst wenn man auf der Stelle das Belastungsmaterial unterdrückt, und sich den Gewissensbissen auszusetzen genau wie der Sportler, dem – wegen ungenügenden Trainings, verfehlter Taktik oder einfach weil seine Nerven nicht durchhielten – seine Übung mißglückt ist. Gewissensbisse ohne ersichtlichen Grund, denn wenn er auch im Schreiben einen Ort unveräußerlicher Freiheit sieht und nichts und niemandem zu Diensten sein will – wo es ihm doch zugleich widerstrebte, zu nichts nütze zu sein und nur als Spender kurzlebigen Vergnügens zu fungieren –, so sieht sich der Schriftsteller, im Unterschied zum Sportler, der oft nur Fahnenträger für andere ist, praktisch allein in Frage gestellt, und soweit er nicht von rasendem Dünkel besessen ist, weiß er wohl, daß es am Lauf der Welt auch nichts ändert, wenn ein lächerliches Mißverhältnis bestehen bleibt zwischen der Ambition, die er beim Schreiben hatte, und dem erzielten Resultat. Gewissensbisse, die nichtsdestoweniger häufig auftreten – der Beweis wäre einfach zu führen – und die bei mir vielleicht darauf zurückgehen, daß ich geschummelt habe bei dem Versuch, auf künstlichem Wege jene wahre Poesie zu erreichen, bei der ich immer noch irgendwie in dem Glauben befangen bin, es sei jene, die »von ganz alleine entsteht« … Aber nein! Diese alte und letzten Endes mehr als zweifelhafte Idee wieder aufzugreifen und ein Argument daraus zu zimmern bedeutet doch jedenfalls aus dem Gleis zu geraten und – von der Abstraktion verleitet – jene wutdurchsetzten Gewissensbisse restlos zu unterschlagen, die sich unter meine Angst mischen, wenn ich nichts tue oder mich darauf beschränke, mich verbissen mit dem Zufeilen einiger Nadelspitzen abzuplagen: du Tagedieb, du Nichtsnutz, du Taugenichts, hältst du nicht immer noch die Nase in die Luft und läßt das bißchen Zeit, das du hast, zwischen den Fingern zerrinnen? Durch Nachlässigkeit sein Leben schlecht zu gebrauchen, das nicht zu tun oder nur halb zu tun, wozu man sich zu Recht oder zu Unrecht in seinem Berufe bestimmt fühlt, ist das nicht das schwachsinnigste Verbrechen, denn derjenige, der es begeht, wird selbst zu seinem ersten Opfer? Und dieser Verstümmelung der eigenen Person – nicht einmal als gewollte Tat, sondern als Preisgabe an die Trägheit – fehlt die Schärfe des *Nein*, das in jener radikalen, lückenlosen Weise, sich in den Grund zu bohren, dem Selbstmord, zum Ausdruck kommt?

Gewissensbisse, wenn ich schlecht arbeite, Gewissensbisse, auch wenn ich nicht arbeite. Welche Quelle von Gewissensqualen ist für mich nicht das Schreiben, jene einzige Leidenschaft, der sich hinzugeben, gleich wie und wann, mir heute erlaubt scheint, ja ich würde so weit gehen zu sagen, daß sie mich so mutig und so begeistert zugleich machen sollte, daß ich selbst durch die schlimmsten Übel und die schrecklichsten Aussichten, denen ich mich gegebenenfalls konfrontiert sähe, nicht davon abzubringen wäre. Eine Position also, die ich ohne jedes Schuldgefühl auf mich nehme und die mir erst dann das Gewissen belastet, wenn ich merke, daß ich so oder so nicht in Einklang mit ihr bin (und zumal wenn ich nicht meiner alten Vorstellung vom »wahren Poeten« entspreche, *bei dem die poetische Einbildungskraft virtuell jede andere Denkweise durchdringt, und das bis in die mißlichsten Situationen, die tragischsten Umstände hinein)*! Eine aufgeschobene, verschobene Gewissensqual gewissermaßen, die mir an der nächsten Ecke schon gleich wieder auflauert, denn als bedauerte sie es, mich nicht von Anfang an schon gepackt zu haben, quält sie mich jetzt bei diesem Tun, auf das ich mich ja gerade mit bestem Gewissen einlassen zu können glaubte. Denn ich versah es keineswegs wie ein Priesteramt, sondern wies ihm eher einen freien und unveräußerlichten Spielcharakter zu – ein Spiel, bei dem man nie direkt dem Tod in die Augen blickt und das daher in seiner Gefährlichkeit dem russischen Roulette nicht zu vergleichen ist, das mir aber, selbst dort, wo es nicht den Rahmen einer großen Infragestellung bildet, und insofern es nur einem tiefen Impuls entspricht, von genügendem Adel zu sein scheint, um mir die Erlaubnis zu geben, mich auch in den schlimmsten Situationen (bei großen, allgemeinen Katastrophen zum Beispiel, oder dem Ableben einer nahestehenden Person) diesem Tun zu verschreiben, ohne daß dies für deplazierte Leichtfertigkeit zu gelten hätte. Ich bin denn auch letzten Endes nur zurückgewichen, um sozusagen zum Springen bequemer Anlauf zu nehmen, denn entweder ist es die Art und Weise, wie ich mich auf dieses Spiel einlasse (ein Spiel für mich von höchster Bedeutung, obgleich ohne meßbare Auswirkungen), oder die Tatsache, daß ich mich *nicht* darauf einlasse, die für mich zum Anlaß der Gewissensnöte werden.

Gewissensnöte, sage ich und gieße ohne weitere Überlegung mein Denken in die antik christliche Form des *mea culpa, mea maxima culpa* ... Aber handelt es sich wirklich um Gewissensnöte? Oder werde ich nicht vielmehr von einem Konglomerat von in Wirklichkeit sehr verschiedenartigen Gefühlen gepeinigt? Gewissensnöte, die unleugbar ein zu großes Aufhebens von diesem Schreiben machen, als hätte ich meine vorzüglichste Pflicht nicht erfüllt, wenn ich schlecht oder überhaupt nicht gearbeitet habe (ein Rigorismus, der mit meiner Verachtung des zu Konzessionen bereiten Schriftstellers zusammengeht, auch wenn dieser nicht einmal zynisch-kommerzielle »Trivialliteratur« schreibt). Ängste zugleich, die ich auch früher schon verspürt habe und derer ich mich durch Arbeiten erwehren wollte. Erfolglos freilich, denn mein schlechtes oder zu wankelmütiges Arbeiten – oder eine Schreiblust, die zu vage war, um sich behaupten zu können – war nicht imstande, die Ängste zu beheben. Enttäuschung mithin, denn ich hatte auf diese Arbeit als auf einen möglichen Angsthebel gebaut, aber der Mechanismus funktionierte nur auf ungenügende Weise oder ist gar nicht erst in Gang gekommen. Eine panische Furcht, denn es ist gut möglich, daß dieses Mittel (eine Droge vielleicht, aber keine, bei der man nur die Dosis zu erhöhen braucht, wenn sie sich als unwirksam erweist) aus einem der folgenden Gründe unwiderruflich in Zukunft nichts mehr bewirkt: Wegen der Unfähigkeit, in der ich, von den Jahren geschwächt, heute bin, *schön genug zu tun und zu schreiben,* begeisternd und überschwenglich genug, damit die befreiende Wirkung sich einstellt. Wegen der jetzt totalen Unmöglichkeit, mich von Ängsten zu befreien, die zu konstant und zu stark geworden sind, um nicht gegen jedes Heilmittel, gleich welches, resistent zu sein. Die Scham – meine verletzte Eitelkeit –, es nur zu etwas Kümmerlichem gebracht zu haben und also letzten Endes vielleicht nur ein Schreiberling geworden zu sein oder aber überhaupt nichts getan zu haben, was darauf hindeuten könnte, daß ich vollkommen ausgelaugt oder gar von Altersschwachsinn bedroht bin. Kummer schließlich, mich aus einem Paradies ausgeschlossen zu sehen und Demütigung darüber; denn ausgeschlossen zu sein heißt doch, daß ich unwürdig bin und – meinem eigenen traurigen Eindruck zufolge – in meiner Person selbst, die zu unbedeutend, zu vulgär ist, um zu solchem Feste geladen zu sein, mit einem Makel behaftet bin, von jener Erbsünde befleckt, das zu sein, was ich bin. Ein noch unverzeihlicherer Fehler als jene gelegentlichen Vergehen: übertriebene Ungeduld oder, umgekehrt, Sorglosigkeit, das Laufen in allzu großen Stiefeln, wenn nicht gar Koketterie, oder – als Wortbrüchigkeit gewissermaßen – ein So tun als ob, eine Art böswilliger Verstellung, der die Strafe fast auf dem Fuße folgt, denn ich fühle mich schon bald eigentümlich unwohl in meiner schrecklich verfälschten Stimme; Delikte, über die ich nicht stillschweigend hinweggehe, bei weitem nicht! aber doch verzeihliche Schwächen neben dem unheilbaren Laster, jener Mittelmäßigkeit, die, wie ich oft befürchte, den wahren Grund meiner Mißerfolge darstellt.

Aber warum denn diese Angst, unwürdig zu sein auf einem Gebiet, auf dem ich doch niemand Rechenschaft abzulegen habe? Wäre ich verliebt und betört, so wäre es nur natürlich, daß ich den Blick der Dulcinea fürchtete, in deren Augen ich nicht diskreditiert werden möchte. Hätte ich mich einer Aufgabe verschrieben, von der nicht nur *mein* Geschick, sondern auch das von Anderen abhinge, so verstünde es sich von selbst, daß meine zweifelhafte Fähigkeit, die Aufgabe mit Erfolg zu erfüllen, mir die größten Sorgen machte. Würde ich bezahlt für meine Arbeit, so wäre es der Ausdruck elementarsten beruflichen Gewissens, wenn es mich beunruhigte, diese Arbeit vielleicht nicht so gut gemacht zu haben, als sie hätte gemacht werden müssen und demnach überbezahlt worden zu sein. Hätte ich mein Wort gegeben zu irgendetwas, so wäre meine Beklommenheit berechtigt, denn ich habe mein Wort vielleicht etwas leichthin gegeben und bin nicht sicher, es halten zu können. Nun weiß ich aus Erfahrung – und ich komme noch einmal darauf zurück –, daß die leidige Überzeugung, mich schuldig gemacht zu haben (als wenn ich auf die taktloseste Weise in einer heiklen Situation herumgepatscht wäre, jedem Savoir-vivre zuwidergehandelt hätte, die peinlichsten Böcke geschossen oder aus lauter Dummheit eine Gelegenheit verpaßt hätte, Dinge allesamt, die man jedenfalls bitter bereut), mir immer dann die Luft abschnürt, wenn ich nichts schreibe, oder wenn ich gewahr werde, daß ich schlecht schreibe: ein Faux-pas, der mich zweifellos den grausamsten Urteilen aussetzen würde, falls ich die mißlungenen Seiten veröffentlichen sollte – armer Irrer! er hält sich für weiß Gott was und hat doch wirklich nicht viel oder gar überhaupt nichts zustande gebracht –, mir jedoch nicht als Verbrechen angelastet werden könnte, es sei denn, man kreidete es mir an, daß ich weder in den Worten noch in den Dingen die geforderte Komplizität gefunden und mich an einer Welt gestoßen habe, die so verschlossen war wie ein Gefängnistor, als ich mit ihr zu kommunizieren suchte. Wenn ich mich aber verdamme, ohne solche mildernden Umstände einzuräumen, heißt das nicht, implizit anzuerkennen, daß ich auf die unmittelbarste Weise selbst in Frage gestellt bin, denn das Schreiben oder Nicht-Schreiben, das Gut-Schreiben oder Schlecht-Schreiben ist mir nicht von außen gegeben wie ein Geschenk, das ich bekäme oder nicht bekäme, sondern es entspringt ausschließlich aus mir selbst und meiner Fähigkeit oder Unfähigkeit, die Wörter und Dinge mit der nötigen Einsicht zu behandeln, der es bedarf, um das poetische Metall daraus zu gewinnen? Ein Auge, das scharf genug wäre aufzufangen, was sich nicht von sich aus anzubieten hat, ein Verstand, der lebendig genug wäre, das Eingefangene auch auszuwerten (was eine Frage der Wahrnehmung und danach der Sprachfindung ist, obwohl sich auch umgekehrt die Worte als erste einstellen können und sich weniger zur Übertragung von etwas als zu genuiner Schöpfung zusammenfügen), das wären schließlich die notwendigen Voraussetzungen, die mit der bloßen glückselig staunenden oder gereizten Erwartungshaltung, mit dem darin zum Ausdruck kommenden Negativismus nichts gemein hätten.

Ich muß also ein für allemal meiner alten Neigung einen Riegel vorschieben, mich nach allen Seiten zu wenden, um irgendwo eine wohlwollende Kooperation zu finden und kindisch bald von einem zufälligen Werkstoff, bald von meinem Instrument, der Sprache, eine Hilfe der Vorsehung zu verlangen, die nicht weniger schicksalhaft wäre als die, welche der Gläubige sich erhofft, wenn er mit dem unvorhersehbaren Einbruch der Gnade rechnet und sich höchstens dazu versteigt, sie durch Gebete erlangen zu wollen. Weder den Fluß noch die Straße noch das Blatt noch den Stein noch irgend eines der beseelten

Wesen, die sich (zumindest einen Augenblick lang) in den Fangnetzen meiner Sensibilität verstrickt haben, und den Dekor der Städte nicht mehr als die verschiedenartigsten Gegenstände, die mein Schlafzimmer bevölkern oder sonst irgendeinen Raum, von dessen Atmosphäre ich durchdrungen bin, und noch viel weniger die Worte in ihrer gänzlich ungreifbaren Existenz, ja nicht einmal das, was sich am Grunde des Brunnens regt, dessen Erforschung meinem Bewußtsein aufgegeben ist, bin ich anzuklagen berechtigt, wenn mir meine Arbeit nicht gelingen will oder nur schlecht gelingen will: meine anderweitig unbegründeten Gewissensbisse über diesen Fehlschlag, von dem ich mich durchaus nicht reinwaschen will (als seien Kräfte am Werk gewesen, die mit den meinen nichts zu tun hätten), über den ich mir vielmehr bittere Vorwürfe mache, – meine Gewissensbisse beweisen, daß ich mich für den eigentlich Schuldigen halte, der wohl weiß, daß bei mangelhafter oder gar nicht stattgefundener Ausführung niemand anders als er mit Steinen zu bewerfen ist. Er, der seine Schriften, falls sie gedruckt werden, schamlos mit seinem Namen abzeichnet, denn es gilt als anerkannt – gleich wie er sich dabei angestellt hat und aus welchen Umständen ihm Vorteile oder Nachteile erwuchsen –, daß er selbst der Werkmeister gewesen ist.

Bäume so hoch, so gerade und so dicht aneinander, daß man in ihrer Mitte keinen Laut vernimmt, als hätten sie in ihrem unerschütterlichen Drang gen Himmel die Geräusche unserer Reichweite entzogen und mit der kompakten Masse ihrer höchsten Zweige wie an einen Quarantäneort abgedrängt.

... Oder – in der Horizontale und nicht in der Vertikale – die Maske (möchte man sagen) der Stille, die das Schauspiel eines dicht stehenden Hochwaldes unserem Antlitz aufdrückt, dem eines Lebenden, der fast glaubte, er schlafe im Stehen, so fremd, so unvertraut ist ihm diese Abwesenheit von Lärm, die von dem Organ des Auges und nicht vom Ohr beglaubigt wird.

Neunzehnhundertachtzehn, glaube ich – die Feindseligkeiten sind immer noch nicht beendet –, die Explosion der Pulverfabrik der Courneuve.

In Passy, im Square Lamartine, will ich im selben Augenblick gerade über die Schwelle des Kaiser-Charavay-Kollegs treten, jener wohldenkenden Anstalt, zu deren Abituranwärtern ich zähle. Der Lärm ist so groß, daß es mir einen Augenblick vorkommt, ich hätte keine Explosion gehört, sondern eine schwere Masse sei mir auf den Kopf gefallen. Sollte sich die Empfindung in der Tür geirrt haben? Meine Muskeln scheinen schon reagiert zu haben, noch bevor mein Gehör alarmiert war.

Nach der Stichflamme eine Kaskade von Glassplittern, von der ich diesmal unbestreitbar über mein Trommelfell unterrichtet werde. Als Teufel, der genauso schnell wieder verschwunden ist, wie er aus seiner Kiste geschossen kam, stürzt ein Händler der Avenue Victor Hugo aus dem Haus, läßt in Windeseile seinen Eisenvorhang herunter und ist flink wie eine Maus, die im Nu von ihrem Loch verschluckt wird – ich weiß nicht wie –, wieder in seinem Laden. Vielleicht durch eine Art Katzenloch im Vorhang selbst? (Aber auch nur »vielleicht«, denn wenn ich es recht bedenke, finde ich es doch unwahrscheinlich, daß eine solche Falltür sich ihm aufgetan haben sollte.)

Warmes Licht.
Dunkles Knistern.

Honigsüßer Kuß.
Ohrenbetäubender Lärm.

Weicher Umriß.
Harter Alkohol.

Seichte Melodie.
Schillernde Akkorde.

Würziger Duft.
Fade Harmonie.

Schaler Anblick.
Köstliches Gemälde.

Kratzender Geschmack.
Schmeichelnde Musik.

Holprige Rede.
Glänzende Akustik.

Schriller Ton.
Samtweiche Stimme.

Stechende Farbe.
Schmalziges Lied.

Der Raps, dessen Gelb die Zähne reizt und den man eher mit der Zitrone als dem Öl in Verbindung bringen würde ...

Zahllos sind die Dinge, die nicht dem ähneln, was sie sind (zum Beispiel das Blatt, das sich in nichts als Lunge zu erkennen gibt, ein Flugzeug, das man für zu schwer hält, um es den Vögeln gleichtun zu können, ein Computer, der keinerlei Anzeichen eines Gehirns aufweist), und zahlreich sind die, deren äußerer Anschein trügerisch ist (der gutmütig aussehende Bär, die Schlange als Schnur auf dem Boden, der Fisch, dessen Gehör nicht die Ohren sind, der Mond als Scheibe am Himmel, der Baum als Gespenst, der Tote als Schlafender).

Nicht die Karten durcheinanderzubringen, sondern entschlossen zuzugreifen, nicht zu mogeln, sondern den Doppelsinn bei den Hörnern zu packen oder ihn zu durchtrennen wie einen gordischen Knoten, darin besteht vielleicht das ABC der Poesie.

Der kapriziöse Begleiter, die Katze, ein Gefährte weniger der Olympia als ihrer schwarzen Dienerin. Bedarf die Szene nicht eines Zeugen, wie das Bild eines Betrachters bedarf? Doch nichts in dieser Szene, deren Mittelpunkt die Kurtisane darstellt, die mit lässiger Hand ihr Geschlecht in Klammern setzt, scheint das Katzentier zu betreffen, und falls es nicht auf dem Bett eine ruhige Ecke zum Schlafen sucht, fragt man sich, aus welchem Grund es diese Inspektionsrunde unternimmt, zu der es sich anzuschicken scheint. Im übrigen kommt es auch nicht darauf an, was seine großen offenen Augen betrachten. Sprachlos, wie es ist, hätte es uns, die wir es anschauen, nichts davon mitteilen können. Für jemanden, den dieses Bild der hohen Galanterie von vor über einem Jahrhundert zu Träumereien animiert, zählt vielmehr der Umstand, daß dieser trauliche Hausgeist oder höllische Gehilfe *da ist*, als Rechtsinhaber, der weder vorgeladen zu werden braucht noch für seine Anwesenheit sich zu rechtfertigen hat, und daß sein Schwanz (ein weiteres tuschefarbenes Band) sich aufrichtet und in Wellen legt, ganz, als wolle es die Erwartung durch ein angedeutetes Fragezeichen zum Ausdruck bringen.

Die Avenue, die von weitem feucht, belaubt und verfallen wirkt und sich zwischen ihren aufgeweichten Gärten und ihren fensterlosen Mauern als so verwaist erweist, daß ihre Wehre, wenn sie sich weiten, sich nur öffnen für Geräusche so dumpf, wie ein Gang mit bloßen Füßen über einen Boden, der fest genug wäre, daß nicht das leiseste Knarren unter dem Schritt zu vernehmen ist.

Indes sind vor allem in den Städten viele Avenuen nicht vom gleichen Schlag wie jene feierlich düsteren, aber reizvollen Avenuen, auf denen alles Lärmen abklingt und seine ansteckende Unruhe verliert und die einen Zufluchtshafen darstellen gegen die Niedrigkeit der Ereignisse. Diesen verträumten Straßen von einst steht zum Beispiel als lebendige Leugnung die Avenue des Champs-Elysées gegenüber, die ihren Namen zweifach Lügen straft: als eine bombastische, beinahe neue Bahn, auf der Tag und Nacht ein dröhnendes Hin und Her sowohl den Frieden dessen stört, was das Wort »Avenue« zu verheißen vermag, als auch den jener dunsterfüllten Gefilde, auf denen die Seelen der Toten weiden, wenn jeglicher Auszug und jegliche Zukunft fortan entzogen und zu weniger als einer nichtigen Erinnerung zerronnen sind.

Herz mit zwei genau gleichen Henkeln, bei dem man nicht weiß, an welcher Seite man es ergreifen soll.
Karo, nicht standfest und auch kein Quadrat, das auf einer seiner Spitzen steht.
Kreuz aus den Händen eines geschickten Eisenschmieds.
Pik, das schwarzes Blut verliert.

Schwarz, mit rötlichem Einschlag und mit Schnäbeln wie Nadeln, eskortieren mich zwei kleine Vögel. Sie flattern auf dem Feldweg, auf dem ich mit meinem an der Leine geführten Hund spazieren gehe, ein paar Schritte vor mir her, bald näher, bald weiter, und manchmal fliegen sie voneinander weg. Einer von ihnen läßt sich zuweilen auf einem Stein nieder, während der andere in der Tiefe einer Wagenspur sich umtut, und nur seine ausgebreiteten Flügel scheinen ihn daran zu hindern, ganz darin zu verschwinden. Futtersuche oder die Jagd nach Insekten oder sonstigem Getier – eine zickzackige Suche, die von dem Hund, der zu sehr damit beschäftigt ist, durch die Gräser zu schnüffeln, durch keine Würgeattacke gestört wird – sind wahrscheinlich der Grund für diesen niedrigen Flug, ein Anzeichen vielleicht des wieder schlechter werdenden Wetters, das der Eigentümer dieser Felder, als er mich gestern das schöne Morgenwetter rühmen hörte, für übermorgen angekündigt hat. Er schloß das aus der Richtung des Windes (der aus Nord-West bläst) und fügte hinzu, daß dieses Jahr 1978 (in dem wir wenig glorreich dem Monat Mai entgegengehen) mit seinen dreizehn Mondwechseln mit aller Wahrscheinlichkeit ein schlechtes Jahr werde.

Ich frage mich ein wenig (ohne die Idee wirklich ernst zu nehmen), ob ich – allein auf die Phantasie hörend – diesen beiden Vögeln nicht folgen sollte, um zu sehen, bis wohin diese (zu welchem Zweck und von welcher Instanz an mich abgesandten?) Führer oder Boten mich geleiten werden; oder um mir jedenfalls nichts von dem euphorisierenden Schauspiel entgehen zu lassen, mit dem sie mich beschenken ... Ungefähr nach einer Viertelstunde, oder nicht einmal, verliere ich sie aber aus den

Augen: sie flattern jetzt nicht mehr vor mir her, sondern sind von dem Weg rechts abgeflogen, so daß ich sie nicht mehr erkennen kann, nicht weil sie sich besonders weit entfernt hätten, nehme ich an, sondern wegen der Farbe der gepflügten und sicher frisch besäten Felder, mit deren Farbtönen sie, von weitem gesehen, verschwimmen.

Ich bin nicht unzufrieden darüber, daß die Frage auf diese Weise entschieden ist. In der Tat hätte ich mich nur mit einem gewissen Gefühl der Scham dazu entschlossen, mein liebenswürdiges Aufklärerpaar in dem – absehbaren – Moment zu verlassen, wo das weitere Verfolgen meiner geflügelten Boten mich so weit vom Weg abgebracht hätte, daß ich nach meinem quasi solitären Rundgang zu spät zum Essen gekommen wäre. Zum Mittagessen in Gesellschaft der Frau, von der ich nur mit Mühe mir vorstellen kann, daß ich schon seit ewig langen Monden mit ihr ein Paar bilde.

In den Sommerferien im Schwarzwald in einem Haus, das halb Hotel, halb Sanatorium ist: über siebenhundert Meter hoch gelegen, sechzehn Kilometer von Baden-Baden entfernt (dessen Name gleichbedeutend ist mit »Bains-les-Bains«, ein Ort wie Vittel oder Contrexéville in den Vogesen), in Bühlerhöhe (französisch »Hauts-de-Bühl« oder »Bühl-le-Haut«), das zu einem Bühlertal (französisch »Bühl-le-Val«) gehört, in unmittelbarer Nähe eines Einkaufsstädtchens gelegen, das kurz und bündig Bühl heißt. Bühlerhöhe – wo wir in den ersten Tagen das regnerische Wetter über uns ergehen lassen mußten, von dem ein Teil Europas betroffen war – ist praktisch nur ein Flurname, nur einen Katzensprung von Baden-Baden entfernt, aber mit diesem Kurort von altmodischem Luxus durch eine Serpentinenstraße verbunden, die kaum schnelles Fahren zuläßt und für den Fall, daß man den Bus benutzt, einer Strecke, die zu Fuß für jeden auch nur einigermaßen an Bergwanderungen gewöhnten Fußgänger im Handumdrehen zurückzulegen wäre, die Ausmaße einer kleinen Reise gibt.

Der Schwarzwald trägt seinen Namen normalerweise zu Recht, so finster ist es in seinen Forsten, während dieser feuchten Tage hätte der Name Grauwald jedoch besser gepaßt, denn er war mit dichten Regen- und Nebelwolken verhangen bis auf wenige aufklarende Stunden, die man natürlich als zu kurz empfand und denen man oft nicht einmal anrechnen wollte, daß sie einen nicht ganz in Grau versinken ließen. Ein Wald, in dem keine Wegelagerer und keine Gnome mehr hausen und den in diesen trüben Tagen auch die gefiederten und bepelzten Tiere verlassen zu haben schienen, dessen Bäume jedoch bei gutem wie bei schlechten Wetter gleich beeindrukkend sind, vor allem wenn sie gefällt und mit abgeschälter Rinde in voller Länge stapelweise am Wegrand aufgeschichtet sind und man deutlich ermessen kann, wie hoch diese gelben und oft duftenden Stämme gewesen sein müssen. Ein dichter Wald, den der Andrang der Touristen nur an wenigen Stellen in Mitleidenschaft gezogen hat und in dem jemand, der vom Menschengewühl abgestoßen ist, noch, ohne allzuweit suchen zu müssen, Gegenden zu finden vermag, in denen er Spaziergänge unternehmen kann mit dem Gefühl, vollständig von der Welt abgeschnitten zu sein, falls nicht ein vorüberdonnernder Düsenjäger ihm die widrigen Zeitumstände der Gegenwart ins Gedächtnis zurückruft.

Nicht als Fußgänger, sondern in einem zur Beförderung meiner Angehörigen gemieteten Wagen kehrte ich an jenem Nachmittag von Baden-Baden zurück unter einem so verhangenen Himmel, daß die Sonne große Mühe zu haben schien, hier und da ein paar blasse Strahlen durch die Wolkendecke zu schicken. An einer Biegung, die schon hoch genug gelegen war, daß sich zur Linken unterhalb der Straße eine weite Landschaft auffächerte oder eher hinter einer Nebelwand erraten ließ, kam dieses Sonnenlicht, das trotz der noch weit entfernten Dämmerung fast schon geschwunden schien, auf unerwartete Weise wieder zur Geltung: zwei oder drei weite Flächen ungetrübter Helligkeit lagen in Richtung auf die Ebene über der verschwommenen Landschaft als milchige Flecken, die sich losgelöst von jeglichem Bezug zu der Struktur dieses Geländeabschnitts auszubreiten schienen (ein wenig wie auf modernen Gemälden, auf denen Zeichnung und Farbe systematisch auseinanderfallen) und ohne Rücksicht auf Umrißlinien Baumgruppen und die nunmehr spielzeuggroßen Häuseransammlungen überströmten. Flecken, die fast stofflich wirkten, wie es in einem kleineren Maßstab diejenigen sind, die eine fett- oder zuckerhaltige Substanz auf einem Tuch hinterläßt, und die die Materialität des Lichtes hervorzukehren schienen (sie schienen den Träger des Lichtes und nicht die beleuchteten Gegenstände zu zeigen). Klare Flecken, die in gewisser Weise die Landschaft auf dem Erdboden in eine Art Negativ der Landschaft am Himmel verwandelten, der mit großen schwarzen Wolken überzogen war.

Sofort hatte ich den Eindruck, daß die Entschleierung, die sich vor meinen Augen vollzogen hatte, wörtlich zu nehmen wäre und daß es sich um eine entscheidende Wahrheit über die Welt und über das Schicksal handelte, die mir diese zugleich bewölkte und sonnenbeschienene Landschaft zu lesen gab, die droben wie drunten den manichäistischen Widerstreit zweier Prinzipien zu illustrieren schien und deren irdische Hälfte als das umgekehrte Gegenbild der himmlischen deren ebenerdige Übersetzung in jene Sprache hätte sein können, die von den Gegenständen gesprochen wird, die als greifbare Dinge und nicht etwa als Luftschlösser unseren gewohnten Rahmen ausmachen. Eine grandiose Wahrheit, die in einem grandiosen Schauspiel zum Ausdruck kam, das offenbar dazu angesetzt war, mir eine Art Heil zu überbringen – das Wiederaufleben der Natur –, indem es mir zeigte, daß es nicht nur Finsternis gibt, sondern auch das Licht: mehr noch, indem es mich seinem Triumph über die Finsternis beiwohnen ließ, einem offenkundigen Trimph, da die Art und Weise, in der es sich auf die einzelnen kleinen Dinge unserer Umwelt legte (auf Unebenheiten des Geländes, auf die Pflanzenwelt und auf die für das Wirken von Menschenhand so typischen Häuseransammlungen), seine Transzendenz verdeutlichte. Jedenfalls ein strahlendes Bild, in dem das öde Auf und Ab (Hoffnung – Angst, Lust – Schmerz, Begeisterung – Ekel), das unser persönliches Los, aber auch unsere Rolle als Zeugen oder gar Akteure einer Geschichte uns auferlegt, die unterschiedslos die beseelten Sternstunden mit dem Rückfall in das Grauen von Krieg und Verbrechen vermengt, sich bis zur Ebene des Erhabenen steigerte, zur Ebene der Welt, so wie sie sein sollte, damit sie zumindest ihren Charakter als düstere Schmierenkomödie verlöre: war es nicht ein Gedanke dieser Art, den mir dieser Anblick, der mich wie eine Vision faszinierte, letzten Endes eingab, zweifellos deswegen, weil er einen alten Wust religiösen Empfindens in mir ansprach? Die Offenbarung eines tatsächlich göttlichen Lichtes, wäre ich zu sagen versucht gewesen, würde das Wort Gott zu meinem Wortschatz gehören. Aber ich mag dieses Wort nicht, diesen Lückenbüßer, diese große Variable, deren Ähnlichkeit mit einem Koloß auf tönernen Füßen mir im übrigen nur das Gefühl der Abneigung vermitteln kann (und sei es nur aufgrund der »Anti-Himalaya-Gesinnung«, die mich auch gegenüber jenen Meisterwerken Abstand wahren läßt, von denen man nur mit zitternder Stimme spricht wie weiland die Wagnerianer). Lieber als mich auf einen Begriff zu beziehen, der zu aufgebläht ist, um nicht hohl zu sein, halte ich mich – durch den Griff nach dem Unmittelbaren – an das Nichtige, das – trotz seines nichtigen Aussehens – allem plötzlich eine glückliche Wendung gibt, an den Augenblick, den man im Gedächtnis behalten wird und der, wenn er genügend Frische behält, später der Erinnerung eine Stütze bietet, denn er gehört zu denen, die beweisen, daß es nicht nur Häßliches gibt – so zum Beispiel diese Laune des Wetters, die mir einen Moment lang ein Gefühl der Fülle vermittelte durch ein Wechselspiel von Transparenz und Undurchsichtigkeit, bei dem ich, wiewohl empfänglich für seine illusionsstiftende Kraft, mir in der Tiefe doch genau bewußt war, daß es nichts bedeutete.

Daß bei diesem Schattenspiel das Licht ein anderes gewesen war als das, dessen Strahlengang man wahrnehmen kann (zum Beispiel der Lichtkegel eines Scheinwerfers) und daß es die Form von Flecken angenommen hatte, die nicht auf einem Fliesenboden oder einem Möbelstück lagen, sondern auf einer Landschaft, die ein Blick von weit oben erfaßte, das war das Wichtigste daran. Damit seine Betrachtung eine gleichsam metaphysische Wendung nahm, mußte sie weit über den begrenzten Rahmen eines Laborexperimentes hinaus ein Stück Natur betreffen, das weiträumig genug war, um an etwas Universelles denken zu lassen. Und es mußte etwas anderes sein als ein Strahlenbündel, wie sie bei regnerischer Witterung oft sehr schön am Himmel zu sehen sind. Sein Auftreten in Form von Lachen, von Flecken vergleichbar den Pfützen, die bekunden, daß eine Überschwemmung stattgefunden hat, erlaubte dem Licht, indem es dieses in den Rahmen unseres Erlebens einfügte, ohne daß es indes einen nur beengten Raum eingenommen hätte, ungebrochen, aber in unserem Maßstab, so nachdrücklich auf unser Vorstellungsvermögen einzuwirken. Ist dieses jedoch auf einen so hehren Helfer angewiesen, um einen derartigen Höhenflug anzutreten? Ein weniger glanzvolles, aber vielleicht noch überraschenderes Erlebnis, das demjenigen um nur weniges vorausging, das ich gerade wiederzugeben versucht habe (mit den zur Verfügung stehenden Mitteln, und das sage ich ohne falsche Bescheidenheit, sondern in dem Bewußtsein, daß alles, was ich sage, an diese Erleuchtung nicht heranreicht), scheint mir gerade in seiner profanen Alltäglichkeit das Gegenteil zu beweisen und mich zu lehren, daß tatsächlich eine Kleinigkeit den Sprung auszulösen vermag.

Am Abend unserer Ankunft in Bühlerhöhe saß ich im Speisesaal, den ich wegen seiner mit einem Netz von Zierleisten geschmückten Decke zunächst ins 18. Jahrhundert datierte, während das Sanatorium in Wirklichkeit um 1930 erbaut worden ist, gegenüber einer Wand, die auf ihrer ganzen Fläche mit einer großen Fotographie überklebt war, deren an sich reizloses Motiv aus einer im Originalmaßstab abgebildeten Waldszenerie bestand: hinter einem Vordergrund aus rosa Heidekraut und zur Mitte einer Lichtung hin, wie sie wohl im Schwarzwald nicht anzutreffen ist, zumindest nicht nach dem klassischen Bild, das man von ihm hat, da die sie umgebenden Bäume keine Tannen waren und auch (wenn ich sie richtig identifiziere) einige Birken unter ihnen vorkamen, die Biegung eines Flusses, welcher im oberen Teil des Fotos die fast runde Wiege entsprach, die in den Wipfeln der hoch emporragenden Stämme von den ineinander übergehenden Baumkronen gebildet wurde. Da ich mit dem Rücken zum Fenster saß, hatte ich nicht den Sonnenuntergang – der übrigens noch zusätzlich durch einen niedergelassenen Rollvorhang verdeckt war –, sondern lediglich – auf der Fotographie – die Lichtstreifen im Blickfeld, die von den durch die Leisten hindurchdringenden Sonnenstrahlen herrührten und so auf das Bild auftrafen, daß das Wasser des Flusses zu glitzern schien. Darüber hinaus wirkten zwei Doppelleuchter mit brennenden Lampen links und rechts von dem Bild, die eine am Fuß eines mächtigen Baumes, die andere fast im Heidekraut – sie gehörten in Wirklichkeit zum Beleuchtungssystem des Speisesaals – wie Bestandteile der Landschaftsimitation und (daran dachte ich sogleich bei der Erinnerung an jenes berühmte Werk, von dem ein verkleinertes und offenbar schlechtes Modell mir immerhin eine Vorstellung vermittelt hatte) wie eine Entsprechung der Rolle, die eine Lampe in der verblüffenden, halb aus einem Relief, halb aus einem Trompe l'Oeil bestehenden Komposition spielt, in der Marcel Duchamp in einer ganz gewöhnlichen Landschaft, in deren Hintergrund ein Wasserfall erglänzt, einen liegenden Frauenakt zeigt, von dem weder der Kopf noch die Füße dargestellt sind und der zur vordergründigsten Aufgabe hat, eine wirklich brennende Lampe zu tragen, während die anderen Elemente des Werkes, ganz gleich wie sie darin abgebildet werden, nur als Trugbilder gegenwärtig sind. Eine Gegenüberstellung von authentischer Realität (Lampe) und fingierter Realität, ebenso wie im Sanatorium von Bühlerhöhe echte elektrische Wandleuchter mit einer vorgetäuschten Landschaft, auf die in ihre Mitte das (weniger intensive, aber in gewisser Weise echtere) durch ein Gitter gebrochene Licht des Sonnenuntergangs fiel, eine komplexe Verbindung eingingen, in der sich mehrere Kategorien des Kontrastes überschnitten – Licht und Schatten, Gegebenes und Gemachtes, Reales und Irreales – und deren eigentümliche Zweideutigkeit sehr reizvoll war ... Ist nun nicht die sogenannte Poesie, eine Empfindung, die der Geist in gleichem Maße konstruiert wie er sie empfängt, nicht eben ein Zauber dieser Art, ein Zwitterwesen, hervorgegangen aus einer Paarung von

Spontaneität und Kunstfertigkeit im Grenzbereich von Lüge und Wahrheit? Die verwirrenden Momente festzuhalten, in denen alles in Frage gestellt zu sein scheint und zu versuchen, ihnen einen zweiten Anlauf zu verschaffen oder ihrer Seltenheit dadurch entgegenzutreten, daß man sich durch »Generatoren«, die man aus allem erreichbaren Material geschmiedet hat, gleichwertige Momente erschließt, dies ist eines der wesentlichen Ziele der Poesie in der Form des Schreibens, die sie bei gewissen Menschen annimmt, die sich somit auf eine Jagd begeben haben, die erst mit ihnen selber zu Ende gehen wird.

Ein Licht, das im Fall der realen wie in dem der fotografierten Landschaft wie eine zweite, aufprojizierte Bildfläche wirkte und mit seinen unklaren Flecken, die durch ihre verschwommenen Umrißlinien noch bedeutungsträchtiger erschienen, als wenn sie sich in geometrischer Strenge dargestellt hätten, eine Phantasmagorie hervorbrachte, dies hatte sich mir nicht etwa gezeigt, um mich etwas über mein Schicksal oder den Gang des Weltalls zu lehren, sondern um – zufällig und wie durch eine seiner Natur innewohnende Bestimmung – für mich etwas Licht auf die Poesie zu werfen. Mich begreifen zu lassen, daß sie, entstanden aus einer Verbindung oder Verschmelzung heterogener Glieder, nur ein Zwitterwesen sein kann, das – als Sirene, Zentaur, Vogel Greif? – sich im Reich der Doppeldeutigkeit bewegt. Mir den Gedanken einzugeben, daß sie, um den Zauber auszustrahlen, der so sehr das Gefühl des Glücks vermittelt, weniger eine eloquente oder tiefschürfende Botschaft zu verkünden als vielmehr unvermittelt zu sagen hat, daß *sie da ist.* Auf das Seiende projiziert, aber auch in es integriert und nicht etwa danebenstehend. Mich mit einem Leitfaden zu versehen, indem es mir zeigte, daß sie, unabhängig von ihrem Inhalt und gleich welche Form sie auch annimmt, weder Flucht aus dem Leben ist noch Verkehr mit einer anderen Welt, sondern tatsächlich auf einem *Überwirklichen* beruht, was sich – in einer Art und Weise, die sich ganz seltsam mit der Etymologie überschnitt – der Wirkung von Lichtspuren verdankte, die zur dergestalt verwandelten Wirklichkeit einer Landschaft oder zu der fiktiven Wirklichkeit eines Landschaftsfotos hinzutraten.

Infolge eines Mißgeschicks im Umgang mit Messer und Gabel sind die Sonnenflecken, die mich während meines Aufenthalts in Bühlerhöhe so zum Nachdenken angeregt hatten, in Form von Tomatensauce auf den Aufschlag meiner Jacke gespritzt, ohne meine Hose zu verschonen, und zwar während der letzten Mahlzeit in diesem Sanatorium, in dem insbesondere unter anderen (allzu oft recht hinfälligen) Gestalten, die bald von der Terrasse, bald von dem Salon angezogen wurden, insbesondere drei oder vier gespenstische Greise die Runde machten, von denen – wie ich zu meiner Bestürzung entdeckte – nicht alle älter waren als ich und die mit langsamen kleinen Schritten, fast wie No-Schauspieler, an ihren mit einem Gummiende (und nicht mit einem Eisen, wie es zur Ausrüstung der zahlreichen Waldspaziergänger und -spaziergängerinnen gehörte) bewehrten Stöcken einherschlurften. Das Gespenst, das drei Jahre älter war als der ihm anverwandte Insasse eines Rollstuhls, den meine Frau und ich, die wir selber keineswegs mehr so agil sind, mit der Hilfe seiner englischen Schwester, die kaum rüstiger war als er, und einer aus Paris mitgebrachten jungen Krankenschwester, die dann von einer anderen abgelöst wurde, auf den kurzen Wegen begleiteten: die große, dürre Holländerin von sechundneunzig Jahren mit einer Gesellschaftsdame zur Seite, welche aufmerksam ihren langen Monologen folgte, die sich mit Hilfe einer Art Laufstall aus Stahlrohren vorwärtsbewegte, auf den sie sich jedes Mal, wenn sie ihren verkrümmten rechten Fuß vor ihren noch intakteren linken setzte, aufstützte, eine Art Bühnensemiramis, die wie ein Stück des Dekors das symbolische Fragment eines Walles vor sich herschob, das sie nur zur Seite stellte, wenn sie sich hinsetzen wollte.

Trotz ihres schönen rötlichen Farbtons maß ich dem Sternbild jener Flecken, mit denen ich einen Tag vor meiner Abreise aus dem Schwarzwald meinen Anzug, der ein Hahnentrittmuster trug und den ich nach den medizinischen Beschäftigungen des Vormittags und den nachmittäglichen Spaziergängen zum relativ zeremoniellen Abendessen anzog, beschmutzt hatte, keinerlei poetischen Wert bei. Ein Kleidungsstück, dessen Verlust – für den Fall, daß es nicht zu reinigen gewesen wäre – mich umso mehr geärgert hätte, als es das letzte war, das ich mir maßgerecht hatte schneidern lassen, obwohl ich auch ohne es gut genug ausgestattet bin, um bis zu meinem Ableben eine gute Figur zu machen, wofern dieses – von dem ich in meinem Kleinmut erhoffe, es möge vor dem meiner Gefährtin eintreten, da ich es mir nicht vorstellen kann, wie ich deren Abwesenheit ertragen sollte – länger auf sich warten läßt, als ich bei einer Bestellung vorhersah, die für den um sein Äußeres besorgten Snob und den zur Gelassenheit unfähigen Menschen, der ich immer gewesen bin, schon die Farbe eines Abschieds trug.

Regenwald, der nicht aus Regen besteht, sondern aus Bäumen gleich den Zähnen eines feinen Kamms.
Schimmer von Glimmer.
Lethebleicher Nebel.
Schnee, den mein Hund ableckt wie Speiseeis aus einer Tüte.

Worauf wartet denn die ergebene Dienerin, die keine Sonne der Tropen mehr brennt und die (so scheint es) gerade eben in das Zimmer gekommen ist, welches allein der entkleidete Körper der Hausherrin zu erhellen scheint, worauf wartet sie, ihren schweren Strauß aufzulösen und – Blüte an Blüte und nicht Couleur auf Couleur – über den ganzen Körper Olympias ihre Blumen auszustreuen, die die Blässe ihrer Haut hervorhöben und zur gleichen Zeit ihr Aroma verschärften.

Das Weideland, der Wald oder der Fluß, deren friedvoller Anblick beruhigt, weil er zu dem Gedanken Anlaß gibt, daß die Natur, die über unser Werden und Vergehen bestimmt, nicht nur die ist, welche die Städte hinter oft schäbigen Masken verbergen, sondern auch jene, in der letztlich aufzugehen nichts Erniedrigendes zu sein scheint.

Wahrscheinlich, weil sie so übermächtig sind, strahlen Meer und Gebirge keine ähnlich friedliche Stimmung aus, die zur Voraussetzung hat, daß ich sachte zwischen der Außenwelt und mir selbst eine Beziehung von Vertrautheit aufbaue.

Eine Billardkugel, die keiner Karombolage ausgesetzt ist, eine glühendrote Kanonenkugel, eine leuchtende Medaille, die auf einer fast durchsichtigen Haut erstrahlt, eine Kristallkugel vor den Augen einer Hellseherin, die niemand anderer sein kann als wir selber mit gebanntem Blick: mitten am Himmel, der perlgrau ist wie auf einem chinesischen oder japanischen Gemälde, die Abendsonne über den spitzen Bäumen, deren Grün schon in der Dämmerung verblaßt ist und die im Vordergrund in die sich immer weiter aufhellende Staffelung von Hügelrücken hineinragen, die schließlich in der Rheinebene versinken, die ihrerseits von keiner sichtbaren Horizontlinie umschlossen wird.

Links von der Straße entdecke ich auf einem Acker Spinnweben, die träge von Kuppe zu Kuppe gespannt sind und im ruhigen Lichte glitzern. Nur wenig darüber stieben hier und da schwarze Punkte wirr durcheinander: es sind Fliegen, deren von keinem Summen begleiteter Flug nicht durch die Kälte erstarrt scheint.

Der Kuchen, den mir in allzu mächtigen Stücken der jetzt verschwundene Pflug (oder eine seiner modernen Entsprechungen aus unserer aberwitzig industrialisierten Zeit) serviert hat, scheint mir umso riesenhafter, als man jede Vorstellung eines richtigen Maßstabs verliert beim Anblick des Takelwerks aus Zuckerfäden, das stellenweise – immer auf engem Raum, da das Glitzern der Spinnweben, das mich so überrascht hatte, sich nur auf kurze Entfernung bemerkbar macht – in keineswegs lückenloser Folge die mehr oder weniger kantigen, durch keinerlei geometrisches Muster aufeinander bezogenen Schollen miteinander verbindet.

Abstoßend große Stücke, die ich aber so appetitlich fände wie Mokkaschnitten, wenn ich nicht wüßte, daß es sich um harte Brocken handelt, die so mit Fremdkörpern durchsetzt sind, daß sie schrecklich knirschen würden unter den Zähnen eines jeden, der dem Verlangen nachgäbe, einen Bissen davon zu kosten.

Stern mit allzu stechenden Zweigen,
als daß man ihn gefahrlos betrachten kann.
Himmel so blau, daß man darin ertrinkt.
Nacht, von deren Schwarz das Morgenrot sich nur mit Mühe säubern kann.
Sonne, die nur in ihrem Fieber sichtbar ist.
Mond, ein leerer Teller oder stummer Gong.

Nicht mit den vier Jahreszeiten – diesem Eichhörnchenrad, an dem die Ereignisse sich nicht festbeißen – soll die nackte Olympia mich versöhnen. Es ist nur allzu bekannt, daß jener nichtmenschliche Schauplatz eines ständigen Neubeginns, die Natur, das Umfeld ist, in dem ich nach den Gesetzen der Biologie aufzugehen bestimmt bin, ob ich mich nun damit abfinden kann oder nicht. Woran eine solche Gestalt (weder Nymphe noch ländliche Schöne beim Bad, sondern eine auf dem Bett ruhende Frau) mich vermittels ihres Geschmeides oder anderer weltlicher Accessoires eher erinnert, ist dies, daß wie die Moden auch die Dinge ihren Gang gehen – nicht in einem unveränderlichen Kreislauf, sondern in der Linie ohne Wiederkehr von vorher, während und nachher – und daß es in unmittelbarem Bezug zu uns selbst und insofern als bedeutsamen Faktor, obwohl ihre Dimension im aussermenschlichen Maßstab der kosmischen Unendlichkeit mikroskopisch ist, eine Geschichte gibt.

Gegenüber dieser Geschichte, dieser Folge flüchtiger Episoden, die sich parallel zu denen meines Lebens miteinander verketten, will ich meinen Standpunkt finden, und in sie will ich – zumindest durch meine Arbeit, dieses Tun, das ungreifbar bleibt, wenn ihm nicht eine besondere Aktualität zukommt – mein eigenes flüchtiges Dasein eingliedern. Wie soll ich die Worte aussprechen, die ich heute gerne aussprechen möchte, um der besonderen Sensibilität dieser Zeit etwas mehr zurückzugeben, als ich von ihr empfangen habe, wenn ich es bei einer zeitlosen (in gewisser Weise vegetativen) Betrachtung bewenden lasse? Wohingegen die Präsenz dieser Städterin, der Olympia Manets, mich durch ihre Modernität (Schärfe, Unmittelbarkeit, Direktheit) nicht in einer starren und eitlen Beschaulichkeit dahindämmern läßt.

Bebändern,
umschließen,
umzäunen,
einbetten,
verankern,
einfügen,
bereichern,
beleuchten,
bescheinen,
in Brand setzen,
befruchten.

Welcher Zirkus ist nicht der schönste der Welt – die Welt und ihre Schönheiten in ihrer ganzen Schönheit dargeboten?

Der Zirkus, auf dessen Plakat das Unglück, falls es existiert, nicht aufgeführt wird, bietet eine grandiose Vision der Welt: den Triumph des Menschen über die Tiere und über den eigenen Körper, der sich über Schranken wie zum Beispiel die Schwerkraft stolz hinwegsetzt, während seine Intelligenz, die ihn zum König der Schöpfung macht, der Kausalität einen Streich spielt, wie die Taschenspielertricks des Zauberkünstlers beweisen.

Tiere, denen man Kunststücke beibringt (Affen, Hunde, Seehunde), andere, die man dressiert (Elefanten, die in der Reihe hintereinander hergehen, wobei der Rüssel des einen hübsch den Schwanz des anderen festhält, und die mit Leichtigkeit ihre Massen bewegen, die aussehen, als seien sie frisch der Erdkruste entnommen; feurige Pferde, die aber auf den geringsten Wink und jeden Blick parieren, in vollem Putz und mit geflochtener Mähne, und deren Maul fast ihre Brust berührt, so straff sind sie gezäumt), andere schließlich, die man hinter rasch aufgestellten Gittern durch Zuckerbrot oder Peitsche bändigt (Löwen, Tiger und weniger imposante Raubkatzen, die aber ebenso gefährlich waren und nun, falls nicht ein Unfall passiert, völlig harmlos geworden sind).

Alle Wunder der Welt – soweit man sie einfangen kann – beschlossen in einem kreisförmigen Raum beschränkten Umfangs. Harmonie, Eintracht, ein Konzert der Nationen, die vereint sind, als wollten sie ihr buntes Farbengemisch hervorkehren oder sich gegenseitig feiern. Die menschliche Komödie gutmütig illustriert vom Dummen August, den der kluge

Clown im schimmernden Gewand der Lächerlichkeit preisgibt. Die Hoffnungen, die man auf die Evolution setzen kann, werden bestätigt durch das Gehen auf den Händen oder durch das Rad, die die aufrechte Haltung ablösen, die vor langen Jahrtausenden an die Stelle der Fortbewegung auf allen Vieren getreten war. Der steile Aufstieg, der so mitreißend war in den Zirkuszelten von anno dazumal: die Beschließerin, die man plötzlich als Seiltänzerin, oder die Kassiererin, die man als Schlangenbeschwörerin wiedersah.

Auf dem Sägemehl oder dem Borstenteppich gibt die hohe Kunst selber sich ein Stelldichein: in Posen ähnlich denen der Bronzemänner (einer Jahrmarktsrasse mit metallischer Haut, die heute, glaube ich, ausgestorben ist) singen Kreaturen aus Marmor einen Hymnus auf die Pracht des eigentümlichen Körperbaus unserer Spezies.

Als Freizeitspaß für alle (alt und jung) ist der Zirkus – sei er arm oder reich – auch eine gute Lektion, denn die bescheidene oder prunkvolle Palette seiner Attraktionen läßt auch denjenigen, der niemals an ein Paradies auf Erden glauben wird, erleben, wie schön es sein kann, auf der Welt zu sein.

Gegen Ende des Sommers 1957 in Florenz auf dem Marsfeld die stratosphärische Apotheose, die die Darbietung des Zirkus Togni krönte: kräuselnde Duftwolken aus Räuchergefäßen bedeckten die ganze Bahn unter dem bestirnten Himmel, zu dem das Dach des Leinwandzeltes durch das Lichterspiel der Scheinwerfer geworden war. Tänzerinnen, Clowns, Zwerge, Akrobaten, alle Artisten waren da, einschließlich des Trios (einer Frau und zweier Männer, die alle ebenso spärlich bekleidet waren wie antike Statuen), das eben noch inmitten von Wasserstrahlen die Figuren eines Brunnens in der Art Berninis imitiert hatte.

Zehn Jahre später in Berlin in der Nähe des Hilton der Eingang zum Zirkus Sarrasani, der in der Dunkelheit am Ende einer langen Straße, die von einer doppelten elektrischen Rampe gesäumt war, zu liegen schien: eine optische Täuschung, denn die beiden auf einen gemeinsamen Fluchtpunkt zustrebenden Laternenreihen erzeugten eine perspektivische Tiefenwirkung auf der großen Wandfläche, in der im nicht meßbaren Abstand des Traumes der Eingang sich auftat.

Zimperlich oder gar verweichlicht und noch dazu mit einer Phobie geschlagen vor den Untersuchungen, die die Organe unter der Gürtellinie betreffen und es – als richtiggehende Tiefschläge – erforderlich machen, daß ein röhrenförmiges Instrument in die Höhlung oder in den Gang eingeführt wird, den es zu erkunden gilt, habe ich – den Spötteleien des Arztes zum Trotz, der mir die Untersuchung verschrieben hatte, die aufgrund von Blasenbeschwerden notwendig geworden war – eine Vollnarkose verlangt, während in solchen Fällen eine örtliche Betäubung die Regel ist. Zu meiner Verteidigung kann ich anführen, daß ein anderer praktischer Arzt, unser Hausarzt, der die Sache aus persönlicher Erfahrung für recht schmerzhaft erachtete, mich dazu angehalten hatte, diese Forderung zu stellen, und dies umso nachdrücklicher, als er mich – im Gegensatz zu seinem Kollegen – gut kannte.

Anstatt unter der Wirkung der Spritze wie unter einem Keulenschlag zu versinken, wie es mir schon passiert ist, spüre ich, wie ich – gegen meine Erwartung – ganz allmählich in die Bewußtlosigkeit gleite, was mich im nachhinein erstaunt. Nachdem ich beim Aufwachen die Phase, in der mir unter der Nachwirkung des Betäubungsmittels noch weiß vor Augen ist, überwunden habe, empfinde ich ein seltsames Gefühl, das nicht sogleich verschwindet und das ich zunächst dem Hausarzt mitteile, der mich netterweise hergebracht hat, und dann, indem ich die Mitteilung wiederhole, meiner Frau und ihm in dem Zimmer, in dem ich mich jetzt befinde, in jenem kleinen Zimmer, das ich in der Klinik Victor-Massé in der Nähe von Pigalle innehabe, ganz in der Nähe der Nachtlokale, in denen ich zu der Zeit, als ich als Junggeselle noch ein Nachtschwärmer war, häufig verkehrte: das Gefühl, mich fürchterlich betrunken zu haben und mit einem gräßlichen Brummschädel geschlagen zu sein.

Allmählich kann ich wieder einen Gedanken fassen und mache mir nach wenigen Augenblicken klar, was tatsächlich vor sich geht: ich bin ganz und gar nicht betrunken, sondern stehe nur unter der noch nicht ganz abgeklungenen Wirkung des Betäubungsmittels, und völlig zu Unrecht hatte ich die undeutliche Erinnerung an ein großes Fest, während dessen ich bis zum Umfallen gebechert hätte.

Nachdem ich wieder völlig zu mir gekommen bin, glaube ich, den wahrscheinlichen Ausgangspunkt dieser Illusion rekonstruieren zu können. Hatte ich nicht im Operationssaal den Beleuchtungsapparat gesehen, eine große Scheibe, die mit Scheinwerfern regelrecht vollgepfropft war, die alle, wie mir schien, auf mich gerichtet waren, und ich genau unter ihnen lag? Es war also dieses grelle Licht von oben und die Tatsache, wie bei einer *Anatomievorlesung* von mehreren Personen (meinem Hausarzt, dem Chirurgen, dem Anästhesisten und der Krankenschwester) umringt zu sein, die mir – in einer Art kurzem Traum –, die Vorstellung eingegeben hatten, ich befände mich stockbetrunken inmitten einer Menschenmenge in einem Saal, der so hell erleuchtet war, wie der Ausdruck *a giorno* es zu verstehen gibt, zur Feier eines rauschenden Festes, über dem ein Kronleuchter erstrahlte.

Besteht Anlaß zu der Hoffnung, daß man im Augenblick des Sterbens in den Genuß einer derartigen Vision kommt? Dies war die – zweifelnde, aber eher ermutigende – Schlußfolgerung, die ich am Tag nach diesem schnappschußartigen Erlebnis, das nicht einmal eine richtige Szene gebildet hatte, zu Protokoll gab, das ich geflissentlich darüber niederschrieb. Sieben Jahre sind mittlerweile verflossen, und eine Erinnerung kommt mir wieder in den Sinn: der andere Arzt, derjenige, der die Vollnarkose für überflüssig erachtete, wollte mir Mut machen, indem er mir die Äußerung eines seiner Patienten wiedergab, der sich kurz zuvor der Prüfung unterzogen und sie sehr erträglich gefunden hatte, denn er hatte sich mit der kruden Erklärung begnügt, es sei natürlich »etwas anderes als ein Abend mit einer Tänzerin«. Hatte vielleicht in Verbindung mit der leichten Scham darüber, mich allzu feige gezeigt zu haben, der Gedanke an einen abendlichen Streifzug in Begleitung einer Primaballerina mich umschwirrt, als ich mir beim Erwachen aus einem Schlaf, der mir zwar die Fähigkeit zur Empfindung genommen, mich indes zweifellos nicht in absolute Finsternis gestürzt hatte, die Erinnerung an ein zügelloses Gelage in lärmendem Treiben unter einem Kronleuchter, der einer Opernkuppel würdig gewesen wäre, zurechtgelegt hatte?

Bis zu den Lenden von der Rückenlehne des Sitzes verdeckt, fällt in breitem Fluß das schöne strohfarbene Haar der Fahrerin nicht eines felderbestellenden Traktors, sondern des Busses, mit dem ich fast jeden Tag fahre. Vorne einsteigend, wie es sich gehört, und einen Moment meine Monatskarte mit meinem Photo vorzeigend, sehe ich ihr etwas vulgäres Gesicht mit immerhin deutlichen, ziemlich regelmäßigen und keineswegs schlaffen Zügen – ein Gesicht, das ich in der Vorstellung unablässig nacharbeite und von seinen Fehlern reinige, als ich, etwas weiter weg sitzend, erneut die eindrucksvolle Mähne betrachte. Sind die anderen Fahrgäste – oder ein paar von ihnen – von gleicher Bewunderung ergriffen wie ich? Anscheinend nicht ... Aber im Grunde werde ich das nie wissen: auch mein eigenes Gesicht ließ bestimmt keine Schlüsse auf meine Gefühle zu, und womöglich gilt das gleiche für die anderen. Ich wage indes die Hypothese, daß keiner von diesen Unbekannten ein so großes Vergnügen dabei empfand wie ich, von dieser kraftvollen und stillen Amazone gesteuert zu werden, deren stolze Haltung ich schätzte wie die gleichsam göttliche Schamlosigkeit, mit der sie – auf einem höheren Sitz thronend als die kleinen Leute, die das Vehikel beförderte – den Blicken die gleißende Kaskade ihrer langen blonden Haare preisgab, die mit dem Dunkelgrau ihres offenkundig weniger seidigen Jacketts in Kontrast standen.

In ihrer Abwesenheit scheint die von der fest auf den Schenkel gedrückten Fächerhand Olympias verdeckte intime Behaarung – von seiten des Künstlers vermutlich ein Mittelweg zwischen seinem Willen zu realistischer Darstellung und den Sitten der Zeit, die in der Malerei die Abbildung des behaarten weiblichen Geschlechts mit Verbot belegten – einen Ersatz in der Aufsplitterung in zwei andere Komponenten des Bildes zu finden: in der Üppigkeit des Straußes, den die wie in einen Turban gehüllte schwarze Dienerin hereinträgt und in der Schwärze der umherstreichenden Katze, von der man nicht weiß, was sie im Schilde führt.

Und noch eine ähnliche Glanzrose mag man sich ausmalen: die Flitterblume am linken Ohr, deren rosa Farbe und wuchernde Blütenfalten das Organ evozieren, das man sich in seinem Schmuck oder seiner Verwilderung durch jene Locken vorstellen darf, die genauso wenig gezeigt werden wie es selbst.

Ich gehe die Rue de l'Éperon hinauf, um auf der Post Geld abzuheben. Mitten auf der Straße sehe ich eine bettelnde ältere Frau, die etwas dürftig, aber nicht zu erbärmlich gekleidet ist. Die Frau, ein Mannweib eher denn ein Haufen Elend, bettelt aufdringlich, mit greinender Stimme und fügt – ein für sie sicher durchschlagendes Argument – hinzu, sie könne ja schließlich nicht stehlen gehen. Ihr offenkundig gespieltes Gegreine bringt mich auf, und an ihrer ganzen Gestalt ist etwas, das mich anwidert. Ich gebe ihr nichts und setze, stracks wie aus der Pistole geschossen, meinen Weg fort.

Schon gleich mache ich mir aber diese erste Regung zum Vorwurf, und die Reaktion verstärkt sich noch, während ich am Postscheckschalter anstehe. Da ich nicht feige durch eine andere Straße zurückgehen will, kann ich der Bettlerin anständigkeitshalber nicht eine kleine Gabe verweigern, wenn ich mit Geld versehen von der Post zurückkomme, sage ich mir.

In denselben abgetragenen Mantel aus grobem braun-beigen Stoff gehüllt, finde ich sie dann auch wieder. Aber jetzt ist sie nicht mehr mitten auf der Fahrbahn, wo sie wohl kaum viele Autos gestört haben, sondern sie steht auf dem Trottoir, mit dem Rükken fast an die Hauswand gelehnt.

Als sie das Einfrancstück und die drei Zwanzigcentimesstücke – ein Mehrbetrag zum Ausfegen der Gewissensbisse – von mir erhalten hat (ich lege das Geld in das aufgeklappte alte Portemonnaie, das sie mir hinhält) und sich mit einem breiten, liebenswürdigen Lächeln bedankt und mir dann mit einer salbungsvollen Stimme, die ganz anders klingt als vor ein paar Minuten, »noch einen Schönen Tag« wünscht (was mir eigentlich behagen müßte, denn meine Tage sind augenblicklich bei weitem nicht die besten), widert sie mich noch mehr an als vorhin, und ich werfe mir vor, keineswegs aus Seelengüte, sondern aus einem törichten menschlichen Respekt heraus das getan zu haben, was man gemeinhein als eine Geste der Mildtätigkeit betrachtet.

Ich sehe die unauffällige schwärzliche Masse der kleinen Bulldogge auf ebener Erde nicht mehr, die fast jedesmal, wenn ich durch die Rue Grégoire-de-Tours kam, eine enge Gasse, die bestens zu ihrem merovingischen Namen paßt, wie ein guter Geist des Ortes dort zur Stelle war. Von geringer Mobilität und, wie ich annehme, schon ziemlich alt, ist sie jetzt wahrscheinlich gestorben.

Aus Angst sicher vor der Lächerlichkeit: mitten auf der Straße eine tantenhafte Rührseligkeit der Hundespezies gegenüber an den Tag zu legen, habe ich das Tier nie gestreichelt, so wenig ich mich in Wirklichkeit auch sichtbar hätte zu bücken brauchen. Aber es freute mich immer, wenn ich es sah, wie es entweder unbeweglich vor einer Tür stand (der seinigen, nehme ich an) oder langsamen, freudlosen Schrittes umherflanierte oder fast ohne sich zu rühren ein paar Freundschaftsbezeugungen mit einem Artgenossen von anderer oder gar keiner Rasse austauschte.

Ruhiges, wachsames Monster, Schutzgeist oder Hausgeist möchte ich sagen, ohne dabei den Sinn des Wortes zu überziehen, denn es fiele mir schwer, anders das Gefühl des Friedens zu ermessen, das ich bei unseren Begegnungen zwei Schritte vor meiner Haustür jedesmal empfand. Begegnungen, nach denen ich mit weniger sauertöpfischer Miene nach Hause kam als jenes Tier mit den tristen Augen und der platten Nase sie mir zeigte, das an meiner Stelle den ganzen Mißmut auf sich zu nehmen schien, dessen stummes Bild es war.

Daß er sich über sein Altern ärgerte, machte ihn zänkisch, daß er dies wußte, vermehrte noch seinen Ärger, und so war es schlimmer als ein Teufelskreis: seine üble Laune war in einer Eskalation begriffen, von der nicht abzusehen war, bis wohin sie sich noch steigern würde ...

(Ich schäme mich einer solchen Entwicklung und schiebe die Sache dadurch von mir weg, daß ich sie in der dritten Person erzähle und – als weitere Abweichung – im Imperfekt, wie der Lehrer, der seinen jungen Schüler in einen entlegenen Winkel der Klasse schickt, denn er benimmt sich so schlecht, daß ihm nur recht geschieht, in die Ecke gestellt zu werden.)

Eines Tages ist der Kreis um mich so sehr zusammengeschrumpft, daß ich mich als Säulenheiliger sah, ohne es je gewollt zu haben!
– Auf einer Säule aus Marmor?
– Eher aus schmelzendem Wachs, wie auch der Kreis schon. Säulenheiliger also auf einer Kerze: einer Kerze, von der ich die Flamme bin, einzig damit beschäftigt, zu verbrennen.

Wenn ich – nicht aus Laune schreibend, nicht aus materiellem Interesse oder aus Sucht nach Ruhm, sondern um mich der Vorstellung des Todes zu erwehren – meine Schriften als den zerbrechlichen Panzer betrachte, den ich mir aus den Worten erbaue, welche ich fix und fertig erhalten habe und die mein Eifer bearbeite, so gut es ihm gelingen mag (Worte, deren Abfolge den kurvenreichen, stotternden Weg widerspiegelt, den meine Hand nicht ohne Verwerfungen, Ruhepausen und Retuschen mit der Feder auf das Papier zeichnet und in dessen Labyrinth ich mit vorsichtigen Schritten mich vorantaste, als ob ich, an eigenem Licht und Einsicht zweifelnd, von dieser Feder erwartete, sie solle mich bei der Hand nehmen und geleiten), so will es die Logik, daß ich diese Schriften bewohne, denn andernfalls wären sie nur leere Muschelschalen, und anstatt die verschiedenen Teile einer einzigen Rüstung darzustellen, wären sie doch nur ein kümmerlicher Spielzeugkasten, dessen Einzelteile ich wie nach dem Spiel eines Kindes zerstreut um mich herumliegen lassen würde. Zu was nützte es mir auch zu schreiben, jene Sätze untereinander zu verbinden, von denen jeder in seinem linearen Fortgang zugleich den Horizont darstellt, den ich im Auge halte, das gespannte Seil, über das ich gehen muß, und das Tau, an dem ich mich festklammere, wenn ich darin lediglich eine Ablenkung suchte, der Gegenüberstellung aus dem Weg gehen wollte und demnach nichts zu lösen mich bemühte? Kein Zweifel indes, daß ich über verschiedene Arten und Weisen verfüge, das zu bewohnen, was ich schreibe, und ich würde meine Kurzsichtigkeit unter Beweis stellen, wenn ich glaubte, die einzig adäquaten seien das Bekenntnis und die Nacherzählung des Gelebten. Im übrigen kann nicht allein eine

Reliquie zum Talisman werden, und in dieser Hinsicht sehe ich nicht ein, wieso das, was ich meiner Erinnerung entnehme, dem, was ich mir ausdenke, den Rang ablaufen sollte. Auf das eine lediglich kommt es an: darauf, daß dieses eine oder dieses andere – sein Charakter ist von geringem Belang – mir gleicht (so wie ein gemaltes oder gezeichnetes Portrait, selbst von nur andeutender Ähnlichkeit, dem Original näher kommen mag als eine Photographie) und daß es, auch wenn es eine reine Fiktion ist, die in nur ganz weitläufigem Bezug zu mir steht, meine kennzeichnendsten Züge in sich birgt und mich darin enthüllt. Kurz, daß es aufschlußreich ist, ein wenig wie ein Kleidungsstück, das sicher genug ausgewählt ist und geschickt genug angefertigt, um sich darin zu Hause zu fühlen, das in Stoff, Farbe, Schnitt und dem Charakteristischen der Wahl ein Bild seines Trägers entwirft, auf dem vieles von ihm deutlich abzulesen ist und das im Falle vollkommenen Gelingens zeigt, daß er mit Behagen in die Haut seiner eigenen Rolle schlüpft.

Falls das nicht alles ein bloßes Spiel mit Metaphern sein sollte, das mich zwar verführt hat, aber auch nicht mehr bewiese als ein reines Wortspiel, so müßte ich im Schreiben mit der Hartnäckigkeit eines Maulwurfs, der seine Gänge wühlt, jenes Realbild entwerfen, an dem meine Ängste sich festbeißen würden und das mir somit als Schutzpanzer diente: kein vom lebendigen Modell verfertigter Abguß brauchte es zu sein, aber es würde, als ein Gewand, das mir entspräche und zugleich seine eigene Form besäße, einen wesentlichen Teil der sichtbaren Realität darstellen, mit der die Augen der anderen wie auch meine eigenen mich bekleiden – der ich normalerweise eher bekleidet als nackt den Blicken der anderen mich darbiete. Allerdings geht es nicht darum, die Gedanken, deren Last ich nur erleichtern kann, indem ich sie zum Ausdruck bringe, sonntäglich aufzuputzen, und noch weniger darum, eine Maskerade dafür zu finden; vielmehr gilt es, sie auf eine hinreichend lebendige und exakte Weise zu bekleiden, daß sie an der Luft der Außenwelt sich durchsetzen, ohne zu Mißverständnissen Anlaß zu geben. Eine schwerwiegende Frage für mich, denn ich lege mir dadurch selbst die Hülle um, die mich nach außen vertritt und zu meiner Weise wird, in den Hirnen der anderen zu existieren, eine Hülle, die es mir erlaubt, ein wenig die Grenzen meines sterblichen Ich zu durchstoßen.

Orpheus und seine Leier.
Homer und sein weißer Stab.
Dante und die Haube, die ihn von Virgil unterscheidet.
Ronsard mit der lorbeerbekränzten Stirn.
Cyrano und seine legendäre Nase.
Racine und seine Lockenperücke.
Buffon und seine Spitzenmanschetten.
Voltaire in seinem Voltairesessel.
Mirabeau mit dem pockennarbigen Gesicht.
Balzac und sein Morgenrock.
Gautier und seine rote Weste.
Mallarmé unter seinem Schottenumhang.
Rimbaud eher im Sträflingsanzug als in Händlerkleidung.
Tolstoi in seinem Muschikkittel.
Wilde mit den bald zu Brennesseln gewordenen Lilien.
Jarry in Radlershorts.
Max Jacob mit dem Judenstern.
Roussel an Bord seines Wohnwagens.
Apollinaire mit verbundenem Kopf.
Joyce und seine dicke Brille.
Kafka mit seiner magritt'schen Melone.

Chor, *fidel skandiert und aus voller Kehle gesungen, während der Saal sich füllt:*

Wenn er dich gürtelt, oh Sohne
Sieh auf den Satyr Skandalone:
In seinem heilgen Zohne
Zieht er dir die Bohne!

Vom Schnürboden wird ein Schild herabgelassen, auf dem in großen Druckbuchstaben, und gefolgt von einem oder mehreren Ausrufungszeichen, drei Worte zu lesen sind, die man für den Titel des Stückes halten mag:

ABER NICHT DOCH!

In langen Abständen und deutlich hörbar folgen dann die drei Schläge.

Nichts geschieht.

Die drei Schläge werden mehrmals wiederholt, immer lauter und in immer rascherer Folge, bis zu ununterbrochenem Gehämmer!

Lange Stille, dann ein einzelner, sehr leichter Schlag.

ERSTER AKT

Der Vorhang öffnet sich auf eine stockfinstere Bühne.

Männliche Stimme *(weinerlich):* Mir ist kalt. Ich habe Hunger. Ich habe Angst. Ich langweile mich …

Die Bühne wird stufenweise heller und man erkennt eine weite, wüstenartige Ebene und rechts auf der Bühne einen sehr sauberen, perlgrauen Zylinder mit schwarzem Hutband, der an einem grob bearbeiteten Pflock hängt.

Begleitet vom Getriller einer Pfeife, wie bei der Marine, senkt sich langsam der Vorhang.

ZWEITER AKT

Der Vorhang geht hoch: ein dichter, üppiger Wald, dessen Blätter sich unausgesetzt langsam bewegen.

DIESELBE STIMME *(schreiend):* Zu Tisch! Zu Tisch! *(Eine Pause, und dann vertraulich):* Wohl schlecht, aber recht, ins Gefecht …

Es folgt das stark rhythmisierte Geräusch einer marschierenden Truppe, dann der Lärm eines Preßlufthammers, der noch lauter wird, sobald der Vorhang gefallen ist, und nach einem äußersten Crescendo plötzlich aussetzt.

DRITTER AKT

Der Vorhang öffnet sich auf einen immensen Spiegel, der den ganzen Zuschauerraum reflektiert. Im Hintergrund und ganz oben in diesem Raum (im »Olymp«, wie man früher gesagt hätte, oder auf der »Hühnersteige«, wie man heute sagen würde) ein unsichtbarer Lautsprecher.

DER LAUTSPRECHER *(in näselndem Tonfall, immer leiser werdend, bis zur völligen Stille):* Hast du gut gegessen, Jacquot? Hast du gut gegessen, Jacquot? (usw.)

Ein ganz aus der Nähe abgefeuerter Schuß und lärmendes Fallen des Vorhangs, als sei der Mechanismus ausgeklinkt.

DIFFUSER CHOR, *kaum zu hören, während das Publikum auseinandergeht:*

Oh Schnösel, oh Dösel,
Drehst du eines Tages durch?
Denn des Gemeuchels Schlichen
Die dich dereinst erwischen
(Zu bald, wenn auch womöglich spät)
Harret schon dein Schiß.

Ein Komödiant, der keine Loge hat, um sich vor seinem Auftritt umzuziehen, und der mit dem Schminken warten muß, bis er einige Repliken geliefert hat und kein so unbeschriebenes Blatt mehr ist wie zu dem Zeitpunkt, zu dem er, ohne von einem Regisseur gerufen worden zu sein, aus den Kulissen trat. Vor einer Menge von Leuten, von denen die meisten nur an ihre eigenen Angelegenheiten denken, die aber manchmal unruhig wird und durch ihr dumpfes Stimmengewirr die auf der Bühne gesprochenen Worte übertönt, wird nach einem Canevas – einem denkbar faden Canevas – und ohne vorherige Probe das Stück gespielt. Je deutlicher er spürt, daß nun der Vorhang gleich niedergehen wird, nimmt das Lampenfieber dieses Schauspielers zu, und bald hat dieser zweit- oder drittrangige Darsteller, der sich für den Protagonisten hält, gar keine Möglichkeit mehr, das richtig zu sagen, was er als Schlußwort und als seine eigene Leistung zum besten geben möchte in einem Text, den er wie seine Kameraden improvisiert, indem er fast immer auf armselige Gemeinplätze zurückgreift.

Verfolgt von dem Gedanken an die üblen Streiche, die sein schon lange währendes Dasein ihm vielleicht spielen könnte, bevor es zu Ende ginge, versuchte er, sich über mögliche Auswege klar zu werden. Wie schlecht das Abenteuer sich auch immer entwickelte, es stünde ihm zumindest frei, sich ihm durch eine tödliche Dosis Schlaftabletten zu entziehen. Und er dachte insbesondere an diese beiden Fälle: wenn er sich als Witwer hilflos wie ein Waisenkind ohne Obhut einem Ende in Elend preisgegeben sähe; wenn er (eine Aussicht, die ihn ebenfalls beunruhigte, obwohl sie weniger peinigend war) feststellen sollte, daß seine geistige Regsamkeit so stark abnähme, daß er in den Augen seiner Umgebung bald nur mehr ein Wrack darstellen würde. Aber als er sich mit der Überlegung wappnete, falls eines dieser Mißgeschicke ihn tatsächlich ereilte, könne er sich immerhin noch das Mittel verabreichen, das allem ein Ende setzt, so hatte er einige Dinge außer acht gelassen.

Zum einen war es die Gegenwart seiner Gefährtin – eine Gegenwart, die ihn stärkte und ermutigte –, aus der er den Mut schöpfte, sich auf eine Tat vorzubereiten, die eben Mut verlangt, auch wenn sie schmerzlos und ohne Blutvergießen vollzogen wird. Wie sollte er sich nun auf dieses Heilmittel verlassen, wo er doch, um sich zu seiner Anwendung durchzuringen, wenn er nicht mehr weiter könnte, auf die Frau angewiesen wäre, die eben dann nicht mehr da wäre?

Und zum anderen: würde er, wenn seine geistige Regsamkeit sehr stark nachließe, genügend Klarheit besitzen, um dies auch wahrzunehmen? Würde er, wenn der Zeitpunkt gekommen wäre, Schluß zu machen, diesen Zeitpunkt auch bemerken? Und hätte er, wenn er seinen Verfall spürte, nicht schon zu viele demütigende Kränkungen erlitten, als daß er noch Wert darauf legen würde, das Gesicht zu wahren?

Eine Verkennung, die weniger die äußeren Umstände betraf und vielleicht den triftigsten Hinderungsgrund darstellte: er sah nicht, daß die Selbstaufgabe gerade dann größere Schwierigkeiten bereitet, wenn sie angesichts des eigenen hohen Alters angezeigter wäre als je zuvor: in diesem Stadium hat man, ob glücklich oder unglücklich, zu viel verloren, als daß das Leben noch wirklich lebenswert wäre, aber was man damit ebenfalls verloren hat, ist ein genügend starker Wille, um – wenn die Stunde schlägt – mit entschlossener Hand einen Strich zu ziehen.

Diesen Strich, den er auf eine oder andere Weise ziehen müßte, wird er – mangels Mut – wahrscheinlich nicht ziehen, wenn die Stunde einmal schlägt … Und ich muß darüber Bescheid wissen, da das »Er« hier nur eine Maske ist, hinter der ich mich bei der Rede über etwas, worüber man taktvoller Weise besser geschwiegen hätte, verborgen habe – ein in der Tat grob gestrickter Trick, der eher dem Bemühen um Wahrung der Etikette als einer Täuschungsabsicht entsprang.

Zum Fürchten alt, versuche ich manchmal, mich ein wenig dadurch zu trösten, daß ich mir sage, daß, wenn ich schon nicht die einst erträumten Gipfel erklommen habe, man sich jedenfalls die Jugend völlig zu Unrecht als ein wenn auch nicht Goldenes Zeitalter (das auch die Kindheit nur in dem Bild ist, das der Erwachsene sich später von ihr macht), so doch als eine Zeit von größerer Reinheit als die späteren Lebensabschnitte vorstellt.

Von den Vorurteilen, die mir schon eingeimpft wurden, als ich noch kaum sprechen konnte, und die mich an meine soziale Klasse, das Bürgertum, banden und mir Scheuklappen anhefteten, die mich ungeachtet der Liebe zu den Armen, die das Christentum predigt, diese begütertere Klasse als die einzige ansehen ließ, die der Beachtung wert sei, habe ich mich lösen müssen, und eine lange Reihe von Erfahrungen und ein angestrengter Reflexionsprozeß waren nötig, um ihre Nachwirkungen zu überwinden. Ich, der ich nicht gerade geschaffen bin zur Rebellion, habe warten müssen, bis ich täglich einen Rasierer zu benutzen hatte, der nicht mein erster war, und schon eine ganze Weile das Kap umschifft hatte, das auf dasjenige der Pubertät folgt, um – aus den Äußerungen eines Freundes, eines großen Malers, der sich scheinbar den Neuigkeiten verschloß, mit denen die Zeitungen sich mästen, der aber gegen die französische Entscheidung wetterte, wie ein Gläubiger, der eine Pfändung vornehmen läßt, die Ruhr zu besetzen – zu erfahren, daß das Land, in dem ich geboren war, das Land des Sturms auf die Bastille und der Marneschlacht, sich durchaus auch von einer hassenswerten Seite zeigen konnte. Für mich, den damals von fast allem der Ehrgeiz ablenkte, einem Übermenschen gleich über dem Erdboden zu schweben, eine Fähigkeit, die ich, ganz versessen auf die Zugehörigkeit zum Kreise jener Erwählten, unbesehen den Dichtern zuerkannte, war diese Entdeckung ein wichtiger Schritt: mir wurden die Augen dafür geöffnet, daß unser Feind Nummer Eins nicht jene Welt war, in der angeblich nur Stahlbeton regierte und gegen die ich mich in Wortgefechten ereiferte, sondern die Art und Weise, in der wir Erdenbewohner gegenwärtig organisiert sind. Dennoch mußte ich erst noch begreifen – und das geschah nicht sofort –, daß es lächerlich ist, Kritik zu üben, wenn man keinen kleinen Finger rührt, um gegen die himmelschreienden Mißstände anzukämpfen. Wenn ich es dazu gebracht habe, mich auch nur ein klein wenig zu »engagieren« (wiewohl dies durch keinerlei Vertrag besiegelt wurde), so nicht nur deswegen, weil der Lauf der Ereignisse mich dazu trieb, sondern weil mir diese Absurdität widerstrebte: das Schicksal zu verdammen und mir durch das Schreiben ein anderes Leben zu schaffen, während ich nicht das geringste unternahm, um das gegenwärtige Leben neu aufzubauen. Es war für mich weniger eine Frage der Leidenschaft als der Logik.

Vieler Ideen und Einstellungen, die mir vor allem dazu dienten, mich vor mir selbst ins rechte Licht zu rücken, habe ich mich erst sehr spät entledigt, so sehr lief es meinen tief verwurzelten Wünschen zuwider, sie abzulegen. Schrittweise und mit sehr viel Zögern und Zaudern habe ich Überzeugungen über Bord geworfen, die nur durch das Fehlen einer reellen Überprüfung und die verführerische Wirkung, die sie auf mich ausübten, Bestand hatten. Und was meine eingefleischtesten Vorlieben angeht, so sind auch sie den Infragestellungen nicht entgangen, die weniger dem Bemühen entsprangen, innerlich Ordnung zu schaffen, als einen tiefgründigen Hang zum Zweifel. So habe ich mich von dem noch mit religiösem Empfinden durchtränkten Gefühl getrennt, das mich zur Kunst als einem Versprechen von Transzendenz hinzog eher als zu einer Mechanik, die lediglich ihren Konstrukteur ausdrückt, und habe ich mich nicht nur meines – genauso unrealistischen – Anspruches entledigt, in meiner eigenen Arbeit über die Literatur hinauszugehen – eine Arbeit, die ich gern als »dichterisch« ausgebe, ohne daß dies an ihrem definitionsgemäß literarischen Charakter etwas ändern würde –, sondern auch mit der banalen Lust am Pittoresken und mit dem genauso eitlen Verlangen, den Abenteurer zu spielen, die oft unter der Maske weniger frivoler Rechtfertigungen meine mächtigsten Antriebe zum Antritt der Reise waren, habe ich abgeschlossen. Parallel dazu und ohne bewußt eine Säuberung im eigentlichen Sinne anzustreben, habe ich – ebenso sehr aus Überdruß wie aus Überlegung – gewisse Gegenstände bedingungsloser Bewunderung aufgegeben, die nicht immer frei von Snobismus waren, so zum Beispiel meine Anglomanie, die des Angehörigen eines Zirkels der Belle Epoque durchaus würdig gewesen wäre, oder meine Begeisterung für den Stierkampf, der weder das Chiaroscuro-Prestige, das Spanien vor dem Einbruch der Touristenströme bei den *happy few* genoß, noch das Dandytum, das mich dazu bestimmte, mich als Diener der schwarzen Schönheit des Tragischen auszugeben, fremd waren. Ein verborgener Makel, der von allen am wenigsten schnell auszumerzen war: jene Heuchelei, von der mir nach und nach etliche der Schwärmereien, die mir unter ganz verschiedenen Namen dem edleren Teil meines Wesens zu entspringen schienen, befleckt vorkamen.

Mir – im allgemeinen ohne Risiko – Schauspiele zu veranstalten, deren Hauptfigur ich sein konnte, mich (als Alibi) als eine Ausnahmeerscheinung anzusetzen, die den gewöhnlichen Regeln entzogen sei, all diese gezinkten Verhaltensmuster sind gewiß in die Art und Weise eingegangen, in der ich auch als reifer Mann handelte, nicht handelte oder zu handeln vorgab.

Wenn ich allein durch die Wirkung des Alters meine Fähigkeit zur Begeisterung eingebüßt habe, während ich mich gleichzeitig durch das Schwinden meiner Manneskräfte um die Hälfte des Lebens gebracht sah und meine äußere Gestalt (die nie sehr groß gewesen ist) in sich zusammensank, wenn Umstände, die nicht von mir abhängen, die mich aber stark betreffen, noch weiter dazu beigetragen haben, meinen Gesichtskreis zu verengen, kann ich mir nicht zum Ausgleich dafür zugutehalten, einen treffenderen Blick auf die Dinge gewonnen zu haben und zum Beispiel nicht mehr politischen Schwärmereien nachzuhängen, bei denen ich – nicht ohne rückfällig zu werden (China nach Rußland, Kuba nach China) – nach und nach und jedesmal widerwillig ermessen konnte, wie sehr sie uns betrogen hatten, mich und andere, für die diese Köder dem Verlangen entsprochen hatten, dem Gang der Welt einen Sinn zuzuschreiben und irgendwo auf dieser Erde einen Grund zur Hoffnung zu entdecken. In einem Alter angelangt, in dem in einem immer schnelleren Rhythmus die Fenster zuklappen, konnte ich mich insgesamt damit brüsten, durch die wechselhaften Jahre hindurch auf dem Weg zur Klarheit fortgeschritten zu sein und im übrigen weniger konformistisch, den Gedanken, die in dem intellektuellen Milieu, dem ich unmittelbar nach der willkürlichen

Schwelle der rechtlichen Volljährigkeit anzugehören begann, im Schwange waren, nicht mehr auf so naive Weise hörig zu sein – in anderen Worten: darauf zu pochen, mittlerweile authentischer ich selbst zu sein, als ich es jemals war.

Eine stattliche Strecke also, die ich zurückgelegt habe, und zwar (meine ich zu Recht) ebensosehr aus eigener Kraft wie unter dem Druck der Tatsachen, deren Lehren ich, auch wenn dies mich teuer zu stehen kam, nicht ausgewichen bin, wie ich mich auch im Privatleben gewissen Entmystifizierungen nicht entzogen habe ... Aber ist es tatsächlich angebracht, sich dazu zu beglückwünschen, es zu einer solchen Tabula rasa gebracht zu haben, wenn man letztendlich in einer fast totalen Leere doch nur sich selber gegenübersitzt?

Die leere und stille Weite der Ebene der Beauce, in der soeben ein in der Ferne wahrgenommenes Detail (eine ziemlich langgestreckte Scheune mit einem fast weißen Dach unter der kühlen, spätwinterlichen Sonne) mich – durch das Auge, das im Stillen von der Reglosigkeit dieses Bauwerks bezaubert war – das Schweigen *sehen* ließ, das nicht Laut zu geben vermag, um auszusagen, daß es existiert.

Als ich als kleines Kind lesen lernte, entdeckte ich auch bald schon das sehr große Vergnügen und die nicht minder großen Belehrungen, welche die Lektüre vermittelt: eine bis dahin unbekannte Welt tat sich vor mir auf, und es war mehr eine Initiation als ein Lernen. Als ich parallel dazu aber meine ersten Schritte im Schreiben unternahm, konnte ich nicht ahnen, daß das Schreiben – einmal abgesehen von all dem, was daran der Unterhaltung oder dem Wissen entspricht – für mich eines Tages ein Mittel darstellen würde, auf eine andere Weise zu leben, einen Weg, unmittelbar zu etwas Zugang zu erhalten, was ich als *zweites Leben* bezeichnen möchte, wobei ich ohne Scheu einen Ausdruck aufgreife, den Nerval auf den Traum anwandte und mit dem er verständlich zu machen suchte, daß auch dieser Realität ist. In Ermangelung eines geeigneten, besser auf die Sache zutreffenden Terminus gebrauche ich diesen Ausdruck zur Bezeichnung jenes unwägbaren, durch keine Kategorie zu fassenden Zustandes, dessen stärkende Erfahrung ich schon vor langem gemacht habe, dem ich aber in dem Maße, wie die Realität meines Lebens von der Zeit allmählich untergraben wird und versiegt, einen immer größeren Wert beimesse, in dem Maße auch, wie die Realitäten der Politik sich immer weiter verfinstern, so daß der Schriftsteller nicht mehr ernsthaft behaupten kann, dort seine Fähigkeit zur Aufklärung zum Tragen bringen zu können und er nicht einmal ins »l'art pour l'art« vernarrt zu sein oder sich mit einem Priesteramt betraut zu glauben braucht, welches ihn von allem anderen Tun freistellte, um sich zum Rückzug auf seine ihm eigene Tätigkeit genötigt zu sehen – eine vom Denken frei eingeschlagene Wendung eher als eine Sache des dokumentarischen oder ideologischen Gehaltes.

Daß das Ereignis zum Geschriebenen wird und umgekehrt das Geschriebene, gleich welche Form es bekleidet, den Wert eines Ereignisses besitzt, ist das nicht nach langen Umwegen genau das, was ich erreichen möchte, wenn ich bald dem einen, bald dem anderen dieser beiden Wünsche folge: dem Realen das Imaginäre zu entnehmen, in welchem ich mich von einem anderen, volleren Leben getragen weiß, als es gewöhnlich das erstere ist; dem Imaginären genügend Realität einzuflößen, damit es zumindest genauso viel Gewicht erhält wie für viele von uns der Traum? Eine doppelte Bewegung also: die eine verpflichtet im wesentlichen dazu, meinem Gelebten eine poetische Farbe zu geben, die andere – wenn es sich bei meiner Konstruktion (der reinen Poesie) um keine Erzählung handelt – verlangt, daß ich dieser Konstruktion genügend Wahrhaftigkeit und Nähe verleihe, um sie solide zu verankern. Verschiedene Verfahren, die jedoch letztlich beide, sowohl das ohne Eselsbrücke wie auch das erzählerische, von einer realistischen Ambition zeugen, ob ich nun darauf abziele, eine Realität umzugestalten (ohne sie zu verunstalten) oder mich bisweilen darin versuche, sie Stück für Stück zu erstellen, ohne allzusehr gegen die Wahrscheinlichkeit zu verstoßen noch mich von meinem innersten Gefühl zu entfernen, oder ob ich versuche, das Unbegreifbare, das anfänglich nur wie ein Nebel existierte, in Form von Worten, die noch nicht genügend aufeinander abgestimmt oder gar noch nicht eigentlich ausgewählt waren, mit einer Art realem Leben zu begaben, das so ergreifend wäre, wie ich selbst davon ergriffen bin.

Ich finde unstreitig ein großes Gefallen daran, ein Werk zu lesen, zu sehen oder zu hören, an dem das Künstliche überwunden scheint und das es – aufgrund der besonderen Ergriffenheit, in die es mich versetzt, zugleich in einem der verborgensten Punkte meines Wesens berührt und, so scheint es mir, von einer durch den Atem des Universellen entfachten sanften Dünung getragen zu werden – wie eine Selbstverständlichkeit erscheinen läßt, daß der Mensch (im Gegensatz zu den anderen Tieren, die unfähig sind, aus ihren Geleisen zu treten) dieses zweite Leben zu erreichen vermag, das kein Sieg über den Tod ist, aber wie ein Liebesbrand eine Weise darstellt, intensiver zu leben in dem Glauben, ein wenig zu sterben (oder doch jedenfalls nicht mehr auf der mittelmäßigen Ebene des bürgerlichen Personenstandes zu existieren). Trotzdem werde ich nur dann wirklich erfüllt sein, wenn das – eventuell äußerst bescheidene – Werk direkt aus mir selbst hervorgegangen ist, als unverfälschtes, unverdünntes Produkt, das – gleich, von wo ich dabei ausgegangen bin und an welche Art von Realität ich mich angeschlossen habe – zum Ausdruck bringt, was ich eine allzu begrenzte Zeit lang bin, anstatt eine Antwort auf meine Neigungen darzustellen, die das Genie eines anderen mir gnädig zu geben weiß.

Ohne Zweifel ist das der Grund, wenn ich der Passivität der Lektüre das zwangsläufig aktive Schreiben gegenüberstelle, das mich so viel besser wach hält, daß ich abends, wenn mir über dem jeden Augenblick weiter weg rückenden und immer weniger realen Buch, dessen Substanz ich in mich aufzunehmen bemühe, die Augen zufallen wollen, oft die Schläfrigkeit für eine beträchtliche Zeit noch zurückdränge und mich, mit der Feder in der Hand, an die Arbeit mache.

Ich muß allerdings zugeben, daß das eigentlich literarische Schreiben, die bloße Vorleistung zu späterer Lektüre, in Wirklichkeit nur sehr relativ »aktiver« ist als diese. Und zugleich einsehen, daß es sehr leicht hingesagt ist, sich als Realisten zu bekennen, wenn man nur mit auserlesensten Realitäten Verbindungen anknüpft (oder mit solchen, die ganz nebulös blieben, wenn sie nicht sprachlich konkretisiert würden) und wenn man – unfähig, der fast jeden Tag stärker auf einen eindringenden Bedrohung durch äußere Fakten die Stirn zu bieten – sich dazu entschließt, nicht einmal mehr darüber nachzudenken und in Zukunft in seinem hermetisch abgedichteten elfenbeinernen Turm zu verharren, eine dezente Weise, den Kopf unter die Decke zu stecken.

Wie soll ich, den der Horror vacui dazu treibt, um jeden Preis den Abgrund des Irrationalen zuzuschütten, den Sinn dieses Satzes erhellen, der mir an einem Wintermorgen kurz vor dem völligen Erwachen einfiel:

... beschrieben (nicht geschildert) auf der Schranke Groß, dem Symbol der Altvorderen.

Beschrieben oder angedeutet, wie zur Erinnerung, in trockenen Zügen. Aber nicht geschildert, nicht so prall und füllig abkonterfeit, daß eine Präsenz entstehen könnte.

Schauplatz des Geschehens: der Gegenstand oder die in Rätselform genannte Gestalt, welche – eine Anspielung, die kaum weniger geschlossen ist als eine Null, der weder männliche noch weibliche Knoten oder Schnittpunkt des Satzes ohne Hand und Fuß – die *Altvorderen* darstellt: die abgeschiedene Schar der Vorfahren und der älteren oder jüngeren Geschwister, die vor uns K.O. gegangen sind ... Dieser Gegenstand oder diese Gestalt mit allzu flüchtig skizziertem Profil: die Schranke Groß (Banner, Rand, Grenze, vielleicht eine Gittertür oder eine in Gefächer unterteilte Wand, an der Bildnisse angebracht sein könnten), die hier an Ort und Stelle der Mutter Groß erscheint, die philologisch gesehen vom gleichen Schlage ist und abgesehen von jedem grammatikalischen Geschlecht ein Synonym des Todes, der das Gegenstück der Geburt bildet und von dem mich heute nur mehr eine hauchdünne Schranke trennt.

Zweifellos bewege ich mich auf dieser zweifelhaften Grenze, wenn ich, gestützt auf meine Feder und zugleich sie stützend, versuche, aus dem Nichts der Seite nicht ein Phantom, sondern die lebendige Dichte einer Präsenz hervorgehen zu lassen.

Nachdem er sich schon in früher Jugend die Frage gestellt hatte, wie er schreiben solle (wo er die Worte hindurchgehen lassen sollte und welche Worte, um dahin zu gelangen, etwas hervorzubringen, Gedicht oder Prosa, dem ebenso viel Wirkung zukäme wie einem Gesang), fragte er sich, was er schreiben solle (was der Mitteilung wert war). Später stellte sich eine Frage, mit der er sich zunächst nicht belastet hatte, mit grausamer Deutlichkeit: aus welchem Grunde schreiben? Wenn die Welt so krankt, daß die gesunde Moral dazu aufruft, allem die Stirn zu bieten (unmittelbarer Gefahr und Verfolgung), um dazu beizutragen, ihr ein anderes Fundament zu geben, was bedeutet es dann, daran zu arbeiten, dem, was man im Kopf hat, eine magische Einkleidung zu verschaffen, und was, weil es nicht aus Bekehrungseifer, sondern als reiner Ausdruck einer Sensibilität an die Öffentlichkeit getragen wird, nur wenig an dem wird ändern können, was die Köpfe der anderen in sich tragen? Und wenn man durch einen glücklichen Zufall diesen Inhalt nur leicht verändert, was ändert das für die Welt und für einen selbst? Und im übrigen, welche anderen sind überhaupt bereit, einem zuzuhören? Sind es Fremde, deren Verschanzungen man einnimmt, oder standen sie einem nicht ohnehin schon so nahe, daß sich zu Wort zu melden nur darauf hinauslief, offene Türen einzurennen? Und ferner: wenn dein Ehrgeiz tiefer reicht als der eines Possenreißers oder eines Schulmeisters, anders gesagt: als zu verführen oder zu belehren, ist es dann ein authentisches Verlangen nach Gemeinsamkeit, das einen dazu antreibt, Texte zu verfassen und sie zu veröffentlichen, oder ist es nicht eher das dubiose Bestreben, mit ihrer Hilfe zum Haupt einer nebulösen Gemeinde zu werden?

Gelähmt durch diese sich häufenden Zweifel, kam er also soweit, überhaupt nicht mehr zu schreiben.

Darin lag gewiß nichts Schlimmes, da das Schreiben nicht unser einziges Kommunikationsmittel ist. Das Ärgerliche bestand darin, daß er sich auch bei dem Akt des Redens eines Tages analogen Schwierigkeiten gegenübersah. Welche Formen mußte er verwenden, um im richtigen Ton und ohne Gefahr eines Mißgriffs das zu äußern, was ihm auf der Zunge lag? Aber wußte er wirklich, was zu äußern war, und war er sich sicher, daß es die Äußerung lohnte? Was lag im übrigen am Geplapper der anderen, und warum dadurch darauf eingehen, daß man ihnen den Ball zurückwarf? Die Konversation: die meiste Zeit besteht sie nur aus Lappalien, die man sich hin- und herschiebt wie Geldstücke oder Waren, mit denen man Tauschhandel treibt. Muß man nicht etwas sagen im Angesicht des anderen, und wäre es nur um zu zeigen, daß man des sprachlichen Ausdrucks mächtig ist und daß man insofern auf einer höheren Stufe existiert als die Tiere, die Pflanzen und die Steine? Aber warum soll man letztlich Wert darauf legen, zu zeigen, daß man ein lebender Mensch ist? Könnte dieses Zeigen dem einen Sinn verleihen, dem ohnehin ein solcher abgeht? Gerade weil er nur mit bestem Wissen sprechen wollte, gab er also das Reden schließlich auf, sofern es nicht Notwendigkeiten wie Essen, Trinken und Schlafen betraf. Eine Trägheit, die bald diesen Gipfel erreichte: da die Stütze der auszusprechenden Worte ihm abging, reihte er nicht einmal mehr innerlich die Ideen aneinander.

Wenn man zumindest in Gedanken eine Kette derartiger Folgerungen durchlaufen hat, bedeutet dann nicht die Rückkehr zum Ausgangspunkt und die Bemühung, die Frage des Wie schreibend zu lösen, den Versuch, sich vor der schwindelerregenden Kaskade zu hüten, die einen vom Was zum Warum in den Abgrund purzeln läßt, in dem sich die giftigsten Fragezeichen schlängeln? Aber die Hoffnung wäre absurd, sich durch diesen Rückzug aus der Schlinge zu ziehen, denn man kann die Frage des Wie nicht stellen, ohne daß zugleich auch alle anderen sich aufdrängen.

In seiner schillernden Einmaligkeit erscheint der *Spargel*, den Edouard Manet in treuer Wiedergabe und doch in einer Art Verklärung gemalt hat, nicht vulgärer als – sie bildet das Motiv eines anderen Gemäldes – die Blume, die er in die enge und hohe Kristallvase (durch diese Form entspricht sie dem Glas mit den beiden Rosen vor der schönen blonden Bardame aus der *Bar in der Folies-Bergère*) gesteckt hat, die genau so lichtdurchlässig ist wie ein schmales Sektglas, wie es außer manchem privaten Haushalt gewiß auch das berühmte Boulevardcafé Tortoni besaß, in dem der Künstler Stammgast war.

Ebenso bilden Schottersteine, Schusterleder und Uniformhose ganz demokratisch Bestandteile der Montur von Stéphane Mallarmé, in der neben lebendigen und unmittelbar sinnlichen Elementen auch ein Spiegel, verschiedene Dekorstücke, ein Fächer und Spielwürfel glänzen.

Man sagt vom Schöpfer der *Olympia*, der in seiner Kunst ebenso revolutionär war und gleichfalls dazu fähig, aus dem bescheidensten Motiv ein Juwel herauszuholen, er sei ein geistreicher Mann von elegantem Auftreten gewesen, der indessen durch ein Leben ohne große Erschütterungen – außer der letzten, seiner Krankheit – zu einer sicherlich vornehmen, aber doch eher blassen Erscheinung wird. Kann man nicht dasselbe von dem ihm befreundeten Dichter Stéphane Mallarmé sagen, dem rechtschaffenen und unauffälligen Gymnasiallehrer, der seine Leuchtkugeln nur auf dem weißen Papier abschoß – und der sich, wie es scheint, mündlich nur an den berühmten Dienstagen in der Rue de Rome und vor einigen Nahestehenden in seinem ganzen Glanze zeigte?

Rechter Hand
meine Manie, die Wörter zu manipulieren,
sie auszurenken,
sie auszuwuchten und umzuwuchten,
für mich sind sie unvordenkliche Brüste,
an denen ich sauge zur Fron.
Barbarisches Gemurmel in meinem Babel
in deiner Obhut hältst du mich trunken
als plappernden Tölpel, so stammele ich.
Linker Hand
mein Dings,
mein Zeugs,
mein Gezuzel,
die Sorgen (Faxen und Tricks), die mich sticheln,
meine Mätzchen, Zicken, mein Moralisieren.
O Gewäsch, ich habe es, gereizt, sorgsam geeicht und samt und sonders ausradiert, denn sein Getuschel schien mir maßlos schusselig!
In der Mitte
die quallige Qual, die mich zermalmt,
die mich durchwühlt,
die aus mir quillt,
die mich vergällt,
mich demütigt,
der Honig des Hohns, den ich möchte mit allen
Mitteln kreuz und quer
zerquetschen,
marinieren,
mazerieren.
Hat er mitgeteilt, daß diese manische Menschheit ein Dementi mahnt, der Dämon, der mich narrt, umgarnt und mich enttarnt?

Es gibt Unterhaltungen, bei denen es in Anbetracht ihres Inhalts scheinen könnte, alles sei gesagt, nichts sei ausgelassen worden, was bei der betreffenden Gelegenheit gesagt werden mußte und sollte. Dennoch geschieht es häufig, daß eine solche Unterhaltung einen unbefriedigt läßt: gierig nach Austausch, hat man mit aller Aufrichtigkeit und aller Klugheit, derer man fähig war, gesprochen, während der Gesprächspartner seinerseits ebensoviel Klugheit und Aufrichtigkeit an den Tag legte, wie sie die eigenen Beiträge auszeichneten; dennoch ist nichts passiert, nichts ist herübergekommen, man selber und vermutlich auch der andere blieben jeweils bei sich selbst, sogar wenn beide Seiten völlige Übereinstimmung festgestellt oder erreicht haben. Woran hat es also gemangelt, daß der Funke nicht übersprang und die beiden Pole verband? Vielleicht ist es der Ton, der Akzent, die Modulation, die kleine Geste oder das fast unmerkliche Mienenspiel, kurzum ein unwägbares Moment, das aber schwerer wiegt als der Inhalt des Diskurses, das selbst noch bei der banalsten Unterhaltung ein Einverständnis spüren lassen kann ... Die Kommunikation ist kein Tauschhandel (keine Angelegenheit von Gabe und Gegengabe oder des *do ut des*), sondern eine Situation, in der man sich in der gleichen Schwingung befindet und gegenseitig aufeinander – auch wenn es nicht um eine gewichtige Diskussion oder eine denkwürdige Mitteilung geht – eine intime Resonanz ausübt.

Duften,
glänzen,
funkeln,
schillern,
moirieren,
munden,
vibrieren,
klingen,
pochen,
erstrahlen,

welches (noch zu erfindende) Wort könnte alle diese Verben zusammenfassen, um treffend und mit dem ganzen Nachdruck seiner Einzigartigkeit die besondere Kraft zu kennzeichnen, die diesen Seiten eigen sein müßte, damit sie so sprechend sind wie Olympia im Schmuck ihres schmalen, schwarzen Bandes?

Das berühmteste Werk dieses großen Spätlings (oder, seinen Anhängern zufolge, modernen Pioniers) der Genremalerei war der *Dogon in der Gondel.* In einem venezianischen Dekor – charakterisiert durch die Rialtobrücke, deren doppelte Schräge, überhöht von zwei heiteren Arkadenläufen, den Hintergrund des Bildes belebte – sah man einen offenbar recht großen und hageren Schwarzafrikaner mit graumeliertem Spitzbärtchen, der von einem Gondoliere befördert wurde. Zu seinen Füßen ein kleiner Reisesack nach Art der Ballen, in denen seine Zunftgenossen den Kunstramsch transportieren, den sie allerorten auf den Trottoirs der Städte auslegen und zum Kauf anbieten. In den Armen hält er jenen Gegenstand, der durch seine luftige Leichtigkeit und seine Höhe (ein paar Meter nur, aber scheinbar so hoch wie eine Pyramide) mit den prachtvollsten Palästen hätte wetteifern können: eine Maske vom Typ »mehrstöckiges Haus«, die zweifellos spektakulärste, welche die Dogon für ihre Totentänze verwenden.

Das immense Talent des Malers war an der Art und Weise zu ersehen, wie er bei der Komposition seines Bildes mit dem Kontrast zwischen der in sehr stumpfem Winkel gebrochenen Brückenlinie mit ihrem stark ausgeprägten Rücken und der Vertikale des langen, durchbrochenen Brettes jener senkrecht aufragenden Maske zu spielen wußte. Als geschickter Kolorist hatte er zur Grundlage einer berückenden, obgleich strengen Harmonie diejenigen Farben gemacht, mit denen das »mehrstöckige Haus« herkömmlich ausgemalt ist: schwarz, weiß und rot. Diese drei Farben fand man in allen Teilen des Bildes wieder, so daß der Künstler die Szene mit einem bleiernen Himmel überzogen hatte (moduliertem Grau), während zugleich ein paar Strahlen eines schönen Sonnenuntergangs die Wolkendecke durchdrangen und einen rötlichen Widerschein auf das dunkle Wasser des Canal' Grande warfen, zwischen Gebäude, die nüchtern in Schwarz und Weiß gehalten waren, als genüge es, daran zu erinnern, daß sie da sind – reglose Zeugen eines menschlichen Gedränges, dessen bunte Vielfalt man nur erahnen konnte. Weder das Gelb noch das Blau waren in die Farbenskala aufgenommen worden, und die einzige Dissonanz, die sich bekundete, war jener minimale, aber ergreifende Kontrast, der von der Tunika in der Farbe der Sienaerde in das Bild eingebracht wurde; einer Tunika, mit der (zur hellsten Freude des Auges) jener Dogon-Händler bekleidet war, welcher – in einigen wenigen, ausnehmend freien Pinselstrichen meisterhaft angedeutet – auch eine Art Jakobinermütze etwa im selben Farbton auf dem Kopfe trug.

Wenn dieses in seiner Struktur monumentale, obwohl kleinformatige Gemälde tatsächlich ausgeführt und von seinem Autor als vollendet angesehen worden wäre, so hätte es meinem Empfinden nach auf einer der schwarzen Bordwände der Gondel in Rot oder in unvermischtem, reinem Weiß signiert werden müssen. Da es aber noch weniger Realität besitzt als eine Erinnerung, braucht es nicht signiert zu werden – wenn nicht etwa von mir, der ich sein Erfinder bin; und ich könnte (wie so manche Künstler unserer Zeit, die auf diese Weise zu verstehen geben, daß das Werk vor allem ein Dokument ist) meinen Namenszug und als Zusatz das abgekürzte Datum seiner Erfindung daruntersetzen: 11.3.77. Wo ich aber so ausdrücklich die Verantwortung für dieses fiktive Gemälde übernehme, müßte ich dann nicht auch darauf hinweisen, daß es implizit eine

»Hommage an Raymond Roussel« darstellt, denn die Komposition des *Dogon in der Gondel* ist – als ich bei einer unserer kurzen Sitzungen wie jeden Freitagmorgen müßig beim Friseur saß – aus einem Wortspiel hervorgegangen und demnach in einem ähnlichen Verfahren wie dem von Roussel entstanden, dessen Geheimnis er in einer als posthum konzipierten Schrift preisgegeben hat? Auf das Datum und seine lapidare Notierung zurückkommend (die sprechender war als der Titel und mir erst vor Augen führte, was ich sonst zweifellos nicht gesehen hätte), geht mir auf, daß die 77 von vor einem Jahrhundert das Geburtsjahr des allzu lange verschmähten Schriftstellers ist, und – sonderbarer noch – mir fällt auf, daß 11 mal 3 über die Zahl 33 nach 1933 führt, dem Datum seines wahrscheinlich freigewählten Todes in Palermo, einem italienischen Hafen wie auch das schwankende Venedig, von dem einer der pittoreskesten Orte in dem Gemälde erschien. Und der Gondoliere, von dem ich nichts weiter als die Präsenz angegeben habe, denn allein bei dem Dogon und zur Situierung der Gondel galt es, etwas genauer zu werden – dieser unentbehrliche Schiffer, den ich freilich im Dunkeln gelassen habe, als hätte, ihn zu zeigen, und sei es als Silhouette, ein Tabu mir untersagt, nähme die düstere Gestalt des Fährmannes an, und ohne daß dies meine Absicht gewesen wäre, erhielte auch die Maske, deren Vertikale durch die elegante Linie der Brücke zur Geltung gebracht wurde, den vollen Sinn eines Gerätes, das mit den Riten des Todes in Verbindung steht.

In der Absicht allein, etwas als Wortmelodie bereits Vorgegebenes konsistenter zu machen, habe ich demnach im Jahre seines recht mäßig gefeierten hundertsten Geburtstages einem Mann eine Hommage erwiesen, der – als weitere Koinzidenz – an einem 14. Juli gestorben ist, das heißt 11 + 3 des Monats Nr. 7 (die 7 jener 77, welche sich durch Addierung der beiden Zahlen, die ihren zwei Ziffern entsprechen, in die nämliche schicksalhafte 14 verwandelt, während die 11 am Anfang, reduziert auf eine einzige 1, zum Monat Nr. 1, dem Januar seiner Geburt führt); und mir fällt darüberhinaus auf, daß allein der Wunsch, meine Figur als Dogon zu definieren, mich dazu bewegte, sie mit einer Kopfbedeckung und einem deutlich illustrativen Gegenstand zu versehen und mich eine Mütze wählen ließ, die fast schon eine Jakobinermütze ist, sowie jene drei Farben (die ohne weiteres die Farben einer Fahne darstellen könnten); und sowohl das eine wie das andere beschwört all das herauf, was unser Fest des 14. Juli zu kommemorieren behauptet. Meines interpretatorischen Vorurteils weniger gewiß, würde ich gern von einem *objektiven Zufall* sprechen, wobei ich das Vokabular jenes anderen Toten, André Breton, bemühe, der nicht – wie ich – die Initiationssprache der Dogon erforschte, jedoch einer der ersten war, der das Genie des Autors der *Impressions d'Afrique* erkannte.

Allerdings ist meine Schuld gegenüber Raymond Roussel nicht die einzige, die ich zu begleichen habe. Denn mein *Dogon in der Gondel* hätte in der Tat anstatt zu einer Bildbeschreibung zum Keim eines ganz anderen Textes werden können, wenn nicht irgendwie, und ohne daß ich im mindesten darauf vorbereitet gewesen wäre, die Erinnerung an ein weiteres imaginäres Gemälde (eine Szene aus der Pariser Kommune diesmal) in mir erwacht wäre: *Die schöne Versaillerin*, von Kopf bis Fuß dem Gehirn von Pierre

Klossowski entsprungen, der nicht allein Schriftsteller war, sondern auch Zeichner und »Genre«-Maler, und der, wenn er es gewollt hätte, in dem eigentümlich erotisierenden Genre, von dem er, so weit ich sehe, nie abgewichen ist, seiner Versaillerin hätte Form und Farbe geben können: als Perle in der Auster der Arkaden, denen aus der Ferne der Brand der Tuilerien den Perlmutterglanz verleiht, als eine junge Dame von betörendem Charme, die in der Rue de Rivoli in Gestalt zweier Männer von der Rachsucht des Volkes behelligt wird. Ich aber konnte mit meiner Hand ohne Magie nur meinen Dogon schreiben – falls ich es darauf angelegt hätte, ihn mit dem Schein eines realen Lebens zu begaben und ihm den Status eines augenfällig hervortretenden Bildes zu verleihen –, ja ich mußte mich sogar davor hüten, ihn mit mehr als Andeutungen und ziemlich vagen Pinselstrichen auszumalen. Denn wäre mir in dem Wunsch, sein Porträt zu sehr auszuloten, und in dem Bemühen, es mit fesselnden Details anzureichern, nicht irgendein Mißton unterlaufen, über den sich ein altbewährter Kenner der fraglichen Gegend zu recht hätte mokieren können?

Und da ich Wert darauf lege, keinen der Hintergründe der venezianischen Szene im Dunkeln zu lassen, trage ich schließlich noch nach, daß das graumelierte Bärtchen des Passagiers, den man sich voller Nerven und Muskeln vorstellte und dessen Tunika sich mit ihren warmen braunen Farben von der Schwärze des Bootes abhob, meinem ehemaligen Dogon-Informanten Ambara Dolo gehörte, den ich nach mehr als dreißig Jahren wiedersah, als ihn eine Ethnologin, mit der er lange Jahre gearbeitet hatte, nach Paris mitgebracht hatte, wo sie ihn von seinen schlimmen Brustbeschwerden kurieren lassen wollte.

Ambara Dolo – der trotz der erfolgten Behandlung bald danach in jenem Dorf mit den terassenförmig angelegten Dächern gestorben war, zu dessen Notabeln er gehörte – hatte mir bei unserem Wiedersehen anvertraut, daß bei der Ankündigung seiner bevorstehenden Abreise seine beiden Frauen ihn gefragt hatten, was er denn in seinem Alter in Paris verloren habe, worauf er ihnen unbefangen geantwortet hatte: »Gestorben wird überall.«

Der Zauberer ist wieder da ... Er geht für uns auf Schatzsuche ...«, erklärt die Schulleiterin, als sie den Speisesaal der Pension betritt, in der ich gestern am späten Nachmittag abgestiegen bin, während morgens die Preisverteilung stattgefunden hatte, was die Beflaggung des Schulgebäudes und der Sonntagsstaat vieler Leute, die man auf den Straßen antraf, auf diskrete Weise zum Ausdruck brachten. Ich bin für drei Tage nach Terre-de-Haut gekommen, eine der nahe an Guadeloupe gelegenen Inseln, die den christlichen Namen »Les Saintes« (»Die Heiligen«) tragen und auf denen Menschen wohnen, die nach manchen Hypothesen zum großen Teil bretonischer Abstammung sind und die in diesen Breiten fast alle durch ihren bemerkenswert hellen Teint auffallen. Die Dame aus Guadeloupe (und nicht etwa von den Heiligeninseln), die schon beim Mittagstisch von einem Wünschelrutengänger (vielleicht eben diesem Zauberer) gesprochen hatte, ist eine dicke, braungebrannte Frau mit Hängebusen und allzu umfänglicher Taille, aber einem nicht unschönen Gesicht mit leicht orientalischem Einschlag, das von zwei großen Goldringen umrahmt ist, die von ihren Ohren herabhängen. Sie wird begleitet von ihrer Patin, einer alten Farbigen, die schon ziemlich verblüht ist, sich aber lächelnd und vornehm gibt, und einem jungen schwarzen Mädchen, das nett und ansonsten nach einem dummen Gänschen aussieht und wie die beiden anderen ein dem Klima angepaßtes leichtes Kleid trägt. Was den Zauberer angeht, dessen Ankunft die üppige Dame aus Guadeloupe wie die einer bekannten Persönlichkeit angekündigt hat, so tritt er gerade zum Abendessen auf: ein zwischen fünfundvierzig und fünfzig Jahre alter Franzose mit graumeliertem Haar und wohlgemut, der sich über die beiden Inseln ausläßt, die ich vor kurzem nördlich von Guadeloupe durchstreift habe, Saint-Barthélémy (das nach seinen Worten den Heiligeninseln ganz ähnlich ist, worin er Recht hätte, wenn er nicht darauf hinzuweisen versäumte, daß die nördliche Insel, die von fast reinrassigen Normannen besiedelt ist, der südlichen bei weitem den Rang abläuft, die ebenso reich gegliedert und malerisch zerklüftet ist, aber keine so weitläufigen Landschaften aufzuweisen hat und nicht den gleichen Eindruck vermittelt, man befinde sich in einer bizarren fernen Welt), und Saint-Martin (eine halb holländische, halb französische Insel, auf der, wie unser Tischgenosse nach so vielen anderen seinerseits feststellt, die öffentlichen Dienstleistungen auf seiten der Holländer um so viel besser organisiert sind als auf seiten der Franzosen). Im Laufe der Unterhaltung werde ich erfahren, daß dieser Phönix der Tables d'hotes, dieser Zauberer, dessen Rückkehr die freundliche Schulleiterin, die schon vier Jahre hier ist und sich nun anschickt, zu einem »Klimawechsel« fortzugehen, wie ein Saisonereignis zu begrüßen schien, ganz einfach ein umherziehender Taschenspieler ist. Später erfahre ich dann auch, daß er aus der Bourgogne stammt, was ich allein schon seinem Akzent hätte entnehmen können.

Die Einzelheiten, die mein Gedächtnis mir nicht hätte liefern können, beziehe ich aus dem Heft Nummer VII des Reisetagebuchs, das ich damals während der ganzen Reise geführt habe (einer Mission, mit der die Unesco mich 1952 betraut hatte und die den Zustand der Beziehungen zwischen den verschiedenen rassischen Gruppen untersuchen sollte, in die die Bevölkerung der französischen Antillen sich unterteilt). Meine Aufzeichnungen, die zumeist abends entstanden und meinen Tagesablauf abschlossen, indem sie ihn rekapitulierten, geben nicht nur die Unterhaltungen wieder, die ich zum Zweck dieser Untersuchung mit Leuten der unterschiedlichsten Hautfarben und Schichten geführt habe, sondern alle meine Wege, auch die, die ich nur zum Vergnügen unternahm. So habe ich in Terre-de-Haut weder die Spaziergänger, die mich über Wiesen, auf denen einige Kühe weideten, bis zu Küsteneinbuchtungen führten, vernachlässigt noch – im Ort – meine Aufenthalte im Goldenen Hahn, einem Café, das im ersten Stock ein Billard und eine Terrasse besaß, wo ich, wenn ich des Umherlaufens müde war, unbehelligt ein Glas Bier trinken konnte (das von Berthe heraufgebracht wurde, einer bleichgesichtigen Kellnerin mit einer bäuerlich-dickköpfigen und etwas vierschrötigen Miene, die gut in eine Matrosenkaschemme am Ärmelkanal oder an der Nordsee gepaßt hätte, außer, daß sie als Kind der Tropen in den flauen Stunden barfuß arbeitete) und, während ich die Kühle des Balkons genoß, von dem man die Landungsbrücke überschaute, das Schauspiel auf der Straße verfolgen konnte, das immer fesselnd und manchmal lehrreich war. Und ich habe es gleichfalls nicht verschmäht, als ein Hauch von Exotik, Einzelbeobachtungen an Flora und Fauna festzuhalten, die ich bei einigen meiner Streifzüge machen konnte (zum Beispiel die seltsamen grünen, stachelgespickten Kürbisse mit einer rotvioletten, gleichfalls stachelbewehrten Ausstülpung, die Kakteen, die »Engländerköpfe« hießen und die ich nicht von denen zu unterscheiden wußte, die man auf Saint-Martin »Bischofshüte« nennt, oder auch an einem Strand die Erdkrabben, die gelb zumeist, aber in manchen Fällen auch opalisierend blau, aus ihren Löchern krochen, ihre beiden kleinen schwarzen Augen ausfuhren, wieder zurückkrochen, sich seitlich fortbewegten, und zwar manchmal sehr schnell und auf ihren Zangen wie Tänzerinnen, die auf der Spitze tanzen).

All dies – und darüber bin ich zutiefst betrübt – existiert nur mehr auf dem Papier. Ich nehme zum Beispiel das wieder auf, was ich über die Kellnerin Berthe sagte, ich schreibe es Wort für Wort ab und hüte mich dabei vor dem romantischen Gefühl, das mich dazu veranlassen könnte, das Modell zu verklären, aber das erlaubt es mir noch lange nicht, sie so wiederzusehen, wie sie war. Die Gestalt einer anderen Kellnerin – die ich auf derselben Reise, allerdings weiß ich nicht mehr wo, vielleicht auf Martinique, getroffen habe und die durchaus einen tropischen Teint aufwies – fällt mir viel eher ein als sie und überstrahlt sie fast völlig, obwohl diese andere so wenig Auffallendes hatte, daß ich nicht einmal sicher bin, ob ihre Silhouette in irgendeinem meiner Hefte auftaucht. Obwohl der Zauberer sich mir durch sein flinkes Mundwerk tiefer eingeprägt hat, entgeht auch er nicht dieser Auflösung, und ich finde von ihm nur die Notizen wieder, deren Gegenstand er war. Das Bild eines glattrasierten Gesichts und eines Oberkörpers, der in einem weißen Hemd mit kurzen oder hochgekrempelten Ärmeln steckte, taucht als einziges in mir auf, und nicht einmal seine Genauigkeit könnte ich beschwören.

Ein Kapitel dieses Heftes, in dem über meinen Abstecher zu den Heiligeninseln berichtet wird (das Bruchstück eines Gedächtnisprotokolls, in dem frisch oder fast frisch aufgenommene Eindrücke fixiert sind wie in einem Herbarium und auf das ich mich heute zurückbeziehen kann, aber ohne daß meine flüchtigen Notizen beim Nachlesen eine Lebendigkeit zurückgewönnen und dadurch, daß sie aus ihrer Erstarrung als tote Dokumente erwachten, mir bei meinem Bemühen so hilfreich wären, wie ich es gerne hätte, mich an bestimmte Einzelheiten zu erinnern), erzählt, wie der Zauberer eine mindestens zwei Fuß lange Echse nach Hause bringt, die er mit einer Kugel aus einer kleinen Pistole vom Kaliber sechs Millimeter tödlich getroffen hat, und enthält dann eine Zusammenfassung der Unterhaltung, die ich mit diesem Tartarin und einem wohl ziemlich unbemittelten jungen Weißen, der aus Guadeloupe stammte und in Basse-Terre arbeitete, geführt hatte. Wie die Schulleiterin es dargestellt hatte, geht der Zauberer – vielleicht unter dem Eindruck von Erzählungen über die Freibeuterei und über die bewegte Vergangenheit der Antillen – der Schatzsuche nach, und zu diesem Behufe verwendet er, wie er uns anvertraut, ein amerikanisches Gerät, das das Vorkommen von Metallen anzeigt, allerdings ohne dabei eine Mengenangabe zu liefern, und bei dem es durchaus geschehen kann, daß man eine Schraube oder eine alte Sardinenbüchse als Schatz ausgräbt. Zu seinem Beruf – über den ich ihn befrage, da ich neugierig bin auf das, was ein Profi darüber sagen kann – behauptet der Taschenspieler, es gehe dabei vor allem um »Psychologie«, und er zitiert dann Koryphäen, die ihm zufolge der Zunft der Zauberkünstler angehört haben: den Präsidenten Edouard Herriot, den Professor Locart (aus Lyon) und auch einen Bischof, der als Missionar seine Talente dazu einsetzte, um sich bei den Stämmen in Gabun Geltung zu verschaffen, der aber in diesem Zusammenhang gegenüber dem Heiligen Stuhl Erklärungen abgeben mußte.

Am folgenden Tag, dem 14. Juli – ein Datum, das ich in meinem Heft finde, hinter dem aber kein Hinweis auf besondere Festlichkeiten vermerkt ist –, begann ich meinen Tag unmittelbar nach dem Aufstehen mit einem Bad im Meer, in der Marigot-Bucht, an einem völlig menschenleeren Strand, der ganz von Manzanilla-Bäumen gesäumt war, jenen Pflanzen, die der Legende nach wegen des ätzenden Saftes, den sie absondern, so gefährlich sein sollen. Bevor ich zu einem großen (vermutlich versalzten) Weiher gelangte, einer fast runden, gelblichen, von Grasbüscheln gesprenkelten Fläche, hatte mich mein Weg an einem in einer Senke gelegenen, sehr viel kleineren Weiher vorbeigeführt, der eingezäunt und aus unerfindlichen Gründen nur durch ein Drehkreuz zugänglich war (das vielleicht, so denke ich bei der neuen Lektüre, nur die Kühe von dem kleinen Weiher fernhalten sollte). So geschlossen und trübe erschien mir der Mantel aus Pflanzen und Wasserblumen, der ihn bedeckte, daß ich an den Tod Ophelias denken mußte, so durchdrungen wie ich noch war von der Erinnerung an die Insel Saint-Barthélémy, die einst skandinavisch war und deren wichtigste Siedlung immer noch Gustavia heißt, ein Andenken an Hamlet, das ich natürlich auf die Heiligeninsel projizierte, das Pont-Aven der Tropen oder das Paimpol Tahitis (wie mein Bericht, der hier nun doch einmal literarisch wird, sie bezeichnet). Zweiter Streifzug und zweites Bad, dieses Mal in einer Bai, die nach meinen Vermutungen zu der Bucht von Pont-Pierre gehören mußte – ein Name, der heute für mich nur mehr ein Name ist – und wo ich mich ins Wasser stürzte, um den gischtspritzenden Böen zu entgehen, die meine Kleider durchnäßt hatten, deren ich mich dann besser entledigte (ich verstaute sie unter dem Deck eines Bootes).

Diesmal ging ich in die entgegengesetzte Richtung, zur Coquelet-Bucht, und warf einen Blick auf eine noch ganz handwerklich betriebene Werft, in der Schiffe gebaut werden, traf dann auf dem Rückweg in der Nähe der unbeflaggten Gendarmerie einen kleinen pensionierten Beamten, den ich zwei Tage zuvor bei dem Pfarrer gesehen hatte und der diesmal einen breiten, an Indochina erinnernden Hut trug (eine dicke Scheibe aus Flechtwerk, mit Leinwand überzogen, wie hier einige Männer und einige Frauen sie tragen); dieser dickliche alte Mulatte, der schon neulich über die Sittenverderbnis jammerte, in welche die Inselbewohner verfallen seien, beklagt das Fehlen der Fahnen und hält seine Rede inmitten einer Gruppe von Fischern, die sich ganz offensichtlich einen Dreck darum scheren. Etwas später gehe ich zum dritten Mal los in Begleitung des Zauberkünstlers, von Monsieur Boulogne, des jungen Weißen vom Vortag, und eines Mannes namens Beaupré, eines bärtigen und bebrillten Importkaufmanns, der keinen Hehl daraus macht, daß er den Händlern von Point-à-Pitre diejenigen der alten Basse-Terre vorzieht, die weniger verstiegene Preisvorstellungen haben. Da ich Muße hatte und nicht den Anschein erwecken wollte, ich dünkte mich über sie – die Angehörigen einer anderen Rasse – erhaben, erklärte ich mich einverstanden, mit ihnen bis zum Fort Napoléon hinaufzusteigen, das ich schon am Vormittag des Vortages zu besichtigen gegangen war, nachdem ich mir von der Gendarmerie den Schlüssel hatte besorgen müssen und eine Zugbrükke überquert hatte, bevor ich dem breiten, gewölbten Korridor folgte, der zu dem durch eine schwere Tür verschlossenen Eingang führt. Der Rundweg, auf dem sich neben zahlreichen Echsen und sehr viel selteneren Iguanen auch große Vögel tummeln, die manchmal mit einem plötzlichen Flügelschlagen auffliegen, was einem Angst einjagt, gewährt einen so weiträumigen Überblick, daß das Auge des Spaziergängers auf den verschiedensten landschaftlichen Schönheiten ruhen kann (auf Buchten, Inseln, Vorgebirgen, auf einer Wiese, auf der man selber grasen möchte, und auf dem großen Teich, der fast ins Meer übergeht).

Am späten Nachmittag – um sechs Uhr den Aufzeichnungen zufolge, die mittlerweile so wenig sprechend sind, daß sie mir fast Dinge wiederzugeben scheinen, die ein anderer erlebt oder aufgeschrieben haben könnte – soll im Tanzkino die Vorstellung des Taschenspielers Freddy Reys stattfinden, und ich habe ihm versprochen, sie auf keinen Fall zu versäumen. Beim Frühstück breitet er noch einmal seine Kenntnis der Antillen aus und versichert mir – er weiß es aus Erfahrung –, die Frauen von Martinique seien störrischer als die von Gouadeloupe. Wie ich es gewöhnlich bei Ausführungen tue, die mir jemand unabhängig von jeder Befragung hält, vermerke ich dies nicht als eine Information, die ich für glaubwürdig hielte, sondern als eine Meinung unter anderen, die dazu angetan war, mir Auskunft zu geben über eine bestimmte Mentalität, gleich welche Farbe, welchen ökonomischen Status und welche Abstammung derjenige auch immer haben mag, der sie an den Tag legt.

Von der Vorstellung, die (mit sprichwörtlich antillischer Unpünktlichkeit, obwohl doch der Veranstalter aus dem Mutterland kam) mit einer Stunde Verspätung anfing, habe ich nichts festgehalten, was es mir nach ungefähr fünfundzwanzig Jahren erlauben würde, mir ein Bild darüber zu machen, was rein technisch gesehen ihr Inhalt war. In der Tat glaube ich nicht, daß das Programm Sensationen zu bieten hatte, die einen von den Sitzen rissen, und daß die Tricks ihres Solostars mehr als geschickte und gerissene Taschenspielerübungen waren. Gewiß hätte mein damaliger Tischgenosse größere finanzielle Mittel benötigt als die, über die er offensichtlich verfügte, um große, wirkungsvolle Kunststücke vorzuführen, die ein gewisses Maß von Inszenierung verlangen.

Statt durch verblüffende Fähigkeiten zu beeindrucken, wie man es zu Recht erwarten konnte, stellte Freddy Reys einen unleugbaren Elan unter Beweis. Als ein echter Meister Jakob seiner *one man's show* hatte er zunächst alles alleine getan: das Eintrittsgeld kassiert, dem Publikum, das kaum in den mickrigen Saal paßte, die Plätze angewiesen und Stillschweigen erheischt, so als sei er, bevor er ganz allein die Bühne beherrschte, Kassierer, Beschließerin und Ordnungshüter in einem. Zu einem bestimmten Zeitpunkt seiner Vorstellung, die vor einem in der Tat unruhigen Publikum ablief, erachtete es dieser geschickte Psychologe für angezeigt, die Leute rundheraus anzuschreien, um Ruhe herzustellen, wobei er nicht zögerte, sie als Wilde zu bezeichnen und ihnen zum Höhepunkt seiner kurzen Diatribe zu erklären, er habe geglaubt, sich im französischen Guadeloupe und nicht unter Wilden zu befinden. Unter den Anwesenden regte sich zwar kein unmittelbarer Protest, aber nach der Vorstellung, als das Publikum sich zerstreute, hörte ich, wie es ganz natürlich war, mehrere Personen gegen die Äußerungen protestieren, die ein Flegel an sie gerichtet hatte.

Ein sintflutartiger Regen, der während der Darbietung eingesetzt hatte, dauerte beim Verlassen des Saales noch an, und wir flüchteten uns zu mehreren in einen winzigen Schuppen, in dem sich zwei verschreckte Ziegen befanden, von denen eine lauter blökte als die andere. Dort kam mir (dies ist mir genauso lebendig in Erinnerung geblieben wie der triviale Zwischenfall, der meinen zufällig getroffenen Begleiter ein für alle Mal das Gesicht verlieren lassen sollte) eine heftige Diskussion zwischen zwei oder drei Farbigen zu Ohren, die ich nach ihrem einfachen Auftreten und ihrer Kleidung für Fischer hielt. Eine Diskussion, die gar keine war, denn entgegen dem, was die Schärfe des Tons hätte erwarten lassen können, waren sie der übereinstimmenden Ansicht, der Zauberer sei als jemand zu betrachten, der sich über alle lustig gemacht habe und dessen Kunststücke nichts als Betrug seien. »Das sind alles Tricks!«, sagte, wenn mein Gedächtnis mich nicht trügt, einer der Teilnehmer dieses scheinbaren »Geplappers« (in einheimischem Dialekt, ein großer Streit mit großen Reden und Gesten). In völliger Unkenntnis der Kunst der Taschenspielerei – eine Illusion zu erzeugen, von der der Zuschauer sich gerne und bewußt täuschen läßt – empörten sich diese Philister, die gekommen waren, um einen Zauberer zu sehen, darüber, nur einen schlechten Witzbold gesehen zu haben, dessen ganze Leistung aus gerissenen Methoden bestand, die Leute hereinzulegen. Zäher als die Heiden in Gabun, die sich ja angeblich durch eine für Magie gehaltene Taschenspielerkunst gewinnen ließen, sträubten sie sich als Leute mit Scharfblick gegen eine sogenannte Magie, die sich als Taschenspielerei herausstellte und also reiner Betrug war.

Ich selber, der ich den unverstandenen Gaukler erst am Morgen des übernächsten Tages wiedersah, denn er kam nicht zum Abendessen in die Pension, wo sein Gedeck wie auch schon zum Frühstück an meinem Tisch aufgelegt worden war, stelle fest, daß meine Denkweise nicht sehr weit entfernt war von derjenigen der zwei oder drei Aufmüpfigen, die der Held des Abends so enttäuscht hatte – und sie waren gewiß nicht die einzigen –, weil sie sehr viel mehr von ihm erwartet hatten, als man logischerweise von einem Mitglied seiner Zunft erwarten kann. Als ich nach Basse-Terre zurückkehrte, wie ich von dort gekommen war, nämlich an Bord der *Belle Santoise*, eines bescheidenen Motorseglers, der dienstags und freitags Terre-de-Haut und ihre Zwillingsinsel Terre-de-Bas anlief und dabei Passagiere, Post und allerlei Frachtgut transportierte, sah ich mitten auf dem Kanal der Heiligeninseln, einem Meerarm, auf dem normalerweise Dünung und Seegang herrschten, wie der arme Freddy Reys auf eben diesem Kahn, der insbesondere mit Kisten leerer Bier- oder Limonadenflaschen vollgepfropft war, die zum Teil die bleiche Berthe während des Einschiffens herangetragen hatte, plötzlich in die Knie ging und sich heftig übergab, allerdings mit genügend Umsicht (diese Gerechtigkeit lasse ich ihm wiederfahren), um keinen seiner Nachbarn zu bespritzen. Nicht weit davon entfernt betrachteten zwei Farbige die Szene und krümmten sich vor Lachen. Mich selber überraschte dieser Zwischenfall mehr als vernünftig war: ich verlangte gewiß nicht von einem Taschenspieler, ein Zauberer zu sein, aber ich hatte das tiefe Gefühl, daß seine verblüffenden Fähigkeiten den Mann, der sie erworben hatte, genügend aus der Menge heraushoben, damit er – wie der Held, der sich mit dem Blut des Drachens gesalbt hat und unverwundbar geworden ist – gegen die Seekrankheit immun sei. Während in dem gegenwärtigen Fall der Betreffende noch nicht einmal durch irgend einen Kunstgriff deren beschämenden Folgen zum Verschwinden gebracht hatte …

MEA CULPA

Eine Notiz von Raymond Quenau, die in einer ihm gewidmeten Gedenkschrift wieder aufgefunden und veröffentlicht worden ist, berichtet, wie er die Zuschauer in einer Pariser Music-hall mit dem Ruf »Bluff, Bluff!« gegen einen Zauberkünstler wettern hörte, der sich anschickte, eine in einem Sarg eingeschlossene Frau entzweizusägen.

Diese Begebenheit – von der ich erst Kenntnis erhielt, als ich mein eigenes Erlebnis mit den Fischern der Heiligeninseln schon lange niedergeschrieben hatte – zeigte mir, daß sie nicht das Monopol auf jene Verblendung hatten, die Quenau anprangerte. Vielleicht leitete mich ein Anflug von unbewußtem Rassismus, als ich so von ihnen sprach, als seien auf den Antillen manche Leute einer größeren Naivität fähig, als ein Publikum der Metropole sie an den Tag legen könnte.

Letzte Barriere zur totalen Nacktheit, abgesehen einmal von dem Juwel am Handgelenk und den Pantinen, die schon von den Füßen gleiten wollen: das Band – die Schnur fast – am Hals, ihr Knoten, so schmuck wie die Schleife eines Geschenkpaketes, der über der prunkenden Opfergabe der beiden Brüste eine doppelte Schlaufe bildet, die anscheinend durch einen kleinen Ruck schon sich aufziehen ließe.

Diese Bagatelle, die für Manet vielleicht nur ein kapriziös gezeichneter Schwarzton auf der Blässe des Halses war, ist für uns mehr als eine bloße Verzierung: das Detail ohne Notwendigkeit, das den Blick einfängt und *Olympia* erst existent macht.

So wie der Gegenstand, der als Fremdkörper dem lebendigen Leib beigegeben ist und dessen Präsenz verstärkt, die Erektion des Fetischisten bewirkt.

Als ich neulich in der Rue de Flandre die zwei riesigen Gebäude betrachtete, die beide von einer bestimmten Höhe an sich nach oben hin erweitern und bauchig überhängen (trichterförmiger Wasserturm, Burgfried mit maßlos hypertrophen Pechnasen, stark ausladendes und reich befenstertes Achterdeck einer alten Karavelle aus der Zeit der großen Korsaren, gegen den Himmel gerichteter Musketonner, hochgereckte Trompete von Jericho, den Himmel zum Einsturz zu bringen) spürte ich, daß auch mir in einer euphorischen Regung das Herz aufging: eine Bewegung des Aufsteigens und des Weiterwerdens – das Montgolfierenherz, die Lungen breiten die Flügel aus –, sehr verschieden von jener Empfindung, in die einen die hohen Kasernen mit ihren vertikalen Wänden versetzen, deren Anblick nicht befreit, sondern einem das Gefühl vermittelt, man sei der Gefangene eines Bündels von Parallelen von unverrückbarer Starrheit.

Zwar ist die Rue de Flandre ziemlich weit von meiner Behausung entfernt, aber es ist gut möglich, daß ich mir die beiden Gebäude, vor denen ich gerade vorbeigekommen bin und deren Majestät ich nur einen flüchtigen Augenblick lang bewundert habe, noch einmal ansehen werde. Meine ganz und gar impulsive Beschreibung würde zweifellos an Genauigkeit gewinnen ...

Aber man könnte darauf wetten, daß ich meinen ersten Eindruck nicht wiederfände und ich mich sogar wundern würde, wie ein solcher Anblick mich nur derart ergreifen konnte! Da ich mich nicht zum Kritiker der modernen Architekturproduktion aufwerfen will – und sei es auch (einmal ist keinmal), um meine Billigung zum Ausdruck zu bringen –, so werde ich nicht zu dieser Straße zurückkehren, die zwar noch ziemlich belebt ist, von der aber nichts an jene Opulenz erinnert, die mehrere Städte Flanderns einstens dem florierenden Tuchgewerbe verdankten.

Was ist, praktisch, mein Ziel?
Das Kombinieren von Worten, Sätzen, Sequenzen usw., die nur ich allein zusammenzubasteln vermag, und das in meinem Leben (das genau wie alle anderen einem Eiland gleicht, auf dem die Lebensbedingungen unaufhaltsam schlechter werden) das Vademecum des Schiffbrüchigen darstellen und mir all das ersetzen würde, was Robinson am Leben erhält: die Werkzeugkiste, die Bibel, ja sogar Freitag (falls am Ende eine Einsamkeit auf mich warten sollte, auf die das durchgreifende Heilmittel anzuwenden es mir an Mut ermangelte).

... Oder es fasziniert mich doch weniger das Resultat und die Hilfe, die ich im Prinzip davon erwarte, als vielmehr das Basteln selbst, dessen erklärtes Ziel letzten Endes nur ein Vorwand ist. Was könnte mich – so weit wie die Dinge in mir und außerhalb meiner nun einmal gediehen sind –, was anderes als eben jenes Hobby könnte mich davon abhalten, ein Robinson zu werden, der sich nach verrichteter Nährarbeit nur noch dem Schlafe zutreiben läßt und sogar keine Ausschau mehr hält auf das Meer hinaus?

Durch das Reisen (an anderen Orten leben als dem, an welchen wir gewöhnt sind wie ein Rind an seine Weide),

durch die Nachtschwärmerei (welche die Nacht an die Stelle des Tages setzt, die Zeiten durcheinanderwirft und eine Art verkehrte Welt schafft),

durch den Alkohol oder sonst irgendeine Ingredienz (deren Genuß einen exaltiert und aus sich selbst herausgehen läßt),

durch ein derart fesselndes Schauspiel, daß man sich gänzlich in es hineinprojiziert,

durch gleich welches Verfahren, Abenteuer oder Hexenkunst, wenn es nur aus den alten Geleisen hinausführt, dem Heimischen sich zu entziehen, ist für die Gesundheit von größtem Gewinn. Denn ist der Faden einmal gerissen, so ist es, als fände unser nunmehr blankgescheuerter Geist dank einer Lauge von Empfindungen und Vorstellungen, die uns nicht vertraut sind, die Fähigkeiten wieder, um die der Rost des Alltags ihn allmählich gebracht hatte.

Selbstverständlich spricht nichts dagegen, daß wir bei ausschließlichem Gebrauch der Hausmittel nicht in uns selbst das Material jenes Exotismus entdecken und daß wir nicht, ohne unseren geläufigen Rahmen zu verlassen oder auch nur den kleinen Finger zu rühren, Gegenden erkunden, die zu fern und zu ungewiß sind, als daß sie nicht reich an Überraschungen wären. Eines jedoch muß man sich vor Augen halten: Es ist sicher leichter, sich von den Umständen anregen und, eine Zeitlang wenigstens, seine Einbildungskraft neu davon entfachen zu lassen, als jene innere Umwälzung zu vollziehen – und dauere sie auch nur einen Augenblick –, ohne daß einem irgendetwas vom Gewöhnlichen Abweichendes dabei hälfe, hellwach seinen Aufschwung zu nehmen.

Sie durchbrechen die zwiefache Reihe der gigantischen, wie Orgelpfeifen von unterschiedlichstem Format und Material übereinandergetürmten Gebäude, die großen, schnurgeraden Avenuen, auf die das flaumige Licht des schwülen Sommers niederstrahlt, und ziehen sich hin, so weit das Auge reicht, rechtwinklig gekreuzt von kleineren Verkehrsadern, die so lang sind, könnte es scheinen, daß man ein ganzes Leben vor sich haben müßte, um ihnen nachzufahren bis zu dem in unabsehbarer Ferne gelegenen Punkt, in dem ihre Fluchtlinien zusammenlaufen. Straßen New-Yorks – Ebenbilder der unentscheidbaren Zukunft für das Auge im Ausguck.

Im Museum von Philadelphia, die Augen an den beiden Löchern, die in die klobige Tür gebohrt sind, hinter der sich Marcel Duchamps Collage *Gegeben: 1. Der Wasserfall 2. Das Leuchtgas* verbirgt, habe ich – ein Wunsch, der mir schon lange im Kopf spukte – die trügerische nackte Frau gesehen, die eine Lampe trägt, welche an die Auerlaternen von anno dazumal gemahnt, und die sich anscheinend wollüstig in einer Frühlingslandschaft räkelt, deren photographischer Charakter und völlig banale Farbgebung das Unbehagen noch verstärken, das allein schon durch seinen etwas unfeinen Blickwinkel beim Betrachter entsteht.

Hier ist es nicht ein schwarzes Band um den Hals, sondern ein sonderbares Detail, der echte Leuchter in der linken Hand, der dieser lebensgroßen Puppe eine entwaffnende Präsenz verleiht, da sie dem Blick durch den intakten Teil der verrotteten Mauer entzogen ist, durch die der Anblick sich bietet. Also eine gleich doppelt amputierte Gestalt, die derart, bruchstückhaft wie ein umgestürzter Torso in einem Ruinenfeld, als Gegenstand rein körperlicher Verehrung vorgestellt wird.

Zu meinem Leidwesen konnte ich bei aller Anstrengung meiner Augen nicht den Wasserfall erkennen, der anscheinend in ziemlich weiter Ferne in einem Winkel des im wesentlichen aus Pflanzen bestehenden Dekors glitzert.

Nach einem ganzen Tag Regenwetter – der Himmel schien einzustürzen, es goß in Strömen, beständig grollte ein hartnäckiger Donner – warf die Sonne in jenen verhangenen Stunden, die ohne auch nur kurze Pausen auf andere lange Stunden schlechten Wetters folgten, mit einem einzigen Pinselstrich ein neues Licht auf die imposanten Palazzi und die schäbigen Häuser Roms wie auf abgestorbenes Fleisch, aus dem hie und da das elfenbeinfarbige Knochengerüst der Ruinen hervorragte. Aber sie konnte meine Stimmung nicht übertünchen, die sich fast bis zum völligen Schwarz verdüstert hatte anläßlich meiner Wiederentdeckung dieser Stadt, die abends nur mehr ebenso spärlich beleuchtet war, wie sie (zahlreichen Warnungen zufolge) am hellichten Tage unsicher geworden ist, jener denkwürdigen Metropole, die mir in dieser ersten Oktoberhälfte 1980 buchstäblich nichts mehr zu sagen hatte außer ihrem Lärm, ihrem Chaos, der Aufdringlichkeit der notdürftigen Instandhaltungsarbeiten an ihren Monumenten und der Plattheit ihrer Touristenaufläufe, während sie in ihrem einstigen Lichterreichtum so beredte und treffende Antworten auf meine angstvollen Fragen geboten hatte.

Es ist allerdings kleinlich, es einer Stadt zu verübeln, daß sie nicht mehr das ist, was man einmal in ihr gesehen hatte, und die Spuren ihrer Schönheit zu übersehen, wenn sie doch nur mehr einer der Spiegel ist, aus dem uns das Bild des eigenen Verfalls entgegen blickt.

Welche fein abgestimmten Wohlgerüche und berauschenden Düfte könnten die Frische dessen bewahren, was ich in meine Zeilen vermumme, die weniger Bänder als Bändchen sind, ich, der ich einen Pharao einbalsamiere, der kein anderes Reich zu eigen hat als die völlig relieflose Fläche des Papyrus?

Lieber von Hand schreiben als mit der Maschine, damit es diese Hand ist – einer der Körperteile, den wir als am unmittelbarsten zu uns gehörig empfinden –, die ohne anderes Zwischenglied als den Kugelschreiber (der kein solcher Fremdkörper ist wie eine Tastatur, denn er ist die einfache Verlängerung unserer Finger) Buchstabe für Buchstabe die Zeilen gestaltet und sich an sie anklammert, als sei notwendigerweise jede einzelne und sogar jedes einzelne der handgeschriebenen Zeichen einerseits unmittelbarer Ausdruck des Lebens (wie das Graffito oder sonst eine Spur, die anzeigt, daß man irgendwann an dem und dem Ort gewesen ist), andererseits, bei vollem Bewußtsein der mit dieser Geste verbundenen Muskelanspannung, der Griff nach einem Halt, um dem Tod durch Ertrinken zu entrinnen.

Trotz des Bemühens, gut zu schreiben (sich so eindringlich und so überzeugend wie möglich zu äußern, so daß eine Art Verzauberung entsteht), scheint das noch ganz frische Schriftwerk mehr dem Wachtraum als der Literatur anzugehören. Dennoch tritt eine Veränderung ein, wenn – nach dem Stadium der abgetippten Kopie, die schon anonym wirkt und der anderen Seite zuzurechnen ist, obwohl sie noch von Hand korrigiert werden muß, wie es in einem späteren Stadium auch mit den Druckfahnen zu geschehen hat – das Manuskript aus der Sphäre des Privaten in die Sphäre der Öffentlichkeit übergeht und zu einem gedruckten Text geworden ist, eingegossen in die strenge Abfolge der Druckzeichen und in angemessener Aufmachung, um den Bezugsberechtigten übersandt und bei den Buchhändlern ausgelegt zu werden. So daß diese Folge von Seiten, die für uns lebensnotwendig und also unbezahlbar ist, sich zuguterletzt als banaler Verkaufsartikel darstellt: größer, aber geometrisch vom gleichen Format wie das Zuckerstückchen oder die Streichholzschachtel, als trockener, zusammengehefteter Band aus maschinell aufgeschnittenen Bögen, die Endform dessen, was man sich noch gestern umzuckt von Blitzen vorgestellt hatte wie Gesetzestafeln.

Hat man sich erst einmal darauf eingelassen, dann möchte man nicht, daß das Buch, der geworfene Stein, keinen Kreis im Wasser zieht. Aber gleich welcher Empfang ihm auch zuteil wird, das Abenteuer ist zu Ende und der Bann gebrochen. Bei Strafe des Versinkens bleibt einem jetzt nur mehr, aufs neue zu Kugelschreiber und Papier zu greifen und zu versuchen, wieder von vorne anzufangen.

Sich in die Kunst des Schreibens verlieben und aus dieser Faszination die Schrift so einsetzen, daß man dabei vergißt, daß sie, noch bevor sie eine Zuflucht für einen selber darstellt, ein Mittel zur Klärung und zur Mitteilung ist, heißt das nicht, sich in diesen Kreis hineinzubegeben?

Als Band am Hals der Olympia sollten die Zeilen, die ich schwarz auf weiß niederschreibe, in jedem Augenblick eine Präsenz erzeugen. Indessen ist nicht dies meine Hauptschwierigkeit: weniger eng gefaßt besteht das Problem darin, wie mit einem Lasso, das sich an der richtigen Stelle um sie zusammenzieht, die Dinge einzufangen, die mir genügend gegenwärtig sind, damit ich, wenn ich sie mitteile, ihre Präsenz spürbar werden lassen kann.

Da es in die erste Phase gehört, in die des Einfangens und nicht in die des Anschirrens, hat das Lasso offensichtlich Vorrang vor dem Band.

Und ist es nicht immer etwas *Wildes* (Ungezähmtes, Unverhülltes, Unberührtes, ja Widerspenstiges), was dieses Lasso in mir wie außer mir einfangen muß?

Wenn ich in dem Glauben, mit diesem Wort den Schlüssel zu dem Problem zu besitzen, bei einem Kunstwerk von »Präsenz« spreche, habe ich dann wenn schon nicht die Erklärung, so doch das richtige Kriterium? Oder ist dies nicht ganz einfach dann der Fall, wenn ich feststelle, daß dieser Gegenstand als Frucht einer Einbildungskraft, die mit Stoffen arbeitet, die ursprünglich schon in der gewöhnlichen Erfahrung angelegt sind (Formen, Farben, Körper in der Bildenden Kunst, Töne und Rhythmen in der Musik, Sprache in der Literatur), daß dieses Werk, das auf jeder Ebene mit menschlichen Mitteln geschaffen worden ist und dessen Wirken dennoch ein Geheimnis bleibt, eine Realität gewinnt, die für mich nicht nur diejenige der in ihm verarbeiteten Stoffe übersteigt, sondern mir auch intensiver vorkommt als die der meisten Alltagswirklichkeiten. Es entweicht dem Ghetto des Imaginären und gibt dann mit Nachdruck zu spüren, daß es existiert, und in seiner Ganzheit greift es im Leben Raum, anstatt nur auf ein Spiel hinauszulaufen, das bei aller Bravour in sich geschlossen bleibt.

Man kann sich sein Leben in Form eines Romans oder einer Symphonie, aber schon schwieriger in der einer Schachpartie oder eines Rugbyspiels vorstellen. Und selbst wenn es vorkommen mag, daß man irgendeinen Schritt, den man unternimmt, mit einem Pokerzug vergleicht, so bleibt das nur ein Bild: zwar ist es im Prinzip fesselnd, aber die ideale Pokerpartie, auf die man sich bezieht, bleibt doch nur ein abstraktes Vergleichselement und kann, insofern sie nur auf indirekte Weise einfließt, nicht die körperliche Schwingung auslösen wie ein Werk, das seinem Rezipienten ein wenig von sich selbst offenbart und ihn so tief berührt, daß die Erinnerung daran sich später in mancher Situation mit neuer Wärme und neuem Atem belebt und ihn im Geist begleitet. In anderen Worten, im Unterschied zu Spiel und Sport, ist die Kunst eine Sprache, die mehr sagt und weiter geht als das, was objektiv gesagt wird. Eine Sprache, deren ergreifendste Beispiele sich in der unmittelbaren Begegnung als unabweisbar gegenwärtig herausstellen und auch auf längere Sicht immer wieder erscheinen und so eine Art Präsenz beibehalten, auch wenn der Anfangsschock schon abgeklungen ist. Eine Sprache, die umso *aktiver* ist, je mehr sie sich für einen selber als *aktuell* erweist, dem eigenen augenblicklichen Zustand nahe und in offenkundiger Verbindung mit dem, was die Welt ist, in der man gegenwärtig diesen Augenblick erlebt – eine Sprache, die mit einer Modernität begabt ist, die nicht schlichtweg eine Frage der Mode ist und die weder einem naiven Fortschrittskult noch einem Gelüst auf Avantgardismus entspringt, sondern Werken eignet, die sich über alles hinwegsetzen, was uns vom Kern unseres Daseins, so wie es konkret gelebt wird, trennt, und genau an der richtigen Stelle ansetzt, um uns in gewisser Weise vor die Mauer unserer Wirklichkeit zu stellen, die nur in der Gegenwart leibhaftig ist. Werke, die mit zu den ergreifendsten und lehrreichsten gehören und – die Museen liefern dafür den Beweis – einer ganz anderen Epoche entstammen mögen, aber dessen ungeachtet in hohem Maße modern sein können, insofern sie in einem direkten Bezug zu der Realität jener Zeit zu stehen scheinen, so daß diese Zeit, die nur mehr der Geschichte angehört oder bestenfalls in unserem Gedächtnis schlummert, ebenso real, so gegenwärtig scheint, als wären wir ihr durch eine distanzlose Beziehung verbunden.

Sich als seiner Zeit besonders gegenwärtig erweisen, das ist vielleicht die erste Bedingung, unter der ein Künstler, sei er ein Zeitgenosse oder ein früherer, uns in Staunen versetzt, indem er uns das Gefühl gibt, wie verschieden er auch von uns ist, gehe er doch genau denselben Weg, den auch wir eingeschlagen haben (oder einschlagen sollten), und indem er uns, abgesehen von allen persönlichen Gesichtspunkten, jenen deutlichen Eindruck von Stimmigkeit vermittelt, den so viele unserer Zeitgenossen uns nicht zu geben vermögen? Für einen jeden, der einer dieser weniger dem Spiel als der Magie verwandten Beschäftigungen nachgeht – denn sie sind darauf angelegt, die, die ihre Hervorbringungen betrachten, lesen oder hören, in eine Hypnose zu versetzen –, wäre es also leicht, herauszufinden, welches ungefähr der einzuschlagende Weg ist, wenn es nicht ganz verschiedene und oft ganz unscheinbare Arten gäbe, sich als der eigenen Zeit gegenwärtig darzustellen und wenn es darüberhinaus nicht fast völlig unmöglich wäre (sofern man nicht der klassische Siriusbewohner in seinem Observatorium ist), auszumachen, was diese Zeit nun wirklich ist, in der Strömungen der unterschiedlichsten Richtungen aufeinanderprallen. Und, zur Krönung des Dilemmas, wenn nicht zu befürchten wäre, daß solche Tätigkeiten, selbst noch die kompromißlosesten und revolutionärsten, nur mehr liebliche Relikte aus einer vergangenen Zeit darstellten im Vergleich zu der namenlosen Revolte, zu der die Jetztzeit herausfordert.

Bin ich
Baum ohne Blätter
Wind ohne Wehen
König ohne Thron
Nacktes Tier,
Woge ohne Schaum,
Marmor ohne die Adern seiner verschliffe-
nen Träume?

Wäre in ihrer offenkundigen Angst vor dem, was ihre Herrin sagen oder tun wird und sie mit einem Blick fixierend, der allein schon vermuten lassen könnte, daß diese Olympia, deren auf den Betrachter gerichtete Pupillen gegenüber allem, was in ihrem Blickfeld liegen könnte, gleichgültig scheinen, nur dazu geschaffen ist, um angeschaut zu werden, die schwarze Kammerzofe das einzige Wesen, welches auf dem hintergrundlosen, aber geheimnisträchtigen Gemälde ein bestimmbares Gefühl erkennen läßt?

In seinem Kreis befinden sich in der Tat nur eine kühle Schönheit, die, achtlos gegen den Blumenstrauß, der ihr dargeboten wird wie einer Salomé das Haupt des Täufers, so aussieht, als sei sie in ihrer absoluten Vergegenwärtigung nur da, um da zu sein, und ein Tier, die Katze, deren durch ihre starren Augen eher verborgenen als ausgedrückten Gedanken so wenig nachvollziehbar sind, daß man sich nur mit Mühe vorstellen kann, daß sie sehr wohl eine dunkle Vorstellung im Kopf hat, und sei sie auch noch so wenig artikulierbar.

Den Augenblick, der einen beschwichtigt, ohne daß ihn etwas dazu prädisponiert zu haben scheint, kann man in seiner Färbung nicht in der Gegenwart, sondern nur in seiner Vergangenheit erkennen, in dem kurzen, klarsichtigen Rückblick, der ihn vergegenwärtigt.

Was not täte: diese Lücke zu schließen und eine Gleichzeitigkeit von Blitz und Donner zu erreichen, als schlüge es vor den Füßen ein.

Als Schreiben in der Gegenwart (oder Streben nach dieser Gegenwart) macht die Dichtung, ohne Erzählung zu sein, die Gegenwart von etwas spürbar, das einem gegenwärtig war, oder spricht – zumal als Bericht – von keinem anderen Ereignis als von ihrer eigenen Heraufkunft. Nun gründet sie sich aber als Sprache auf eine Vergangenheit: auf die Worte, die schon vorher existieren und die unter der Bürde ihrer abenteuerlichen Geschichte eine Schicht von Sinnablagerungen mit sich schleppen und durch das Wechselspiel des Gleichklangs mit anderen Worten in uns Zug um Zug einen ganzen Speicher von Gefühlen und alten Empfindungen aufrühren. Insofern ist sie sogar in Gestalt eines Blitzes von Geburt an zum Anachronismus verurteilt.

Ist es vielleicht dieser in Kauf genommene, aber nicht gelöste Widerspruch zwischen der Neuartigkeit der Konstruktion und der Altertümlichkeit des Materials – oder zwischen der verblüffenden Bearbeitung, der der Erfinder es unterwirft, und dem Hauch von Nostalgie, der ihm anhaftet – aus dem ein poetischer Text seine Kraft zieht?

Zwischen Haut und Fleisch
zwischen Hund und Wolf
zwischen zwei Wassern
zwischen zwei Feuern.

In der weit zurückliegenden Zeit, in der ich – unter der Ägide eines Mannes, der teilweise den Lauf meines Lebens mitbestimmt hat, denn ohne sein Beispiel und ohne seinen Rückhalt hätte ich nicht in dem ethnologischen Museum gearbeitet, in welchem ich noch immer tätig bin, obwohl die Atmosphäre darin sehr viel drückender geworden ist, der Ägide eines Mannes, der dank der breiten Palette seiner Begabungen seine hagere Eremiten- oder Seiltänzergestalt so ziemlich überall spazierenführen konnte, in der besten Gesellschaft wie in der Lebewelt, und der als ein Stern der obskuren Pléiade von Künstlern und Schriftstellern, der ich mich damals zugehörig fühlte, so etwas wie ein Maskottchen geworden war – einige zaghafte Auftritte hatte vor dem, was man »die Gesellschaft« nennt (eine seltsame Bezeichnung, da sie den Eindruck entstehen läßt, die Welt bestehe nur aus dem damit bezeichneten sozialen Umfeld, einem eng umrissenen, wenn auch schwer abgrenzbaren Milieu, da kein bestimmtes Kriterium es erlaubt, seine Grenzen zu ziehen), wunderte ich mich jedes Mal über die Art und Weise, in der die banale Formel »Comment-allez-vous?« (Wie geht es Ihnen?) von denen ausgesprochen wurde, die den Ton anzugeben schienen.

Sie setzten sich über die Regel der korrekten Aussprache hinweg, derzufolge die letzte Silbe des Adverbs (das die Rechtschreibung mit einem *t* als Endbuchstaben versieht) mit der ersten Silbe des Verbs (in diesem Falle dem Vokal *a*) zu binden ist, indem sie das *t* ausließen und nach dem ersten Wort eine fast unmerkliche Pause einlegten, und sprachen das zweite, als begänne es mit einem leicht aspirierten *h* – kurzum sie verwandten eine Formel, die man vom reinen Höreindruck nicht als »Comment«, auf das ohne Hiatus »Tallez-vous« sich anschließt, sondern als »Commen(t)-Hallez-vous« hätte wiedergeben können.

Gewiß konnte das auch als Höflichkeit aufgefaßt werden (den Satz besser zu untergliedern, damit er sich nicht so mechanisch ausnimmt). Aber was wäre ein besseres Mittel, die eigene Zugehörigkeit zu einer privilegierten Klasse zu behaupten, als – zumindest in manchen Fällen – eine Art Akzent herauszustellen, der aufgrund seiner Seltenheit für fremdländisch gelten könnte, ohne daß er indessen als der eines anderen Landes oder einer bestimmten Region zu identifizieren wäre?

Seither – ich sage dies ohne Bedauern und ohne den geringsten Stolz, da ich diesbezüglich keine Vorurteile hege und sogar der Ansicht bin, daß im Bereich der Künste der Snobismus, obwohl er der Menge hörig und zu oberflächlich ist, um eine sorgfältige Wahrnehmung zu entfalten, bei der Durchsetzung neuer Werte hilfreich und sehr wirksam sein kann, allerdings bisweilen um den Preis der Korruption – habe ich zu fernab von jedem gesellschaftlichen Leben gelebt, um zu wissen, ob diese Manier, eine von dem Philister erwartete Bindung auszulassen, nur eine Mode oder die Apanage eines Klüngels war, oder ob sie immer noch besteht. Viele »Comment allez-vous?« habe ich geäußert oder vernommen, ohne an die Art und Weise zu denken, in der mein Gesprächspartner oder ich sie aussprachen, und ohne auch nur die geringste Aufmerksamkeit auf diese Frage zu verwenden, die so konventionell ist, daß man auffällt und es fast an Lebensart gebrechen läßt, wenn man anders darauf antwortet als mit so etwas wie: »Danke gut, und Ihnen?« wofern man sich nicht in noch größerer Lässigkeit darauf beschränkt, sie lediglich zu erwidern.

Nun habe ich seit ein, zwei Jahren bemerkt, daß dann, wenn ein Kollege oder ein anderer Angehöriger des Personals in der öffentlichen Einrichtung, in der man mich zuvorkommenderweise über mein Büro verfügen läßt, obwohl ich das Pensionsalter schon um einige Zeit überschritten habe, mich fragt, wie es mir gehe, er dies in einem besonderen Ton tut. Nicht, daß er einen Akzent in seine Stimme legte, der ihn aus der Menge herausheben sollte und einem Jargon zuzurechnen wäre, wie er den feinen Leuten eignet, sondern es scheint so – dies ist zumindest der vielleicht phantasierte Eindruck, der sich mir vermittelt –, als stelle er mir eine wirkliche Frage, anstatt gleichsam mechanisch dieses »Wie geht es Ihnen?« zu äußern, das genauso ein Bestandteil der Unterhaltung ist wie ein »Guten Tag« oder ein »Guten Abend«. Ich bin gewiß empfänglich für die Liebenswürdigkeit des Tones, aber auch ein wenig verlegen und, um ehrlich zu sein, auch vage gekränkt und zugleich verstört: bin ich dem Bild zum Trotz, das mir (gewiß als Illusion) in den Spiegeln begegnet, mittlerweile so hinfällig, daß es nur natürlich wäre, wenn es mir schlecht ginge, und ist es daher für prinzipiell jeden, der sich auch nur im geringsten für meine Person interessiert, angezeigt, sich, wenn er mich anspricht, angelegentlich und nicht in einer beiläufigen Befolgung der Etikette nach meinem Gesundheitszustand zu erkundigen? Bis jetzt konnte ich – mit wenigen Ausnahmen – immer so beschwichtigend antworten, daß die Unterhaltung nicht auf dieses Thema eingehen mußte. Aber wie lange wird das noch dauern? Vielleicht kommt einmal der Tag, an dem man mir mit einer Spur besorgten Zweifels »Auf Wiedersehen« sagt, als sei das Wiedersehen eine Möglichkeit, die allein schon aufgrund meines hohen Altes problematisch erscheinen könnte?

Bei weitem nicht so lang und auch schmäler als die schweren Lastkähne, die oft an diesem Pariser Arm der Seine ankern, blieb jener Frachter – der nicht aufgetakelt war, aber sicherlich wenn schon nicht nach seiner Bestimmung, so zumindest nach seinem jetzigen Verwendungszweck als Vergnügungsboot diente – mehrere Tage mit der englischen Flagge am Bug vertäut unter unseren Fenstern, die mit Schutzscheiben gegen den Verkehrslärm ausgestattet sind, der hier wirklich überhand nimmt. An Bord befanden sich drei junge Männer, die man in dunkelblauen Pullovern oder in anderer lockerer Kleidung einmal auf dem völlig leeren Deck (auf dem nicht einmal Wäsche zum Trocknen hing), ein ander Mal am Ufer flanieren sah, in unmittelbarer Nähe des Wasserfahrzeugs, das so wenig nach Yacht aussah und vor welchem manchmal Spaziergänger oder Spaziergängerinnnen haltmachen, um es sich anzuschauen oder um – zweifellos auf Französisch oder bestenfalls auf Basic-English – mit einem der vermeintlichen Freizeitkapitäne der Flüsse und Kanäle ein wenig zu plaudern. Einmal sah ich einen der drei, der anscheinend allein auf dem Schiff war, mit den Händen in der Tasche ein Tänzchen aufführen, das mir eine Gigue zu sein schien, wie sie für Seeleute typisch ist und die, so hätte man glauben können, weniger dazu gedacht war, sich aufzuwärmen als vielmehr das abzugeben, was das richtige Kolorit gewesen wäre, hätte es sich um eine kalkulierte Inszenierung gehandelt.

Als wir den Lastkahn und das kleine Motorrad an seiner Seite am Rand des Kais, den man von unserer Wohnung im vierten Stock überblickt, nicht mehr sahen und erfuhren, daß er mit seinen drei Bewohnern die Anker gelichtet hatte, empfanden wir fast ein Gefühl des Kummers, denn von nun an würde er uns fehlen, als bezauberndes, fast ansteckendes Bild von Ungebundenheit und Glück.

ACHTUNG! GEFAHR!

Ist es für einen Schriftsteller wie mich, der sich seit langem schon gern einen »Realisten« nennen möchte, nicht eine Illusion zu glauben, er stehe mit beiden Beinen fest auf der Erde und sei solide im Realen verankert, wenn seine Suche nach Realitäten doch nur solche berücksichtigt, die aufreizend genug sind, eine bestimmte Faszination auszuüben und virtuell vergessen zu machen, daß sie nur Sonderfälle sind, die einem bei weitem die gesamte Bürde der Realität nicht akzeptabler machen können? Diese gewinnenden Realitäten, deren Erinnerung ich mit Wohlgefallen durchknete und die für mich erlesene Materialien darstellen, sind in Wirklichkeit nur Einschläferinnen: liebenswürdigen Ablenkungen gleich, entschärfen sie viel eher meine Furcht vor dem allzu Wirklichen, als daß sie in der Lage wären, mich authentisch mit dem Magma von Torheit und Leiden zu versöhnen, aus dem die Welt besteht, in der ich lebe. Sie wissen sich als elitäre Luxusrealitäten auszuweisen, jenen Armen vergleichbar, die sorgfältig genug ausgewählt sind, damit der Papst in einer erbaulichen Zeremonie ihnen die Füße wäscht, oder jenen Sträflingen, die politisch genehm genug sind, um unter das Amnestiedekret zu fallen.

Wenn ich etwas Wirkliches übertrage, übertrage ich es so getreu wie möglich: darin kann man mir durchaus aufs Wort glauben. Aber im Grunde unterscheide ich mich zu einem Gutteil meiner heutigen Arbeit dennoch wenig von jenen akademischen Künstlern, die nur nach vollkommen *schönen* Modellen malten oder bildhauerten, und ich habe womöglich auch etwas von dem umsichtigen Matador, der sich nur Gegnern nach seinem Maße stellt, die es ihm erlauben, ohne großes Risiko die elegantesten Figuren auszuführen.

Schwer, nicht den Heiklen zu spielen oder sich unumwunden ins Wasser zu stürzen, wo ich doch weniger dazu schreibe, dem Übel ins Angesicht zu blicken und den anderen die Augen zu öffnen, als vielmehr, um mich aus meiner persönlichen Hölle zu befreien, und in meinem Hunger nach Euphorie vor allem ein paar Streichhölzer zünden möchte, um dem Schrecken des in die Dunkelkammer gesperrten Kindes zu entrinnen.

BUHLERISCHE REALITÄTEN STOP TRIST ODER FROH ABER POETISCH MANIPULIERBAR STOP ANDERE UNDANKBARE REALITÄTEN LIEGEN LASSEN STOP NOCH ANDERE KANAILLEN NICHT MIT ZANGEN ANZUFASSEN STOP SEHNE MICH NACH REALITÄTEN LIEBCHEN GENUG MIT MEINER ZUNGE ZU REDEN UND LIEBE ZU MACHEN

So aufmerksam man auch auf alles sieht, was geschieht oder geschrieben wird: wenn man lange genug lebt, kommt immer ein Moment, wo man spürt, daß man den Anschluß an seine Zeit verloren hat. Früher war man im Bilde, oder man bildete es sich wenigstens ein. Jetzt stellt man fest, daß auf dem Gebiet, das man doch für das seine halten möchte, viele sicher bemerkenswerte Dinge ohne einen über die Bühne gehen, und manchmal sogar, ohne daß man auch nur das geringste davon verstanden hätte. Und der Schluß daraus, gegen den man immer wieder aufbegehrt, den man aber, wider Willen, eines schönes Tages doch zu ziehen hat: man ist aus dem Text gekommen.

Den Anschluß an seine Zeit verloren haben, das heißt, schon nicht mehr dem Leben, sondern dem Tod angehören. Wo aber dieser nötige »Anschluß an seine Zeit« fehlt, müßte man doch wenigstens die sich Bahn brechenden Strömungen aus dem ff kennen – auch wenn man sie dann ablehnt –, müßte man verstehen, was in einer Situation, die nicht mehr die eigene ist, in den Köpfen der Nachfolger vor sich geht (indem man sich an ihre Stelle setzt), müßte man den Wechsel der Mode zu interpretieren wissen und die Veränderungen in den Sitten, müßte man auszumachen versuchen, welches beim gegenwärtigen Gang der Ereignisse die großen treibenden Kräfte sind ... Ein schönes Programm, aber so weitläufig, daß selbst der seiner Grenzen am wenigsten sich bewußte Soziologe entmutigt die Hände in den Schoß sinken ließe.

Um unmittelbar den Sinn dessen zu erfassen, was um mich her entsteht oder vergeht, um jenes »Moderne« dingfest zu machen, das sehr wohl existent sein kann – als manifeste Erneuerung –, mir jedoch entgehen mag, oder aber, da ich nicht mehr dazu imstande bin, mich der Sache anzuschließen, einem Niedergang zu entsprechen scheint, möchte ich – durch Intuition (denn mir fehlt die nötige Zeit und sogar die Lust, alles, was diese Epoche in sich begreift, bis ins kleinste zu analysieren) – herausarbeiten können, was für diesen Teil des Jahrhunderts dem entspräche, was für die – dadurch noch nackter erscheinende – Olympia das Band bedeutet: den Charakterzug oder das zeitspezifische Detail, das sich zu einem Bilde verdichtete und (als Beweisstück, Symptom, verräterische Spur) die gegenwärtige Epoche charakterisierte und auf subtilste Weise darlegte, daß sie *genau diese* Epoche ist, eine besondere Phase des menschlichen Abenteuers, begabt mit ihrer eigenen Wahrheit, auch wenn sie für mich eine bestürzende ist.

Ohne Zweifel dachte der Freund meines Vaters an jenen berühmten Künstler der Winde, dessen übelriechende Nummer gegen Ende des gerade verflossenen Jahrhunderts ein großer Erfolg gewesen war, als er in bezug auf ein ziemlich langes, vom Fagott gespieltes Motiv in der *Salomé* von Richard Strauss, die seit kurzem in Paris gegeben wurde, von einer »Hinterteilsymphonie« (oder von ebensolchen »Variationen«) sprach. Für mich, den man vermutlich zu der Aufführung dieses musikalischen Bühnenwerkes mitgenommen hatte, ohne zu wissen, wie wenig es meinem zarten Alter angemessen war, verband sich mit den Klängen des Fagotts nichts Anstößiges. Ich sah in ihnen lediglich – wie überhaupt in der Musik dieses Werkes, das schon insofern eine Besonderheit aufwies, da es als Einakter von den Regeln der großen Oper abwich – den Ausdruck von etwas, das zu definieren mir wohl sehr schwergefallen wäre, hätte ich auf einem solchen Versuch bestanden, und durch dessen bizarren Reiz sich das betreffende Werk entschieden von all denen abhob, die ich, den man schon sehr früh in das Wirken unserer Nationalen Akademie für Musik eingeführt hatte, bis dato kannte. Etwas, das ich, um genaueres Verstehen bemüht und im Besitz eines reichhaltigeren und besser bestückten Vokabulars, »Modernität« hätte nennen können, da ich durch die Äußerungen meiner Umgebung wußte, daß *Salomé* ein modernes Werk war, eine Schöpfung, die nicht nur zeitgenössisch war, sondern der gerade aufgrund ihrer Neuheit eine besondere Originalität zukam.

Eine Welt, die sehr verschieden war von der, zu der mir bislang die Lektüre und die Bühne einen Zugang gewährt hatten, offenbarte sich mir in der (originalgetreuen, wie ich später feststellte) Bearbeitung des von Oscar Wilde auf französisch geschriebenen Stückes, einer Geschichte, die außer jener Hierodoule, Huri oder jüdischen Bajadere, deren Anblick das Begehren der Männer bis zum Schmerz aufreizte, einen Herodes vorführt, den ich zu Unrecht für den des Kindermordes hielt, und einen Yokanaan, von dem ich sehr wohl wußte, daß er niemand anderes war als unser Johannes der Täufer unter seinem hebräischen Namen (der mein Denken weniger nach Kanaan lenkt als auf zermalmte Kieselsteine, wenn er heute in der Phantasie an mein Ohr dringt). Eine Geschichte, die durch ihr Thema vielem verwandt ist, was in der Heiligen Schrift berichtet wird, sich aber durch den Geist, in dem sie gehalten ist, unerhört davon abhebt: durch ein orientalisches Kolorit, gesättigt mit Magie und kostbaren archaisierenden Momenten, die den Darstellungen, die ich gehört oder gelesen hatte, völlig abgingen; eine schwüle und beladene Atmosphäre, die noch drückender wird durch die Trunkenheit, die das blutschänderische Verlangen des Herodes weiter aufstachelt, und durch den Liebestaumel, der die Tochter des Herodias befällt, wenn ihr das Haupt des Eingekerkerten überbracht wird, den sie vergeblich zu verführen versucht hat; eine Grausamkeit, die ausdrücklich als dominierendes Element der Handlung gewählt zu sein scheint, welche sich hauptsächlich um die Enthauptung des Heiligen dreht, in der aber auch der tödliche Schwertstoß vorkommt, den sich fast zu Beginn ein Verehrer der Prinzessin versetzt, und des weiteren, gerade wenn der Vorhang fällt, deren barbarische Ermordung, wenn sie wie ein giftiges Tier unter den Schilden der Soldaten zermalmt wird. Eine dreifache Entgleisung also, denn es geht um das gleichsam blasphemische Eindringen des Exotischen in eine Episode, die derselben biederen Hagiographie angehört wie viele fromme Bildwerke, wo das Übermaß an Pittoreskem fehl am Platz zu sein scheint als ungeschminkter Appell an eine völlig verkappte Sinnlichkeit oder als sadistischer Rückgriff auf die Faszination des Blutvergießens. Darüber hinaus war das Drama untermalt von einer Musik voller mächtiger Dissonanzen und seltsamer Emanationen, während sein Text – der sich zunächst als Libretto nur global meinem Zugriff erschloß – mich später durch die Art und Weise berührte, in der die erbarmungslose Härte der Fabel und, in ihrem vermessenen Prunk, die barocke Pracht des Gehaltes miteinander verknüpft sind. Umlenkung, Verzerrung, Perversion, die das Vergnügen würzen, das ein Kunstwerk zu bereiten vermag: dies sind – so scheint es mir nach vielen Jahren, in deren Verlauf eine Art Entzauberung stattgefunden hat – die ehrlichsten (wenn auch ungenauen) Ausdrücke, die ich verwenden könnte, um die Form zu kennzeichnen, unter der sich mir in einem flirrenden Purpurglanz mein erster Eindruck von *Modernität* vermittelt hat, damals noch ein sehr verschwommenes Gefühl, das nicht einmal der elementarsten Theoretisierung fähig war. Ein Gefühl, das sich bei einer anderen modernen Oper, die ich unter den gleichen Bedingungen anschaute, nicht einstellte, obwohl auch sie sich von dem entfernte, was mir auf diesem Felde die Norm zu sein schien, bei *Die Juwelen der Madonna* des Italieners Ermanno Wolf-Ferrari, einem veristischen Werk, von dem ich außer dem frevlerischen Raub der Juwelen nur mehr dies behalten habe, daß im ersten Akt in einem Dekor, der eine Trattoria darstellte, der französische Bariton Vanni Marcoux in der Aufmachung eines neapolitanischen Zuhälters zu sehen war – mit aufgezwirbeltem Schnurrbart, Elephantenfußhosen und grauer Melone –, wie er aus voller Kehle sang, nachdem er, ohne daß ein Trick möglich gewesen wäre, einen großen Teller voll Nudeln oder Spaghetti aufgegessen hatte, eine Leistung, die von einem beachtlichen Bemühen um Realismus und gleichzeitig von einem gewissen stimmlichen Können zeugte, die aber auch nicht mehr zum Träumen einlud als die (wie mir scheint ziemlich konventionelle) Musik dieser Oper, die meines Wissens in der Geschichte des Musiktheaters keine nennenswerten Spuren hinterlassen hat.

Nicht also durch dieses gewiß pittoreske, aber doch schwachbrüstige Allerweltsstück, sondern über *Salomé*, die für mein Umfeld fast ebenso sehr Neuland war wie für mich, habe ich jenes Phänomen entdeckt: den Nimbus der Modernität – einer Modernität, die sicherlich die jener Zeit war und die man heute vielleicht mit einem Wort wie »Kitsch« oder »Nostalgie« bezeichnen würde (denn die erlesene Blüte dessen, was, typisch modern zu anderen Zeiten, damals als der letzte Schrei angesehen werden konnte, ist von Natur aus dazu bestimmt, entschieden aus der Mode zu kommen und zum Gegenstand der lästernden, halb ironischen, halb gefühlsseligen Neigung zu werden, die für das empfänglich macht, was, altmodisch, ohne noch den Adelsrang einer Antiquität erworben zu haben, gerade aufgrund seines veralteten Äußeren reizvoll wirkt: das Buffet aus dem Eßzimmer unserer Kindheit, der Schmuck der Frauen aus der Zeit unserer ersten Liebe, das Auto, dessen einstmals funktionelle Formen mittlerweile völlig überstilisiert wirken). Allerdings war ich noch allzu sehr im Stande der Unschuld, als ich sozusagen versehentlich den Liebestrank der *Salomé* getrunken hatte, um wahrzunehmen, daß sich da eine Tür zu etwas Wichtigem aufgetan hatte, und das verwirrende Gefühl, das ich empfunden hatte, ohne es in seine Bestandteile auseinanderlegen zu wollen oder zu können, weckte in mir – der ich fast noch ein Knabe war und blind die künstlerischen und literarischen Ansichten meiner Eltern akzeptierte – keinerlei Verlangen, auf diesem Feld meinen Gesichtskreis zu erweitern. Damit das Anliegen der Modernität als solches mir Begeisterung oder zumindest Neugierde einflößte, mußte ich zu einem jungen Mann herangewachsen sein, der darauf brannte, eine eigene Luft zu atmen, und der dazu tendierte, zugunsten neuer Maßstäbe diejenigen über Bord zu werfen, die die Erziehung durch seine Eltern ihm eingetrichtert hatte.

Wie eine Entsprechung meiner Errungenschaften auf dem tabuisierten Feld der Sexualität und so, als habe mein Weg hin zu der körperlichen Erfahrung der Liebe als notwendigen Begleitumstand oder als Gegenstück eine größere Vertrautheit mit dem Gedanken an den Tod zur Folge – da die Liebe und der Tod natürlichermaßen aufeinander bezogen sind wie zwei Komplementärfarben, insofern sie dem Dasein eine Struktur verleihen wie einem Gemälde, und da sie auch durch die Verhaltensnormen miteinander verbunden sind (vielleicht lag gerade darin für mich damals der Reiz) als Dinge, die als ungehörig und sogar fast in gleichem Maße als obszön gelten, wenn man von ihnen spricht, ohne dabei Glacéhandschuhe anzuziehen –, hatte das Makabre für mich als angehenden jungen Mann eine ungute Anziehungskraft, der ich mich nicht nur bewußter, sondern auch freiwilliger und fast möchte ich sagen schuldhafter aussetzte als dem verwirrenden Reiz der *Salomé*, jenes Dramas um Liebe und Tod, das mich kurz zuvor so stark beeindruckt hatte. Das Makabre, von dem mich neben anderen ästhetischen Offenbarungen Baudelaires Gedicht *La Charogne* hatte kosten lassen und dessen aller Lieblichkeit bare Würze mir nur (wie ich in meiner heutigen Sprache sagen kann) vorurteilsfreie, anders gesagt »moderne« Geister unbefangen schätzen zu können schienen. Wenn ich mich nicht irre, war es mein älterer Bruder (der sich damals den Bildenden Künsten zuwenden wollte, einer Berufung, von der ihn dann seine Heirat abbrachte, die ihn zu einem Bankmann und zu dem stockbiederen Oberhaupt einer zahlreichen Familie werden ließ), der ein Bild à la Félicien Rops gezeichnet hatte – einen weiblichen Akt, dem unvermittelt ein Kopf mit leeren Augenhöhlen und mit höhnisch entblößten Zähnen gegenübertrat –, das mir, sei es nun erinnert oder phantasiert, neben gewissen Illustrationen des melodramatischen Themas der schillernden Maskerade, die plötzlich eine tragische Wendung nimmt, einen Logenplatz in der verdächtigen Zone einzunehmen scheint, in der ich nun fast aus dem Abstand eines ganzen Lebens viele Dinge nebeneinander hausen sehe, die meiner Empfindsamkeit schmeichelten, indem sie mir vom Tod sprachen, die einen offen, die anderen versteckt. Eine Randzone, in der das, was ich mir als Orgien wie in Wachstuben oder wie im Quat'z'arts vorstellte, triviale Abkömmlinge der Gelage eines Byron, bei denen der Punch aus Schädeln getrunken wird, und das, was ich an Schauerliteratur kannte, sei es von Edgar Poe, sei es über realistische Texte wie zum Beispiel die Chansons des Aristide Bruant, in denen Bürgersteig oder Guillotine nur so dampfen von Blut, oder gar über die Elendsgedichte des Jehan Rictus, in denen ständig der Tod durch Hunger oder Erfrieren droht, sich zum einen einträchtig neben den schrecklichen chinesischen Erfindungen tummelt, die Octave Mirabeau für den *Jardin des Supplices* (ein Buch, das lange für mich verboten war) ausersonnen hat, zum anderen neben der trockenen und knarrenden Friedhofskomik der englischen *Exzentriker*, die aktueller und echter waren als jene Clowns und Augusts meiner frühen Kindheit, die in den im allgemeinen tumben und verstaubten Bühnenbildern der Music-hall Alhambra auftraten, einem muffigen Theater in der Nähe der Place de la République (genau gesagt in der Rue de Malte), das auch nicht die geringste Ähnlichkeit mit dem Granada der Mauren aufwies.

Wenn ich von der Spitze, die ich innerhalb der Konstruktion, welche bei den Demographen Alterspyramide heißt, erklommen habe, auf jene Anziehung zurückblicke, die das Makabre eine gewisse Zeit auf mich ausgeübt hat, dann wie auf die Auswirkung einer Kinderkrankheit: legte ich, der ich noch viel zu jung war, um mich in einer ausweglosen Lage zu befinden, es nicht darauf an, mich als so frühreif darzustellen, um mit dem Tod zu kokettieren und wider alles Herkommen an dem Geschmack zu finden, was nach ihm riecht? Nun war es aber nicht der Knabe, bei dem die bescheidenen Freiheiten, die er sich solchermaßen gegenüber den bürgerlichen Konventionen herausnahm, ein Gegengewicht zu seiner tatsächlichen Harmlosigkeit bildeten, sondern ein junger, auf Eleganz erpichter Mann, der außer auf ein kaum gerechtfertigtes sportliches Auftreten auch auf eine fast weiblich anmutende Gesichtspflege Wert legte, der sich für die aus der Neuen Welt importierten Tänze begeisterte, der sich in der Wahl seiner Zigaretten und (soweit ihm dies möglich war) seiner Kleidung anglophil gab, der die berauschenden Cocktails der amerikanischen Bars liebte und pikante Kost zu schätzen wußte, ein junger Mann, dem vor kurzem die Liebe ihre Gefilde erschlossen hatte, welcher auf der Schwelle zu den glücklichen zwanziger Jahren jene Blume des entschieden modernen Geistes entdeckte, dem er sich zum Teil aus Snobismus und zum Teil aus einem authentischen Verlangen, sich für neue Bereiche zu öffnen, verschreiben wollte: die Musik, Malerei und Dichtung der Avantgarde, die damals in Fehde lag mit dem Fin de Siècle mit seinen spleenigen Regellosigkeiten und seiner Tendenz zu einer vordergründigen Perversion.

In dem Verlangen, und sei es auch nur als Zeuge an dem Abenteuer teilzunehmen, das sich in diesen drei Bereichen der schöpferischen Phantasie seit den Vorkriegsjahren entwickelte, und in dem Bestreben, noch einen Teil Schönheit in einer Laborwissenschaft wie der Chemie zu finden, die ich unüberlegterweise zu meinem zukünftigen Berufsfeld bestimmt hatte, wo ich doch das klassische Gymnasium und nicht das moderne absolviert hatte, das deswegen so heißt, weil an ihm Mathematik und Naturwissenschaften einen größeren Raum einnehmen und diese in der aus dem letzten Jahrhundert stammende szientistische Perspektive als Dienerinnen des Fortschritts und nicht etwa der Tradition das Moderne par excellence darstellen, bekannte ich mich – wie in der Alternative des Alles oder Nichts – zu der Ästhetik, die von der Zeitschrift *L'esprit nouveau* propagiert wurde: einem technologieorientierten Modernismus, der, starr vor Ehrfurcht vor dem materiellen Fortschritt, der sich in den wenigen Jahren des neuen Jahrhunderts vollzogen hatte, der erobernden Vernunft den Löwenanteil zugestand und sein Markenzeichen in der Bewunderung von Maschinen und anderen industriellen Errungenschaften suchte, die durchaus ein imposantes Bild der Zeit entwarfen, sie aber nur oberflächlich charakterisierten; einem selbstgefälligen Modernismus, der sich, indem er die Leistungen der Ingenieure herausstrich, mit seinem Anteil an jenem wunderbaren Aufschwung brüstete, den jener Krieg, der angeblich der letzte sein sollte, eher beschleunigt als verlangsamt hatte, der aber ansonsten genauso blauäugig war wie zu ihrer Zeit etwaige Modernismen, die Burgtürme und Ritterrüstungen oder Paläste und Karossen als erhabenen Ausdruck der Erfindungsgabe des menschlichen Geistes gepriesen hätten. Ohne Zweifel steht diese Phase meiner langen Auseinandersetzung mit der Problematik des schöpferischen Tuns mir jetzt am fernsten, und sie war im übrigen von so kurzer Dauer, daß ich durchaus glauben kann, daß sie nur einen Fehlstart darstellte. Wenn ich daran zurückdenke, so scheint es mir, daß wir uns sehr einfältig und in Illusionen befangen zeigten, als wir uns auf diesen »Fortschritt«, der zum bequemen Gegenstand der Zuversicht, ja der Devotion geworden war, stützten, wo es doch nötig gewesen wäre, mithilfe eines solchen Glaubens an eine neue Form von Vorsehung das Loch von Absurdität zu schließen, das entstanden war durch die Zersetzung des Glaubens an einen allmächtigen Gott und den Verfall der souveränen Gewalten, denen der Konsens des Volkes lange Zeit einen fast sakralen Status verliehen hatte. Der Fortschritt, jene profane Gottheit, die in unseren Tagen gerade unter der Last einer Übertechnisierung ins Wanken gerät und deren heilsamer Wirkung die Revolutionäre als allererste mißtrauen, da sie, wieviel Optimismus sie auch in ihrer Wette auf die Zukunft an den Tag legten, so vorgehen, als sei es ausgeschlossen, zu einem besseren Zustand zu gelangen, ohne gewaltsam in den natürlichen Ablauf der Dinge einzugreifen.

Nicht mehr an den Fortschritt zu glauben wie an den Weihnachtsmann, nicht mehr glauben zu können, daß nach langem Tasten notwendig bessere Zeiten kommen und daß mein Leben in eine Aufwärtsbewegung eingebettet ist und ihm insofern trotz seiner Kürze ein wenig Sinn zukommt, zu zweifeln an der Rechtmäßigkeit der Revolution (die ein hoher Preis ist für Errungenschaften, bei denen die in Kauf zu nehmenden Verluste keineswegs zu vernachlässigen sind), wenn all dies wahrscheinlich einen wirklichen Fortschritt an Einsicht bedeutet, wie läßt sich dann beschreiben, in welche Haltlosigkeit die Zersetzung dieser Ideen, die mir nach und nach zu Stützen geworden waren, ohne daß mir dies zu Bewußtsein kam, meine letzten Jahre stürzen läßt, indem sie mich nicht nur eines Grundes zur Hoffnung, sondern auch einer unersetzlichen Orientierungshilfe beraubt! Letzten Endes stehe ich wieder so da – nach dem Verlust von Unreife und Begeisterungsfähigkeit und dem Gewinn von Ernüchterung und Skepsis, die noch schwerer wiegen durch die Furcht und den Ekel vor der Gewalt, die immer weiter um sich greift – wie zur Zeit meiner rastlosen Jugend, in der ich allem, was die Flagge des »Modernen« zeigte, gelassener gegenüberstand und sich mir die Kehle zuschnürte in einer Welt, von der ich ohne weiteres Hinterfragen nur wahrnahm, daß ihre Gesetze uns zum Altern und dann zum Sterben verurteilen (eine Bedrohung, die sogar mein Glück in der Liebe überschattete, da ich dabei an eine einzige Person gebunden war, um deren Vergänglichkeit ich wußte), und in der ich nur dort eine Linderung fand, wo die Phantasie sich voll entfaltet: in Verbindung mit dem, was meine tiefsten Empfindungen in Töne oder in Bildern übersetzte, in der fiktiven Verklärung oder Sprengung dieses drückenden Gefängnisses durch Dichtung und Kunst, wie sie mir in grandiosen und ganz neuartigen Gestaltungen vermittelt wurden von denen (unter anderem Picasso und Apollinaire), die mir als Pioniere, wenn nicht als Propheten erschienen. Unter frivoler Fassade war es eine versonnene Jugend, die sich nicht zufrieden gab mit der undefinierten Position des Amateurs und die bald überschattet wurde vom Dämon der Feder, von meinem Verlangen, im Schreiben eine Magie auszuüben, die mich, eben weil sie auf meinem eigenen Antrieb beruhte, als einzige hoch genug emportragen konnte; eine Jugend, von der ich, wenn ich das Ausmaß meines jetzigen Notstandes ermesse, noch behaupten kann, daß sie sich durch den Gebrauch des besagten Heilmittels, das ich instinktiv anwandte und das noch nicht durch meine übermäßige Reflexion abgestumpft war, alles in allem glücklich gestaltete, obwohl sie sich in jenen leichteren Zeiten den Luxus leistete, das Gegenteil zu glauben.

Nicht mehr die Modernität (ein Köder für diejenigen, die sich aus Angst davor, anachronistisch zu wirken, als legten sie damit eine geistige Trägheit an den Tag, als lebendige Illustrationen dessen geben, was ihre Zeit an Lebendigstem aufweist, aber im allgemeinen nur Snobs sind, die rasch die Nase im Wind haben und insofern in Wirklichkeit Nachzügler, die sich denjenigen an die Fersen heften, denen es gleichgültig ist, ob sie modern sind oder nicht, die sich aber in der Position echter Vorläufer befinden), nicht mehr die *Modernität*, jene trügerische Gottheit, denn erst im nachhinein hat man eine Möglichkeit, festzustellen, was wirklich die äußerste Spitze einer bestimmten Zeit bildete, sondern eine *Ewigkeit* – etwas, das jenes überwältigende Erlebnis vermittelt, man befinde sich nicht mehr in der Zeitlichkeit –, das ist es, was ich nach dem Bemühen, »in Mode« zu sein, von nun an in jener Dichtung und in jener Kunst suchte, innerhalb derer mir Zeit und Raum, das Grundgerüst der Welt, nicht mehr zu Uhr und Meter, sondern zu der Perspektive zu gehören schienen, unter der sich uns die Welt darstellen würde, wenn – eine märchenhafte Möglichkeit, an die ich nicht glaube – der Tod uns aus unserem Kerker der Endlichkeit befreien würde.

Modernität, Ewigkeit: nicht nur das ästhetische Vergnügen am Gleichklang der Wörter oder am Wortspiel läßt mich zwischen diesen beiden Begriffen eine Parallele ziehen, denn ich glaube tatsächlich, daß es keine treffenderen Wörter gibt, um die beiden Pole zu bezeichnen, zwischen denen ich geschwankt habe, bis sie fast ineinander übergegangen waren oder sich zumindest überlagert hatten. Ein solches Zusammenfallen ist keineswegs paradox, wenn man einräumt, wie ich es mittlerweile tue, daß ein Werk, weise es nun formal eine Neuerung auf oder nicht, das präzise den seiner Zeit eigentümlichen Geist ausdrückt (das deutlich macht, indem es mehr als nur die Oberfläche erfaßt, daß es sich um eben diese Zeit handelt, die vielleicht vergangen sein mag, aber für diejenigen noch lebendig ist, die sie erlebten, und die wie die unsrige ihren Teil an Unentdecktem in sich trägt), nicht nur *per definitionem* modern ist, sondern ans Ewige rührt, da es zu denen zählt, die die größten Aussichten auf eine zeitüberdauernde Geltung besitzen (darauf, sich über die Zeit hinweg eine intensive *Präsenz* zu bewahren), eben dank der unmittelbar überzeugenden Art und Weise, in der in ihm, sozusagen als Duft der Jahre, jenes Etwas erfaßt und festgehalten wird, das Baudelaire, der jenen Ausdruck, dem er eine neuartige Nuance verlieh, auf den ephemeren Glanz der Mode bezog, Modernität benannt hat, und zwar zu einer Zeit, in der sein jüngerer Zeitgenosse Manet ihn im Profil abmalte (mit einem Zylinder mit breitem Band und auf den Nacken herabquellendem Haar), Modernität, die, obwohl eine derartige Vorstellung erst seit recht kurzer Zeit im Schwange ist, keinem bestimmten Zeitalter vorbehalten ist, weder dem Atomzeitalter noch der Steinzeit, da sogar die Vorgeschichte keine Wandlung erfahren konnte (in der Ablösung des Paläolithikums durch das Neolithikum), ohne auf ihre Weise ihre Kämpfe zwischen Bewahrern und Neueren auszufechten. Wenn man des weiteren einräumt (eine Überlegung, zu der mich die Ausrichtung führt, die meine Vorlieben allmählich genommen haben, wo ich doch als junger Mann den Realismus verabscheute, als sei er aufgrund seiner Plattheit nicht imstande, mein Dasein als sterbliches Wesen zu bewältigen und eher dazu angetan, mich mit der Nase in den eigenen Kot zu stoßen), wenn man – unter Ausklammerung der Musik, die eine unvergleichlich berauschende Macht hat, aber nur gelegentlich die Wirklichkeit einbezieht und mit Ausnahme jener indirekten Verwendung, wie das gesungene oder intonierte Wort sie darstellt, das alltägliche Werkzeug der Sprache nicht einsetzt – einräumt, daß der Eindruck von völliger Aktualität, von Stimmigkeit, den ein solches Werk, und sei sein Thema auch noch so banal, in uns auslöst, jene seltsame

Illusion erzeugt: daß die fiktive, aber unabweisbare Vergegenwärtigung einer Gegenwart (oder dessen, was eine Gegenwart war) uns als eine Begegnung mit einer zeitlich und räumlich trotz ihrer rational kaum nachvollziehbaren Übermittlung doch situierbaren Wirklichkeit zumindest für den einen Augenblick ihrer Entdeckung dem gewöhnlichen Fluß der Dinge entreißt und uns außerhalb der solchermaßen ausgespielten Zeitlichkeit stellt (die auf ihrem eigenen Feld besiegt, mit ihren eigenen Waffen geschlagen, in ihre eigene Falle gegangen ist). Sicherlich ist es für einen Schriftsteller oder einen Künstler genauso absurd, sich als modern auszugeben, wie ein Klassiker sein zu wollen, da man erst im nachhinein, mit Rücksicht auf die vergangene historische Entwicklung wird sagen können, was zu einer bestimmten Zeit wirklich modern war (was auf dem beschränkten, aber wichtigen Feld der Literatur und der Wissenschaft das Neue an dieser Zeit ausmachte und im Verhältnis zu der vorangegangenen und den nachfolgenden Epochen ihre eigene Leistung war), wobei es durchaus möglich ist, daß das einstmals Moderne, wenn es schulbildend wirkt, in der Folge zu etwas Klassischem wird. Aber verfällt ein Schriftsteller oder Künstler in einen Möchtegern-Modernismus, wenn er darauf Wert legt, daß das Produkt seiner weniger übersetzenden oder vermittelnden als schöpferischen Arbeit sich darstellt als offener Blick auf das Heute für Menschen von heute, und daß es als Einbruch der unmittelbaren Wirklichkeit, in welchem die Phantasie Gestalt gewinnt, für den Betrachter ebensoviel Evidenz oder Lebendigkeit annimmt wie ein Ereignis, das sich hier und jetzt unter seinen Augen abspielt – kurzum, daß dieses Produkt einer Kunstfertigkeit, das uns in einer heutigen Sprache von heute spricht, mit einer Präsenz begabt ist, in der sich Häßlichkeit und Schönheit fast schon wieder berühren und die auf rätselhafte Weise bewirkt, daß ein Werk (das als eine Wirklichkeit empfunden wird, die den Rezipienten zielsicher und genau zur richtigen Stunde erreicht) uns sehr bald betrifft und uns direkt anzugehen scheint, ein Werk, das ungeachtet seiner Unverrückbarkeit als Bild oder Ansammlung von Wörtern in manchem Betrachter oder Leser eine Art unvergängliches Erlebnis im Hier und Jetzt auslöst, das alles andere für eine Zeitlang überstrahlt?

Der Form und dem Gehalt nach völlig »modern« zu schreiben, nicht um (als Mitläufer) sich dem Zeitgeschmack anzupassen oder (als vermeintlicher Vorläufer) diesen Geschmack vor allen anderen zu vertreten, sondern um wahr zu sein – unabhängig von jedem folkloristischen oder exotischen Nimbus in meinem Sprechen genau dem gerecht zu werden, was den Rahmen meines körperlichen und geistigen Lebens ausmacht – und somit über größere Aussichten zu verfügen, zu einer Präsenz zu gelangen, zu einer Kommunikation, die jedwede Distanz aufhebt... An diesem Programm ist in meinen Augen nichts auszusetzen, bis auf die Tatsache, daß in unserer heutigen Zeit einige Naivität darin liegt, sich im Zusammenhang mit der Literatur und auch der Kunst um Modernität zu sorgen, da Malen, Bildhauern oder Schreiben allzu harmlose Tätigkeiten darstellen, um nicht Anachronismen zu sein in einer Zeit epidemischer Gewalt, für die die Maschinenpistole ein geeigneteres Symbol abgibt als die Feder, der Pinsel oder der Meißel, alles Instrumente ohne wirklichen Biß, wie immer man auch mit ihnen umgehen mag, und die im übrigen auch sonst weniger geeignet sind für denjenigen, der tatsächliche Neuerungen bewirken möchte (der *das Leben verändern* anstatt nur einen *unerhörten Schauder* vermitteln will), als für denjenigen, der sich darauf beschränkt, die Welt in ihrem jeweiligen Zustand passiv zu spiegeln. Die Maschinenpistole ist unverkennbar modern als blitzblank poliertes, bis ins Detail durchkonstruiertes Gerät aus Stahl, an dem hier und da noch Schmieröl glänzt ... Aber damit sie mehr ist als eine Knallbüchse für Banditen mit Astrologenhüten, muß dabei der Sieg herauskommen, und dieser Sieg darf kein Trug sein. Ist es jedoch überhaupt vertretbar, Baudelaires Begriff der Modernität (wie ich es, durch das Wort verleitet, getan habe) außerhalb seines ursprünglichen Feldes zu verwenden, nämlich dem der Ästhetik? Das Element von Flüchtigkeit und Kontingenz, auf das er sich bezieht, ist in der Tat nach den Ausführungen in *L'Art romantique* ein integraler Bestandteil des Schönen, dem gewiß auch ein Teil von Ewigem zukommt, das aber damit allein lediglich eine leblose Abstraktion wäre. Typisch moderne Tätigkeiten wie Fernsehen, Arbeit am Fließband, im Auto am Wochenende aufs Land fahren, unbeschwert hetero- oder homosexuellen Geschlechtsverkehr haben, Marihuana rauchen, kühn mit den alten Gewohnheiten brechen, indem man auf dem Mond spazierengeht oder mit den Waffen der neuesten Generation gegen die Gewaltherrschaft kämpft, haben an sich mit der Modernität sehr wenig zu tun, da es bei ihr nicht um die materiellen Fakten, sondern um den subjektiven Eindruck geht, der sich einem davon vermittelt, und wäre man auch nur ein wacher und hellhöriger Zeitgenosse. Des weiteren ist es oft so, daß diese schon ihrer Definition nach in ständigem Wandel begriffene Modernität, deren Wesen als solches sich nur sehr schwer fassen läßt, weit entfernt, auf ganz bestimmten

Aspekten des modernen Lebens zu basieren, wie man es erwarten könnte, archaisierende Tendenzen aufweist (so die Mode der römischen Vornamen während der Französischen Revolution, der Hang zum »Primitiven« bei den Künstlern des Jahrhundertanfangs, die Präraphaeliten und ihre Idealisierungen inmitten der Zeit des industriellen Aufschwungs, die Rückwendung zu einem Altertum in der Art von holzgeschnitzten Götzenbildern wie bei einem einst so skandalerregenden Werk wie dem *Sacre du Printemps*, dessen scheinbar barbarische Dissonanzen für mich mit zwanzig Jahren, als ich nach Unerhörtem dürstete, die große musikalische Entdeckung waren, Beispiele, neben denen ich wegen der Lächerlichkeit dieses Anspruchs nur mit Vorbehalt das Faible mancher Leute für nostalgische Gegenstände zu erwähnen wage, eine regelrechte Verirrung, denn wenn es auch durchaus normal ist, in »Modernes« vernarrt zu sein und auf die Mode zu achten, so ist es eine schauderhafte Spitzfindigkeit, eine Sache einzig darum zu lieben, weil sie das mittlerweile veraltete Moderne von gestern ist).

Als eine Qualität jenseits objektiver Gegebenheiten (seien es nun die hervorstechendsten und sozusagen karikierenden Züge dessen, was »in letzter Instanz« diese unsere zeitgenössische Welt ist, oder sei es die gesellschaftliche Dynamik, die sich lautlos entfaltet oder aber sich Bahn bricht in revolutionären Taten, die darauf abzielen, eine Vergangenheit zu liquidieren, die die aufsässigsten Geister völlig verwerfen), weniger ein Faktum soziologischer oder historisch abrufbarer Daten, sondern vielmehr eine Frage der Sensibilität und des Blickwinkels, aus dem man die Gegenwart betrachtet, um nötigenfalls anderswo nach Schönheit und Unverbrauchtheit zu suchen, letztlich also eine Frage der Geisteshaltung, zumindest derjenigen, die die wachsamsten Köpfe an den Tag legen und die als Produkt der Entwicklungen der Zeit vielleicht später einmal Aussicht darauf hat, in der äußerlichen Form, in der sie sich niederschlägt, als die vorderste Front, als zukunftsträchtiger Augenblick innerhalb einer bestimmten Etappe im Fortgang des Denkens angesehen zu werden, so könnte man das Feld beschreiben, außerhalb dessen dieser Begriff der Modernität gar nicht mehr greift, falls er überhaupt noch einen Sinn hat. Insofern sie sich nicht erschöpft in der reinen Innovation auf einem bestimmten Gebiet und auch nicht in dem spontanen und vorbehaltlosen Bekenntnis zu dem, was eine Epoche nach außen an ureigenen Errungenschaften aufzuweisen hat (zu ihrem Dekor, ihren Moden, ihren großen technischen Erfindungen und vielen anderen Elementen, die auf spektakuläre Weise ihr Gesicht mitprägen), liegt die Modernität viel eher im Auge des Sehenden als in dem Gesehenen, in dem, was man persönlich empfindet eher als in dem, was dieser Empfindung zugrundeliegt. Und im übrigen kann sie nur sehr relativ sein, nicht so sehr weil in jeder Zeit das Moderne einer überwundenen Vergangenheit gegenübersteht und weil – so wie ein Kleid, das so vollkommen der Mode entspricht, daß es nur umso rascher veralten wird, oder so wie im Herzen von Paris das nach bewährtem Industiedesign hochgezogene ultramoderne Superbauwerk, für gewöhnlich »Beaubourg« genannt, das, als es noch kaum fertiggestellt war, schon erraten ließ, daß es sich binnen kurzem altbacken ausnehmen würde, ohne jemals die unverkennbare Majestät jenes anderen Meisterwerkes der Technik, des Eiffelturms, erlangt zu haben – das, was zu einer bestimmten Zeit nach außen am modernsten wirkt, im allgemeinen auch dasjenige an ihr ist, was am schnellsten veraltet, sondern – ein viel weitergehender Vorbehalt –, weil wir uns auf unser jetziges Bild, das wir uns von der Modernität machen, beziehen (auf eine Vorstellung, die nicht zu trennen ist von dem Wertesystem, das uns gegenwärtig eignet und das Schlag um Schlag im Laufe der Entwicklung einem anderen System weichen wird), wenn wir ihre heutigen Manifestationen und die Formen beurteilen, in denen sie sich für uns in vergangenen Epochen darstellt.

Eine Modernität, die insofern gleich doppelt kurzlebig ist, da wir das Raster eines in sich schon instabilen Begriffs auf den ständig sich wandelnden Sachverhalt anwenden, den es zu erfassen gilt. Sie zeigt sich als solcher Wechselbalg, daß wir fast glauben könnten, einem einfachen Wort aufzusitzen, wenn wir festzulegen versuchen, was sie nun eigentlich ist, hat aber unseres Wissens zumindest innerhalb der Grenzen unserer unmittelbaren Erfahrung eine Realität: die Realität einer Eigenschaft, die, gleich welchen Ursprungs, mit Bestimmtheit gewissen Dingen und gewissen Personen zukommt, die nach unserer Einschätzung ganz besonders repräsentativ sind für die Zeit, in der wir leben, und für den noch nie gehörten Ton, der in ihr schwingt. Wenn ich nun an mich denke, der ich nichts von einem Terroristen oder sonstigen militanten Avantgardisten habe, auch nichts von dem Pionier einer Spitzentechnologie und nicht einmal von einem mit Sekretärinnen und Computern umgebenen *businessman*, der ich keine einzige Fremdsprache gut spreche und insofern absolut nicht als Kosmopolit zu gelten vermag und, was noch lächerlicher ist, weder Auto fahren noch schwimmen kann und im übrigen keine der Sportarten ausübe, die beim Nahen des 21. Jahrhunderts zum Bild des Mannes von Stand gehören, ich, der ich auch in bezug auf die Kleidung bei weitem nicht auf dem neuesten Stand bin, da ich kaum mehr eine Entwicklung mitgemacht habe seit den frühen Jahren, in denen ich zum *Fan* meines um zwei Jahre älteren Vorbilds Nijinski-Savile-Row Fred Astaire wurde, und der ich, was die Liebe angeht, zwar durchaus libertäre Standpunkte vertrete, mein Leben indes in keiner Weise nach diesen Standpunkten ausgerichtet habe, wenn ich also an mich denke – der ich offensichtlich dieser Zeit angehöre, aber insofern, als mir die kleinen Belastungen unseres Lebens in der Konsumgesellschaft zur Plage werden, dieser Zeit in mancher Hinsicht hinterherhinke –, frage ich mich nicht ohne Unruhe, worin ich meine Modernität erblicken darf, jene Eigenschaft, auf die ich vermutlich deswegen Wert lege, weil ich in ihr ein Synomym für Unverbrauchtheit sehe. Bin ich nach sorgfältiger Überlegung nicht dennoch dazu berechtigt, zu behaupten, ich sei trotz äußerer Eigenschaften, die dagegensprechen, ein Moderner, und zwar zweifellos aufgrund dessen, was mir – durch kein unmittelbar an meiner Person oder an meinem Handeln und Tun ablesbares Zeichen ausgedrückt – am innerlichsten ist: das quälend klare Bewußtsein darüber, wie schwierig es für einen einigermaßen informierten und denkenden Menschen ist, in unserer Zeit zu leben? Wenn ich also trotz allem auf der Höhe meiner Zeit bin, dann auf dem Umweg oder fast könnte ich sagen über die Antiphrasis der Not dieser Zeit (*mal du siècle*), also über einen Zugang, der dem einer faszinierten, gleichsam bedingungslosen Bejahung unseres Jahrhunderts entgegengesetzt ist, einer Bejahung, für die die vermeintliche Größe unserer Zeit ihr Elend so weit wettmachen kann, daß man, wenn man sich schon nicht so wohl in ihr fühlt wie ein Fisch im Wasser, zumindest stolz darauf ist, ihr anzugehören. Der Zugang, den in der Tat viele Geister wählen, die nicht unbedingt unzufrieden oder durch ein erdrückendes Schicksal verbittert sind, sich aber dennoch nicht wohl fühlen in diesem Jahrhundert, jener historischen Phase, an der sie zumindest als Statisten teilnehmen und zu deren charakteristischen Merkmalen auch ihr eigenes Unbehagen gehört (die ebenfalls unbeständige Form, die ihre innere Ablehnung oder jedenfalls die Art ihrer inneren Unzufriedenheit annimmt), ein Charakteristikum der Moderne par excellence, da es zu denen gehört, die die Eigenheit einer Epoche gegenüber den vorangegangenen prägen, und da es als Aufweis eines Mangels darauf abzielt zu zeigen, daß eine Veränderung wünschenswert ist in dieser Welt, die nicht die beste der Welten ist und die wir noch immer nicht nach dem Maß des Menschen gestaltet haben, wofern uns dies jemals gelingen wird! Die Not der Zeit: unter dem Blickwinkel der Modernität ist das die Gestalt, in der heute die ewige Lebensangst auftritt, diese unausrottbare Geißel, die Not der Zeit, die dieser Zeit, oder das, was – wenn hier nicht unser Gedächtnis krankt und die Erinnerungen trügerisch verquickt – Max Jacob, wenn er uns, seinen jungen Freunden, die aufmerksam den Dadaismus verfolgt hatten, bevor sie zu Surrealisten wurden, die Leviten las, den »Geist des Nihilismus« nannte, er, der ja im katholischen Glauben wenn auch nicht ein Allheilmittel, so doch einen Kompaß gefunden hatte, der ihm schlecht und recht die Orientierung ermöglichte, und zugleich einen festen Halt, der es ihm ersparte, sich immer wieder von neuem in Frage zu stellen.

Ob nun ein verderberischer Dämon die Spitze seines Bocksfußes hinter einigen der Türen, die sich damals in meinem Kopf auftaten, ausstreckte und ob ich diesem bösen Ratgeber bisweilen mein Ohr geliehen habe oder nicht, es ist gewiß, daß in unseren Tagen der Boden für sein Werk der Verneinung besser bereitet ist denn je.

Die Gewißheit, daß ich nicht nur sterben (das Bewußtsein von allem verlieren), sondern mit Leib und Leben verschwinden muß, das heißt, daß der Tag kommen wird, an dem keine Spur mehr von mir bleibt, das entdecke ich zuerst, wenn ich meine innere Landschaft überschaue. Was ich auch tue, was würde es mir nützen – gesetzt den Fall, es würde mir gelingen –, in dieser Welt eine dauerhafte Spur zu hinterlassen, wenn die Gesetze der Astrophysik unseren Planeten der Vernichtung anheimstellen? Warum sollte ich mich im übrigen um etwas mühen, da jeder der Wege, den ich einschlagen darf, sich letztendlich in einer absoluten Leere verliert, die immer dieselbe bleibt, gleichgültig wie man zu ihr hingelangt ist? Diese Aussicht auf völlige Vernichtung muß für jeden, der sie sich schon einmal abzeichnen gesehen hat, deprimierend sein, das ist offensichtlich. Aber sie betrifft nur die Zukunft, und dazu noch eine ferne, fast imaginäre Zukunft, wodurch diese Aussicht ihre klaren Konturen verliert und in eben diesem Maße weniger quälend wird. Unmittelbarer wirkt indessen das dumpfe Mißbehagen, welches ein anderes Unkraut, das nach und nach meinen inneren Garten überwuchert hat, in mir auslöst, ein Unkraut, das mir nur noch wenig Platz läßt, das anzubauen, was ich selber anbauen möchte.

Es scheint mir zunächst, daß, wie spärlich meine Kenntnis der Werke von Marx und Freud auch sei, diese Kenntnis mich dazu gebracht hat, den Idealismus, der sogar noch in meiner Verzweiflung für mich eine Quelle der inneren Erhebung war, als einen Irrtum abzulegen, der meiner allzu behüteten Jugend entsprang; ohne Zweifel ein Schritt zur Wahrheit, der aber nicht ohne unerquickliche Kehrseite ist: es ist vorbei mit den lyrischen Höhenflügen, dem Griff nach dem Erhabenen (in schwarz oder weiß), wenn man sich durch das Wissen um die ungeheure Macht der Ökonomie und der Sexualität mehr durch die Tiefe hinab – als durch das Hohe hinangezogen weiß. Des weiteren wurden viele meiner Wertvorstellungen nachhaltig entmystifiziert durch meine theoretische und praktische Beschäftigung mit der Ethnologie, einer zu der Zeit, als ich beschloß, sie zu meinem Beruf zu machen, noch nicht ganz orthodoxen Wissenschaft: die westliche ist nur eine Zivilisation unter anderen Zivilisationen, die sich mit dem gleichen Recht verteidigen lassen, obwohl keine als das Paradies angesehen werden kann, und es würde nicht greifen, die technische Überlegenheit des Westens anzuführen, da heute die Entwicklung dahin tendiert zu beweisen, wie nichtig die Anhäufung von Wissen und Patentrezepten ist, die die Europäer geleistet haben (und auf die sie im übrigen schon nicht mehr das Monopol besitzen), zwar ein unbestreitbarer Fortschritt, der aber ebenso im Bösen – im Zerstörungspotential – wie im Guten zu Buche schlägt und der, obwohl er durchaus von einer verfeinerten Reflexion begleitet ist, nur ein eng begrenztes Gebiet betrifft, da man trotz der neueren Errungenschaften unserer Gesellschaften in solchen Bereichen wie dem Schutz der Kinder oder der Emanzipation der Frau nicht sagen kann, auch nicht angesichts der Tatsache, daß das Wissen im Lauf der Jahrhunderte gewachsen ist und die Sitten sich gewandelt haben, der moderne Mensch sei – in der Tiefe seines im allgemeinen besser genährten und von sehr viel mehr Gebrauchsgegenständen umgebenen Leibes – ein intelligenteres und moralischeres Wesen als seine Vorgänger in anderen Epochen oder zumindest diejenigen der Vorgeschichte. Jede Zeit hat wie jedes Land ihre eigene Form von Erkenntnis und Moral ... Nach welchem Kriterium (nicht einmal die Steigerung der Lebenserwartung reicht da aus, da selbst ein später Tod immer noch eine Tragödie ist, unverbrämter jetzt als je zuvor, und auch nicht der Rückgang des alltäglichen Mordens am laufenden Band, da diese handwerkliche Methode, die Herde zu lichten, abgelöst worden ist durch periodische Hekatomben) sollte man eine Hierarchie erstellen und eine aufsteigende Linie zeichnen, als die ein absoluter Fortschritt sich darstellt?

Ebenso reduzierend wie dieser Relativismus, der nicht nur das Wahre und Gerechte betrifft, sondern auch das Schöne berührt (da die Geschmäcker je nach der Kultur verschieden sind und sich also kein Konsens darüber herstellen läßt, was in ästhetischer Hinsicht einen absoluten Wert besitzt), wirkt sich die Tatsache aus, daß wir mittlerweile wissen, daß die großartigsten Werkzeuge, die wir uns zugelegt haben – zum Beispiel die Maschinen und die Sprache, die unsere Transzendenz über alle übrigen Lebewesen auszumachen scheinen –, ebenso unsere Herren wie unsere Diener sind: wir müssen eher das konsumieren, was die Industrie produziert, als nur das produzieren, was wir konsumieren müssen oder möchten, und – ein weiterer Schlag gegen die illusionäre Selbstherrlichkeit, an die innerlich jeder glaubt – das

Zeichensystem, das unser Ausdruckmittel ist, wird nicht nur durch die Vermittlung von Presse und Medien zum Werkzeug der verkommensten Propaganda, sondern nimmt auch durch die Übermacht seiner Strukturen Einfluß auf alles, was wir denken, sagen oder schreiben, so daß wir gerade dort gegängelt sind, wo jeder glaubte, hier habe er eine Waffe, mit deren Hilfe er sich gegen jeden von außen herangetragenen Zwang behaupten könne. Ein Relativismus, der noch lange nicht überall Verbreitung gefunden hat, der aber seinen offiziellen Einzug hält mit jener historischen Epoche, die »die Moderne« genannt wird, die zu meiner Gymnasialzeit laut Lehrplan unmittelbar nach dem Mittelalter und vor der »Gegenwartsgeschichte« behandelt wurde (ein seltsamer Ausdruck, da diese Gegenwart mit der doch schon recht weit zurückliegenden Französischen Revolution begann), mit jenen modernen Zeiten, die noch nicht die Chaplins und schon gar nicht die Sartres waren und deren Heraufkunft sich nach der Überlieferung schon im Fall von Byzanz ankündigte, die sich aber erst mit der Entdeckung Amerikas Bahn brachen (das man zunächst für Indien hielt, in dem man dann aber sehr bald die Neue Welt erkannte), einer Entdeckung, die in Verbindung mit weiteren abenteuerlichen Seereisen das Bild der Erde und – durch das Schauspiel ungeahnter mächtiger Reiche, die man jenseits der Meere auf dieser Erde antraf, die sich zunächst zur Kugel zusammenrollte und bald schon als Mittelpunkt der Welt abtreten mußte – jene Art von in sich geschlossenem Absolutum ins Wanken brachte, das die Christenheit über lange Zeit dargestellt hatte, mit jenen modernen Zeiten, in deren Anfängen auch die Autorität der Kirche sich heftigen und unmittelbaren Anfechtungen ausgesetzt sah:

der Erfindung des Buchdrucks, durch den die Bibel in gewisser Weise in die Sphäre der Öffentlichkeit überging, und, am Ursprung des Gedankens der *»freien Gewissensentscheidung«*, jener geistigen Umwälzung, die man als Reformation bezeichnet. Ein Relativismus, der an Boden gewinnt, sobald unter den harten Schlägen gegen die schützenden Wahrheiten die Tradition als Hort der Geborgenheit dem freien Kräftespiel des Modernen weicht, und von dem ich, ganz unabhängig von Schulwissen und späterer Reflexion, so tief durchdrungen bin, daß sich aus ihm als Reaktion, die nicht im engeren Sinne des Wortes ideologische Wurzeln hat, sondern vielmehr einem Defizit an festen Bezugspunkten entspringt, ein solches Gefühl von Verunsicherung ableitet, daß ich, ebenso mißtrauisch gegen mein Recht wie gegen mein Urteil, nicht einmal mehr wage, mich als Eigentümer von Dingen zu betrachten, die mir nicht so unmittelbar zugehörig sind wie die Kleider an meinem Leib, meine karge Ausrüstung an Gerätschaften (insbesondere mein Füllfederhalter, mein Kugelschreiber und mein Minenbleistift), die Hefte, die ich mit eigener Hand abfasse, und die Bücher, die mich umgeben: was den Großteil dessen angeht, was ich besitze, so bin ich durch glückliche Fügung, zum Teil allerdings auch als Entlohnung für einige Arbeiten, die ich auf den Gebieten meiner Wahl geleistet habe (so stellt die Sache sich für mich dar), in den Genuß einer gewissen Anzahl von Pfründen gelangt, aber mehr nicht. Und wenn ich eifersüchtig daran festhalte wie vielleicht der kleinlichste Spießbürger, so geschieht dies, wie ich sehr wohl weiß, aus dem Egoismus des Hundes, der nicht von seinem Knochen lassen will, und nicht aufgrund eines Vorrechts, das so naturgegeben wäre, daß man es als ehrlicher Mensch nicht in Frage stellen dürfte.

Kann ich indessen noch, wenn ich außer der Skepsis, die die früheren Linken unter dem Druck der Ereignisse gegenüber den möglichen von einer Revolution zu erwartenden Wohltaten entwickeln mußten, all jenes sehr deutlich spüre, was in den Fakten zum Ausdruck kommt, die ein etwas neugieriger und denkender Mensch unserer Zeit nicht einfach von sich weisen kann, von meiner Modernität sprechen, der ich an dem, was ich als »Not der Zeit« bezeichnet habe, so leide wie an Zahnweh, an der Seekrankheit oder an einer Infektion? Wollte ich wahrhaft modern sein, dürfte ich mich dann nicht mehr nur darauf beschränken, diese bitteren Wahrheiten anzuerkennen (zuallererst die Einsicht, zu der viele Europäer durch den Atheismus gelangt sind, daß der Tod das Erlöschen bedeutet und daß ansonsten, wenn die Flüchtigkeit des Modernen für viele von uns so reizvoll ist, dieser Reiz gerade in unserem Wissen um unsere eigene Flüchtigkeit liegt), nicht mehr nur ein aufgeklärter Mensch zu sein, der sich nicht in Illusionen wiegt, sondern müßte ich mich dann nicht so unbefangen und so eigenständig zeigen, um wie Baudelaires Dandy stoisch standzuhalten, anstatt mich nicht einmal unter den Regenschirm des Humors zu stellen und alles auf mich einstürzen zu lassen, kurzum unserer Zeit so verhaftet zu sein, wie der Kreisel mit der Peitsche oder das Opfer mit seinem Henker verhaftet ist?

Eine Bresche schlagen in die überkommenen Vorstellungen, sich Freiheiten herausnehmen gegenüber allgemeinen Gepflogenheiten und der landläufigen Moral, diese unbekümmerte Verweigerung gegenüber dem zählebigen Althergebrachten, nicht aber die griesgrämige Verdrossenheit des allzu hellsichtigen Intellektuellen oder die wohlmeinende Jeremiade über die düsteren Nachrichten, die tagtäglich die Medien melden, und auch nicht das saturierte Ja zu den verschiedensten technischen Raffinessen, die die neue Zeit uns anzubieten hat, macht logischerweise die Modernität aus. Eine zumindest implizite kritische Einstellung. Müßte nun nicht in meinem Wahlfach eine solche, unter allen äußeren Formen zutiefst unorthodoxe Gesinnung tonangebend sein? Um wirklich zu den »Modernen« zu gehören – weder als unbeteiligter Zeuge noch als einfacher Mitläufer, sondern als einer jener Vorläufer, von denen jeder einzelne in seinem Maßstab *Epoche macht*, indem er dazu beiträgt, daß diese Epoche sich auf etwas anderes zubewegt als auf das, wofür nach dem Raster unserer heutigen Wertung die voraufgegangenen Epochen Beispiele geliefert haben –, muß man ihr in der Tat voraus und also bis zu einem gewissen Grade gegen sie sein und, wenn auch nicht frontal, so doch zumindest indirekt die Form in Frage stellen, in der wir innerhalb einer menschlichen Gesellschaft existieren, die ihre Sitten und ihre Geschichte besitzt, und sich (ohne Behäbigkeit, und auch ohne unbedingt die Fensterscheiben zu zertrümmern) dieser per definitionem immer ein wenig subversiven Aufgabe widmen, anstatt sich bequem nach der Mode zu richten oder sich als Misanthrop aufzuführen, der immer nur seinen Ekel zum Ausdruck zu bringen weiß. Hieße es, der verführerischen Anziehungskraft eines Wortes zu verfallen, wenn ich an seiner vielleicht nicht mehr ganz treffenden Verwendung festhalte und sage, daß Modernität nicht heißen muß, modern zu sein wie diejenigen, die es darauf angelegt haben, sich ihrer Zeit möglichst hautnah anzupassen, sondern es eher erfordert, daß man Distanz zu ihr hält, da man ansonsten nichts zustandebringen kann, was auf eine Neuerung vorausweist? In diesem Sinne wäre die Modernität das Privileg einiger weniger, die, losgelöst von der großen Masse ihrer Zeitgenossen, die mehr oder weniger unzeitgemäß anmutende Position von Pionieren innehaben, die aber, insofern sie keinen festen Verband bilden, der mit dem Modernen um des Modernen willen einen Kult treibt, nicht als Avantgarde angesprochen und somit zum Gegenstand einer der gängigsten unter jenen *militärischen Metaphern* werden können, die, wie Baudelaire kritisch festgestellt hat, den Franzosen so teuer sind. Eine Modernität, die weniger eine Flagge sein könnte als das Band, das manche, selbst ohne es zu wissen, um ihren Hut tragen. Eine Modernität, die einem letztlich zwischen den Fingern hindurchgleitet: sie ist relativ, da sie nur in Anbetracht dessen existiert, was man aufgrund der ihrerseits in ständigem Wandel befindlichen Ideen als veraltet einschätzt, woraus sich eine radikale Ungewißheit herleitet, die (im genauen Gegensatz zum Absoluten, das kein Eichmaß und keinen Zufall kennt und insofern dem Reich der Notwendigkeit und nicht dem der Kontingenz angehört) jede Geborgenheit eines Kultes ausschließt, der sich ihr weihen ließe; sie ist flüchtig in Anbetracht der Zeit, die so rasch dahinströmt, daß sich hinter der, die man gerade erfaßt zu haben glaubt, stets eine neue Modernität herausbildet; sie ist in ständigem Wandel, und zwar sogar auf der Ebene des Individuums, da man, will man hundert Prozent modern sein, es auch sich selbst gegenüber bleiben und immer auf der Hut vor Behäbigkeit und vor möglichen Ticks sein muß; sie ist polymorph, da es viele Arten gibt, die Anpassung zu verweigern und neuen Werten allein dadurch schon den Weg zu bahnen, daß man (bewußt oder unbewußt) Position bezieht gegen das, was allgemein anerkannt ist; sie ist nur mit negativen Kategorien zu erfassen, insofern sie sich nur als neuartige Form von Dissens charakterisieren läßt, da einzig dieses Element ihren verschiedenen Ausprägungen gemeinsam ist. Eine Modernität, die sich wohlgemerkt nicht unmittelbar aus der modernen Welt ableitet (nicht den objektiven Merkmalen dieser Welt nachgebildet ist), sondern – als aktuelle Verbrennung eher denn als brennende Aktualität – in dem liegt, was die persönlichen Reaktionen desjenigen, der in dieses Feld von Dingen, Ereignissen und Ideen hineingestellt ist, an Präzedenzlosem aufweisen können. Reaktionen, aus denen sich bei den Betreffenden Vorgehensweisen herausbilden werden, die sich gegenüber der Regel als Ausnahmefälle oder als (wenn auch nicht unbedingt kategorische, so doch den Inhalt der Vorschrift modifizierende) Verstöße darstellen, denn sie sind auf die eine oder andere Weise Verletzungen der allgemein gültigen Norm, so daß diese Außenseiter sehr leicht als krank, als pervers, als zersetzende Elemente oder als Possenreißer angesehen werden, gewissermaßen als Entartete oder üble Witzbolde, die der psychiatrischen Klinik oder dem Umerziehungslager nur in denjenigen Ländern entgehen, die dem Leitgedanken eines gewissen kulturellen Liberalismus anhängen. Wenn es schon gar nicht mehr möglich ist, dort noch richtigen Anstoß zu erregen, wo keine Staatsphilosophie durch ihre Autorität unvermittelt die Entscheidung zwischen Orthodoxie und Häresie erzwingt, sondern wo im Gegenteil die schreckliche Verquickung von allem mit allem bei vielen einen Agnostizismus bewirkt, aus dem heraus sie unterschiedslos alle Lehren über Bord werfen, wozu im übrigen die Tatsache beiträgt, daß sich im Maßstab der ungeheuerlichen Skandale, die der heutigen Welt so zur Schande gereichen, kleine Skandale ohne Leichen lächerlich ausnehmen, dann versteht man, daß in weniger bewegten Zeiten solche Neuerungen wie zum Beispiel die Musik Wagners (zu dessen Söhnen Richard Strauss zu zählen ist) oder die impressionistische Malerei (unter anderem mit Edouard Manet) Anlaß sein konnten für Zeter und Mordio: als Hohn auf den gesunden Menschenverstand, als abgeschmackter Witz oder sogar als Anschlag auf die guten Sitten, so erscheint ein im echten Sinne modernes Werk aufgrund dessen, was ihm per definitionem an Provokation eignet, und es ist also nicht erstaunlich, wenn eine entsprechende Schöpfung unserer Tage sich vielleicht ausnimmt wie ein armseliges Machwerk, wie eine obszöne Entblößung oder eine so blasphemische Pappnase wie jener ironische Hieb auf die Erhabenheit des großen Kunstwerks, der dünne Schnurrbart auf der Oberlippe der *Mona Lisa* (Marcel Duchamp alias Rrose Sélavy *delineavit*).

Relativität. Skepsis gegenüber jedem sakrosankten Fundament. Entmystifizierung. Zwiespältige Haltung gegenüber der Welt, in der wir existieren, die man wegen ihrer unheilbaren Mißstände ablehnt, an der man aber hängt, sobald die Götter erst einmal gestorben sind, weil sie die einzige Realität ist und weil nichts außer diesem Gegenstand, der uns äußerlich, aber mit den Sinnen greifbar ist und mit dem wir auf vertrautem Fuße stehen können, uns zu faszinieren vermag, ohne ein Trugbild zu sein, zwar nicht in seiner Gesamtheit, aber zumindest doch in einigen Bruchstücken dessen, was der Umgang mit ihr uns erschließt. Im Gegensatz zu Christus, der taub blieb gegenüber dem Versucher, der ihn von seiner ewigen Sendung abbringen wollte, indem er ihm die Herrschaft über die diesseitige Welt anbot, deren Herrlichkeiten er ihn vom Berge schauen ließ (die Herrlichkeiten eben jener Welt, welcher der Yokanaan der *Salomé* flucht), ist der moderne Mensch weltlich im alten Sinne dieses Wortes, da er auf keine Religion mehr setzen kann (auch nicht mehr auf die Anbetung der Vernunft, jene Gottheit nach der Art der Laienschule und der Büste der Republik) und versucht, seinen Reichtum auf das zu gründen, was ihm diese Welt in ihren Höhen und Tiefen anzubieten hat. Gewiß eine oberflächliche und insofern anfechtbare Haltung, aber wieviel akzeptabler noch als die falsche Tiefe der vermeintlichen Globalerklärung, die ein hinkender Glaube liefert! Eine positivistische Linie, wenn man so will, aber ein Positivismus, der sich nicht mit einem großartigen Lehrgebäude brüstet, wobei es sich von selbst versteht, daß das bißchen exaktes Wissen, über das wir verfügen, gegenüber unserem Unwissen kaum ins Gewicht fällt und daß, wenn es eine Wissenschaft gibt, der von jeder Wissenschaft erforderte Realismus es erheischt, daß sie eine ständige Infragestellung dessen ist, was bisher als sicher galt, und ein unermüdliches Forschen, das sich nie auf seinen Lorbeeren ausruht. Ein Positivismus ohne Bleisohlen, der nicht zur Doktrin erstarrt, sondern reine Skepsis bleibt und der darin besteht, die Dinge ohne Überhöhung und Verklärung hinzunehmen als die Bausteine jenes Schauplatzes, auf dem wir uns von Geburt an bewegen müssen, und der so wenig starr ist, daß er auch als geschworener Feind der verfälschenden Illusion Träume und Wünsche nicht als Unkraut behandelt und seine Objekte auch nicht den Blüten der Phantasie verweigert, und seien diese noch so barock. Daher rührt denn auch wenn schon nicht bei allen Künstlern der Moderne, so doch zumindest bei der kleinen Zahl derer, die mir auf exemplarische Weise von der Not unserer Zeit besessen scheinen, der unverkennbare Diabolismus, wofern die entschiedene Hinwendung zur äußeren Haut der Gegenstände (zu der Haut, die sie heute morgen umgibt, ohne die Schminke von gestern und ohne Kosmetik für später) und der Versuch, darauf Schlösser zu bauen, von denen man weiß, daß sie in der Luft zerrinnen werden, die Abwendung von einem Absolutum alias Gott bedeutet und darauf hinausläuft, in einer Versündigung gegen den geistigen Ernst die Position eines abgefallenen Engels einzunehmen.

Den Himmel auf ebener Erde zu finden, einem Augenblick, den man in voller Bewußtheit erlebt hat, den Wert der Unvergänglichkeit zuzusprechen, das sind die Freuden, die der moderne Dämon der Verneinung demjenigen gönnt, der Windmühlen nicht für Riesen hält und nur mehr auf das Gegenwärtige zählt – auf das Direkte, Unmittelbare, die Dinge ohne Erwartung und ohne Erinnerung – und nur in dem Erfüllung zu finden vermag, was ihm ohne jeden Kalkül und unvorherberechnet das blitzartige Gefühl seiner Präsenz vermittelt, nicht die Präsenz von irgendetwas, was für gewöhnlich nicht wahrnehmbar wäre und sich plötzlich in der Erscheinung offenbart, sondern die Präsenz eben dieser Erscheinung selbst, die nichts anderes nötig hat als ihren eigenen Glanz, um zu blenden. Ich glaube nicht, daß es heißt, in eitles Wortgeplänkel zu verfallen, wenn man von einer »diabolischen Schönheit« spricht in bezug auf jene Ausschnitte von Gegenwart, die als atemberaubende Augenblicke nicht nur die Präsenz selber sind – makelloser Zauber, Pulsieren des Hier und Jetzt –, sondern uns umso stärker berühren, als wir um die Unmöglichkeit ihrer Dauer wissen. Im übrigen genügt es, um zu vermuten, der Teufel zeige da die Spitze seines Horns, an das Paradox, ja an die Sünde zu denken, die – ein Strohfeuer, das aber als solches nicht minder heftig lodert – unsere jeweilige Wertschätzung dieser Art von Geschenken darstellt: zu wissen, daß sie sich fast so schnell verflüchtigen, wie sie uns zuteil geworden sind, und ihnen trotzdem eine Vorrangstellung einzuräumen, zeigt sich darin nicht eine sträfliche Anfälligkeit für die Nichtigkeit des Ephemeren, wie tief und edel auch immer uns unser Gefühl unmittelbar dann vorgekommen sein mag, als jene seltenen und völlig unverdienten Glücksfälle sich ereigneten?

Bei einem entschieden irrationalen (weil zu spontanen und zu libertären, jeder Logik entzogenen) *Ja* zu bleiben, ohne von dem rational erforderlichen *Nein* abzugehen, darin liegt kein Widerspruch, da dieses *Ja* ohne jede Überzeugung ausgesprochen wird und weil auch die Negation nur als Hintergrund dient, vergleichbar einer Wüste, in der eine Fata Morgana flimmern kann, von der man sehr wohl weiß, daß sie nichts anderes ist als die aufgepfropfte Frucht der unberechenbarsten Manipulationen, deren der Geist die rohe Wirklichkeit unterzieht. Eher eine Ironie, die darin besteht – nicht ohne ein heimliches bitteres Grinsen –, die traurigen Wahrheiten, die wir nur allzu gut kennen, von oben herab anzugehen, und uns trotz der Erkenntnis, über die wir durch Wissen und Erfahrung verfügen, nicht dazu bestimmen zu lassen, als Apostel der Vernunft alles abzulehnen, was das heutige Leben trotz seiner schrecklichen Mißstände an Poetischem zu bieten hat oder zumindest zuläßt, eine Ablehnung, die darauf hinauslaufen würde, es fromm dem Christen gleichzutun, der von der Taufe an gehalten ist, dem Satan und all seinen Werken zu entsagen. Besteht nicht im übrigen ein enger Zusammenhang zwischen dem Modernen und der Sünde? Zum einen ist in der Sicht des katholischen Glaubens die Sünde »modern«, insofern sie einen Verstoß, einen Bruch des Gesetzes darstellt, eine Verletzung des göttlichen Heilsplanes durch die Inanspruchnahme des freien Willens; zum anderen, wenn das »Moderne« eher städtisch als ländlich erscheint, dann gerade deswegen, weil es nicht zu vereinbaren ist mit dem altmodischen Reiz der Folklore und mit der Religion (einem überlieferten Vorstellungsgebäude, das die schreckliche Realität des Todes verbrämen soll), aber auch, weil die Großstadt, in der die Mode gemacht wird und in deren Schaufenstern die neuesten Produkte der Technik ausliegen, den idealen Ort der Verderbnis darstellt, denn im Prinzip blühen dort – wie große weiße Pfaue in den Gärten des Tetrarchen Herodias – Glanz und Luxus aller Art, und *Salomés* in mannigfacher Gestalt – die einen aus Fleisch und Blut, die anderen als fesselndes Gewimmel von Ideen, die wie Goldstücke glänzen – tanzen dort den Tanz der sieben Schleier oder noch sehr viel raffiniertere Reigen.

Als Priester, der keinem politischen oder religiösen Kult huldigt, sondern eher dem Zauberer nahesteht (der getrieben ist von dem Willen, Gott zu bezwingen und nicht, ihm zu dienen, dem Willen, über das Greifbare das Ungreifbare zu berühren, weniger auf das gesichtslose Allgemeine zu setzen als auf die Einzelheit, die winzig sein mag, aber einen Ansatzpunkt bietet, sein Glück jetzt auf der Stelle zu machen und sich nicht abzuplagen mit der Aussicht auf einen noch weit entfernten Profit), als *Dieb des Feuers* (ohne den Zorn des Prometheus, aber begierig nach Korsarenstreichen, nach einem heißhungrigen Zugriff, der mit einem Mal alles Wesentliche erschließt), als Frevler (da sein Wirken sich, ob er es will oder nicht, gegen veraltete Glaubensvorstellungen richtet und in den Augen der Puritaner, die nur nach Nützlichkeitserwägungen vorgehen, eine Art Sünde darstellt), als Götzendiener (der seine Kunst über alles stellt, obwohl er an das »l'art pour l'art« genauso wenig glaubt wie an eine sonstige Religion), als Einzelgänger (aufgrund seiner Position als Wegbereiter) hat der Künstler oder Schriftsteller, der eher als die anderen Angehörigen seines Standes als »modern« bezeichnet zu werden verdient, eben weil er ganz vorne ist, nur sehr geringe Chancen, etwas anderes zu sein als ein Verfemter – ein Freischärler, ein Kalb mit zwei Köpfen oder das räudige Schaf in der Herde – oder eine Anerkennung zu finden, die nicht zweischneidig wäre; so zum Beispiel Picasso, den sein Ruhm mit einer beispiellosen Aureole umgeben hat, aber mit einer Aureole, in deren Glanz für viele Philister das Gleißen des Höllenfeuers durchschimmert.

Mitleid mit unseren Fehlern, Mitleid mit unseren Sünden, schrieb Apollinaire, wahrscheinlich nicht, weil er sehr fest daran glaubte, sondern weil er und die mit ihm nach seinem Gefühl eine Fürbitte nötig hatten … Jedoch scheint es mir nach allem, was ich über ihn lesen und erfahren konnte, daß der strahlende und dionysische Apollinaire, der in meinem frühen Mannesalter einer der großen Modernen und fast ein Gott für mich war, nicht den Verfemten zugeordnet werden kann, obwohl ihn das Schicksal sehr früh und auf sehr unglückliche Weise zur Strecke brachte. Trotz der Trauer, die oft in seinen betörenden Versen besungen wird, gibt es nichts Dunkles und Weltverneinendes bei diesem Dichter, an dem Max Jacob mir früher das lobte, was er seine »nährende Fülle« nannte, und bei dem selbst noch im Humor nur eine barocke Phantasie und ein Hang zur Mystifikation, beides verbunden mit einem gesunden Menschenverstand, zum Ausdruck kommen. Ist es im übrigen kein Mißbrauch, sich bei der Erörterung der Modernität in ihren heutigen Erscheinungsformen auf einen Toten zu beziehen, der schon lange verstummt ist und dessen Hundertjahrfeier kürzlich zwar mit weniger Pracht als angemessen gewesen wäre, aber immerhin mit Achtung und Bewunderung begangen wurde? Abgesehen davon, daß die Wahl des Beispiels anfechtbar ist, so liegt in diesem Rekurs auf das Zeugnis eines »Modernen« von vor fast sechs Jahrzehnten, dessen Gedichte zum Teil schon jetzt in den Schulbüchern stehen, ein schlagender Anachronismus, dessen ich mich schuldig gemacht habe, ohne auf die inzwischen verflossene Zeit zu achten, und ansonsten zufrieden, mich auf eine Autorität zu beziehen, die kaum geringer ist als die Picassos und das Gebiet der Literatur betrifft? Durch diese Vorgehensweise habe ich gleich doppelt falsch gespielt, eine harmlose Mogelei, die wahrscheinlich nicht die einzige ist, die mir unterlaufen ist in meiner panischen Angst davor, das Alter hinter mir zu haben, in dem man mit Recht von sich behaupten kann, modern zu sein, und, um eben dieser Angst entgegenzuwirken, in meinem unausgesprochenen Verlangen, mir eine Modernität nach Maß anzufertigen, eine Modernität, wie ich sie mir vorstelle und deren Betrachtung meine Unruhe beschwichtigen könnte wie die eines Theorems, das meine Modernität – anders ausgedrückt, meine JUGEND – schlüssig genug beweist, um mit dem triumphierenden Schluß des q. e. d. zu enden.

... Tock Tock!

Nachdem all dies gesagt ist, und zwar nicht in einem wohlgegliederten akademischen Diskurs, sondern fast in einem Durcheinander von Kraut und Rüben, ist da nicht die Modernität – von der ich fast in einer Parodie auf den Satz von Oscar Wilde: »Es gibt so viele Hamlets, wie es Melancholien gibt“ zu sagen versucht bin, es gebe von ihr zu jedem Zeitpunkt der Geschichte ebensoviele Spielarten wie Formen des *mal du siècle* – jene Modernität, über die ich mir soviel Kopfzerbrechen gemacht habe und die mich soviel lavieren und schwadronieren ließ, daß ich sie fast sardonisch als *Darmonität* bezeichnen möchte (eine besser geeignete Variante als das allzu hochtrabende und an den Haaren herbeigezogene *Därmidonie*), wie man sie auch anfaßt, ein Problem von Dilettanten, das man dann lieber in den Theaterfundus der Begriffe stecken sollte, wenn eine Zeit wie jetzt die unsere immer bedrückender und blutrünstiger wird und so grauenhaft, daß – für die Menschen, die sie erleben, insbesondere für die, die unbesehen auf eine Zukunft gesetzt hatten, die sie im Osten aufgehen sahen – »modern« eher etwas bezeichnet, was einen rädert, als etwas, was einen ermutigt? Ein schillernder Begriff, den der Dichter, der jene Blumen des Bösen pflückte, die so von Sünde getränkt waren, daß sogar die Justiz einschritt, in dieselbe Form goß, in die des »Künstlers bis in die Fingerspitzen«, wie seine Ansichten über das Dandytum, als die Zeitumstände, die damals noch nicht so generell bedrohlich waren, sich noch als Schauspiel betrachten ließen ... Hat nicht die Modernität, jener anregende, aber nicht haltbare Begriff, auf den ich nicht länger bestehen kann – weil er ausgespielt hat in diesen grauenhaften Zeiten, in denen eine solche Sichtweise sich ausnimmt wie ein altmodischer Luxus oder wie ein falscher Ton, der nur dem Ohr weh tut, soviel Torheit wäre nötig, um nach einem derartigen Raster (in dem die Aktualität und ihr übermächtiger Reiz einer glanzlosen Vergangenheit gegenübersteht) eine Welt wahrzunehmen, von der uns unsere allgegenwärtigen Informationssysteme ein eindeutig grauenvolles, mehr zum Entsetzen als zur Faszination gereichendes Bild zeichnen – hat diese Modernität, die somit ihren eigenen Namen Lügen straft, nicht aufgehört, modern zu sein?

Die Vergangenheit, die durch soviele Gedächtnislöcher leckgeschlagen ist, daß ich einen beträchtlichen Teil meiner Zeit auf Winkelzüge verwenden muß (indem ich dort einen indirekten Zugang wähle, wo ich zunächst entschlossen zupacken wollte, indem ich Überraschungsangriffe starte, an etwas anderes denke und dann eine abrupte Kehrtwendung vollziehe und mich mit allen denkbaren Manövern behelfe), um zu versuchen, den Namen oder das Wort wiederzufinden, von dem ich – ein schlechtes Zeichen – feststellen muß, daß es auf den Grund gegangen ist.

Die Gegenwart, die sich immer hartnäckiger jedem genießerischen Zugriff widersetzt, so dicht sind die Schleier, die sie inzwischen einhüllen, so daß der Blick stumpf und flüchtig wird, anstatt klare Konturen zu erfassen; das Ohr ist verstopft oder hört alles verzerrt, der Verstand gerät ins Schwimmen und kämpft sich mühsam durch eine gallertartige Masse.

Die Zukunft so verhangen von Sorgen, die auf jeder Stunde lasten, und so knapp bemessen, daß ich nur mehr bescheidene Pläne mache und sie kurzfristig in die Tat umsetze (heute besteht mein entferntestes Vorhaben darin, in ungefähr zwei Monaten ein Werk von Monteverdi anzuhören, das die Pariser Oper für den ersten Teil ihrer Saison 1978 ankündigt).

Eine Vergangenheit in Trümmern, eine Gegenwart in Auflösung, Brosamen von Zukunft, es bleibt mir wenig außer dem klaren Bewußtsein dieses Notstandes, dieser regelrechten Katastrophe, die sich aber lächerlich ausnimmt gegenüber derjenigen, unter der die Welt zu erzittern beginnt, als deren Bewohner wir einst dem aberwitzigen Glauben anhingen, den Menschen unserer Tage könne es zumindest gelingen, sie so zu gestalten, daß jeder Mensch auf ihr ein Mensch sein könne.

Demoliert, ausradiert,
desolat, ramponiert,
demoralisiert!

Gelichtete Rahen,
entblätterte Rosen,
erloschener Passat.

Da er den Boden verlor, vor Anspannung nicht mehr konnte und spürte, wenn es so weiterginge, würde nicht mehr er selber sterben, sondern jemand, der keine Ähnlichkeit mehr mit ihm hätte, machte er eines Abends in der Jahreszeit, deren Tage nicht erlöschen zu wollen scheinen, von sich aus den großen Sprung, der ihn sich selber entriß.

Mond-, lymphe- oder leinenfarben (bis auf die Röte ihres Mundes und das sich kaum abhebende Inkarnat ihrer Wangen), aber weder traumverloren noch in bleierner Schwermut wirkt die lässig auf ihrer fein gestickten Bettdecke ausgestreckte Olympia umso bleicher und durchscheinender, als ihr Hals – der einer Ruchlosen, deren Gedanken vielleicht auf nichts anderes als auf Beutefang ausgehen – von einem nachtschwarzen Band umschlungen ist …

Der Statue den letzten Schliff geben,
ihre Teile aufzählen: Wappen.

Was sonst?

Namenlos,
jenes andere Werk, das ich ausführen könnte, indem ich Wort für Wort durch die Finger gleiten lasse,
der Schlaf
– das ist das Ärgerliche –
hat mir gesagt, daß es eines gibt, ungebändigter,
hat es aber nicht benannt,
weder als Rätsel
noch als Rebus oder in Verschlüsselung.

Der nur im Stillen schreit, den die kleinste Kleinigkeit aber manchmal zum Keifen bringt.

Der seine Wunde ohne kenntlichen Ursprung mit Worten zu verbinden sucht.

Der niemals die Maske herunternimmt, er, den die Sprache gestaltet hat, die die anderen gestaltet haben.

Der die Einsamkeit mit Mühe erträgt, der aber in Gesellschaft sich kaum wohler fühlt.

Der den Drogen Alkohol und schwarzer Kaffee mißtraut, denn sie bringen allein seine Plagen in Schwung.

Der von dem Freundesmahl, auf das er wartete wie auf ein Fest, im allgemeinen enttäuscht zurückkommt und sich selbst als ersten anschuldigt, nicht auf der Höhe gewesen zu sein.

Der sich in die Marginalität wünschte, zu der die Poesie ihn ruft, jedoch Wert darauf legt, ein – wenn auch nur im kleinsten – engagiertes Werk zu vollbringen und, ohne weitergesteckte Ambitionen, sich freuen würde, die anderen durch die Erzählung mitreißender Geschichten in Bann zu schlagen, anstatt nur sich selbst zu erzählen.

Der, um sich zu entfliehen, den Grund seines Ich durchstöbert.

Der bei dem Versuch, sein Übel zu behandeln, allzu naiv die Diagnose mit der Therapie verwechselt.

Der nicht mehr darauf baut, sich von seiner Obsession zu heilen, denn wäre er heilbar, so wäre er schon geheilt.

Der sich bemüht, sich keine große Freude zu versprechen, aus Angst, sein Pech möge sie vereiteln.

Der zwischen jenen drei Bildern sich hindurchlaviert: dem Bild, das man sich von ihm macht, demjenigen, das er sich selbst von sich macht, und dem, welches er im Spiegel zu lesen glaubt …

Der nicht so eitel ist, sich gar bescheiden zu dünken.

Der nicht verbrämt werden will, aber an dieser Weigerung nicht hochmütig werden möchte: eine innere Verbrämung wäre nicht weniger närrisch als die Ehrenlegion.

Der, ohne Masochist zu sein, dennoch die Nachrichten hört.

Der das weltweite Absterben der Werte, die er zu den seinen gemacht hatte, als ein Unheil empfindet, das ihm die Aussicht seines eigenen Absterbens noch unheilvoller macht.

Der – bei zerschlagener Hoffnung und zu einem Zwiegespräch mit etwas verdammt, was sich nicht mehr sanfte Melancholie nennen läßt – oft seiner Galle in der essigsauren Form des schwarzen Humors freien Lauf läßt.

Der, jeden Morgen in Panik gestürzt, sich von Kopf bis Fuß wappnen muß gegen den kommenden Tag.

Der aus Bestürzung eifert und im Eifer bestürzt ist.

Den der Schrecken an der Gurgel packt, wenn er aufmerksam in sich schaut.

Der unter vorweggenommenen Gewissensbissen leidet, wohl wissend, zu welchen Gemeinheiten ihn seine Schwäche verleiten könnte.

Der als Unterkunft seinen eigenen Körper hat, der aber zum Kabuff geworden ist oder bestenfalls zum Ballsaal, den kein Tanz mehr belebt.

Der eifersüchtig darüber wacht, daß die seit jeher hinter seiner Stirn entzündete Lampe nicht zu kohlen beginnt.

Der dem Altern seines Gefährten, des Hundes, zusieht, als ob er sich in einem Spiegel betrachtete.

Der sich ein Tier weiß, aber im Schreiben als etwas anderes zu behaupten sucht.

Der – das Auge auf die sich verkettenden Sätze geheftet – gegen den Anblick der letalen Entkettung außerhalb des Spieles gefeit ist.

Der nur ein banaler Drogensüchtiger wäre, wenn sein Abdriften sich nicht zu einem von jenem *Anderen*, dem potentiellen Leser, konsumierbaren Produkt konkretisierte.

Der nicht mag, was er ist, aber gern zu sagen vermag, daß er ist.

Der, wenn er sich als anatomische Bildtafel verkleidet sich die Mühe gibt, seine Eingeweide als elegantes Rankenornament auszulegen.

Der sich manchmal vorwirft, nicht an seinem eigenen Gesang zu sterben wie Hoffmanns Antonia oder der Schwan der Legende.

Der – aus moralischem Vorurteil vielleicht – den musikalischen Rausch dem Rausch durch das gegorene Getränk vorzieht.

Der liebend gern über die Kunst herzieht, wie ein Heiminsasse, der über seine Anstalt wettert.

Der Zeile um Zeile schreibt, wie ein anderer von Tür zur Tür hausieren geht.

Der als Poet sich bemüht, die Absurdität zu leugnen, mit der der Tod alles belegt.

Der, ohne auf Ruhm noch auf ewigen Fortbestand Anspruch zu erheben, im leider immer wieder versiegenden Fluß des Schreibens seinen Unsterblichkeitstrank zu finden sucht.

Der seine Manie in den Himmel erhebt, obgleich sie weit weniger lebensnotwendig ist als die Luft zum Atmen oder das Essen und Trinken.

Der sich jedesmal freut, wenn er sein Autorenhonorar einstreicht, als fände er eine Rechtfertigung darin.

Der, obwohl er die Tricks verabscheut, alle Hebel in Bewegung setzt, um den Dreh zu entdecken.

Der mit Karten spielt, von denen er ahnt, daß sie gezinkt sind, nach verlorenem Spiel sich aber wundert und darüber jammert, betrogen worden zu sein.

Der weder dadurch, daß er das Leben gegeben noch es irgendjemand genommen hätte, an dem großen Rad der Welt mitgedreht hat.

Der es beklagt, in solchem Maße von der Politik abgestoßen zu sein, einer immerhin entscheidenden Angelegenheit, da doch das Geschick der Menschen davon abhängt.

Der sich, da der Aufbau des Sozialismus überall den Zug der FREIHEIT verpaßt hat, die Frage stellt, ob man es dabei jetzt bewenden lassen oder ob man versuchen soll, die Methode zu berichtigen.

Dem sein materiell leichtes Leben so manchen geistigen Luxus erlaubt hat!

Dessen Mißtrauen gegenüber Gewißheiten aus gediegener Eiche Gefahr läuft, ein morsches Brett zusammenzuzimmern.

Der sich oft für einen Heloten hält, aber nicht weiß, von welchen Spartanern.

Der schlecht über sich redet, um auf Umwegen über die anderen schlecht zu reden.

Der das Dasein lächerlich findet und doch nicht darüber lachen kann.

Der zwischen dem angstvollen Wachsein und dem Absacken in die Schläfrigkeit hin und her laviert.

Der, keineswegs allein und noch im Besitz mancher Hilfsmittel (literarische Arbeit, Dogmatik, Gefräßigkeit, heißere und längere Bäder als üblich, Ausstellungsbesuche, Spaziergänge usw.), natürlich aufhören müßte, sich zu beklagen.

Der sich immer mehr darüber schämt, daß ihm jenes Kunststück nicht gelingen will: in jeder Lage gleichermaßen bei Laune zu sein.

Den die Angst im Bann hält wie einen Hund, der den Tod im Haus spürt.

Der zu sehr weiß, was die Worte in den Höflichkeitsfloskeln bezeichnen, um nicht zu zögern, bevor er sagt, es sei wirklich »ein Unglück« und es täte ihm »leid«.

Für den die Worte zu toten Buchstaben werden, wenn es den Dingen allzu schlecht geht.

Der nicht versteht, daß die Menschen, die ohnedies schon der Spielball schlimmster Zerrüttungen sind, so oft Gefallen daran finden, noch einmal so dick aufzutragen.

Der auf das Milligramm setzt, das die Waage einem glücklichen Augenblick sich zuneigen läßt.

Der seine Widersprüche nicht ausmerzen könnte, ohne sich selbst auszuradieren.

Dem es widerstrebt, sich als mickrigen Jemand zu offenbaren und nicht als vergötterten Mikado.

Der sich an der Seite so vieler Freunde, die auch nichts zu beschützen vermochte, nur noch seinerseits auszustrecken braucht wie auf einer wattierten Matratze.

Der versucht, dieses Buch zu beenden, während sein eigenes Leben und die Zivilisation, der er angehört, ihrem Ende entgegengehen.

In dessen Augen der schöne Augenblick immer mehr im Wert steigt, genau wie an der Börse der Goldkurs, wenn die Katastrophen drohen.

Der, selbst wenn er sich mit Bändern behängt, sich schon zum angstbleichen Greis geworden weiß.

Der leidenschaftlich die Minute des Wunders ersehnt, aber nichts von der Kunst versteht, die eventuelle Süße der Stunde auszukosten.

Der sich an ein kaum fünfzig Zentimeter langes Band klammert, wo doch Stricke, Taue, ja Stahlseile nötig wären.

Der unversöhnt enden wird, ohne dadurch stolzer zu werden.

Der seinem Vater oder seiner Mutter nichts vorwirft; aber ihm das Leben zu geben hieß, ihn dem Tod zu verschreiben.

Der sich auf jene sonderbare Alchemie einläßt: seine nicht geweinten Tränen, die im Inneren zu Schlamm und Ekel geworden sind, in Tinte zu verwandeln.

Der zu gut weiß, daß »ich « kein *Anderer* ist.

Im Gegensatz zu der nackten *Olympia* hat die mit Korsett und Unterrock bekleidete *Nana* weder eine Bedienstete von anderer Rasse noch ein Tier einer anderen Gattung um sich, die ihr die Ehre bezeigten, sondern – rechterhand im Bild – einen im Profil dargestellten, sitzenden Bourgeois mittleren Alters, mit Zylinder, schwarzem Anzug und weißem Vorhemd, einen Gönner, von dem das Objekt Frau gemustert zu werden scheint wie das Kunstwerk selbst von einem Kenner und Liebhaber.

Olympia, Nana: Keineswegs »Femmes fatales«, sondern Produzentinnen von Lust, wie andere Leute Waffen produzieren oder Schokolade.

Während ich mich früher, als ich noch hochmütiger war und von der naiveren Gewißheit erfüllt, eine poetische Schrift besitze einen Wert in sich und es bedürfe zur Rechtfertigung der kreativen Entscheidung keines Äußeren, während ich mich damals genausowenig um eine breite Leserschaft wie um das Urteil der Nachwelt scherte, haben meine Zweifel jetzt so sehr überhandgenommen, daß ich, ohne mir diesen Wunsch, der durchaus von einer lachhaften Eitelkeit herrühren könnte, wirklich einzugestehen, mir jetzt manchmal schon einen durchschlagenden Erfolg ersehne …

Zwar suche ich darin nicht den Beweis für die Qualität meiner Arbeit, denn die Aufnahme eines Buches stellt in diesem Punkt kein Kriterium dar, und ich bilde mir auch nicht ein, daß die Tatsache, gehört zu werden, zugleich auch schon heißt, daß man auf mich hört, daß man mir folgt, daß ich eine bestimmte Macht ausübe, und im vorliegenden Fall gar über viele ausübe. Aber zumindest in den Momenten, wo jedes Selbstvertrauen mich verläßt, bin ich der Ansicht, daß es schlichtweg keinen Sinn hat, ein Werk in die Welt zu setzen, das nur eine geringe Anzahl von Leuten interessiert, die angeblich ohnehin »Bescheid wissen«. Welch ein armseliges Hirngespinst wäre es auch, wenn es nicht eine Wirkung besäße – und ist das nicht letztlich die einzige Weise, der Belanglosigkeit zu entgehen (wie ernst auch sein Gehalt sein mag), ja überhaupt erst zu existieren –, eine Wirkung, die nicht allein die paar für diesen Luxus empfänglichen und ohnehin einverstandenen Leute betrifft, sondern eine anonyme Masse unserer Artgenossen, die sich solcherweise von etwas eingenommen sehen, das ihren vielfältigen Sorgen gegenüber sein eigenes Gewicht besitzt und sich, neben

Realitäten, die real genug sind, um zahlreichen Menschen Sorgen zu bereiten, als etwas nicht Belangloses zu behaupten vermag!

Was mich letzten Endes plagt – ohne daß ich deswegen allerdings dem Opportunismus zuneige, in dem ich nichts als Erniedrigung sähe und den ich im übrigen ohne jedes Geschick praktizieren würde – ist die strohdumme, aber entwaffnende Vorstellung, daß ein Werk für null und nichtig zu betrachten ist, wenn seine Triftigkeit nicht allein durch den Umstand erwiesen ist, daß es in den Köpfen derer, die es erreicht, eher als eine Sandburg dem Ansturm des Alltags standhält, sondern daß es auch auf jene Köpfe einwirkt, die es quasi überall und nirgends, aber in großer Anzahl aufgesammelt hat; denn als *conditio sine qua non* rückt jenes Krämermaß, die Statistik, ganze, wenn auch nur grob geformte Blöcke von Realität heran und liefert eine nicht zu widerlegende Bestätigung, wie in diesem Fall die massive Zustimmung, die einen literarischen Erfolg ausmacht und – wie sehr von oben herab man ihn auch behandeln möge – doch so schwer wiegt, wie sie dies nun einmal tut.

(Defätistische Reden, die der böse Geist oder der Fürredner des Teufels, den ich immer in mir beherbergen werde, mir perfide ins Ohr flüstert, es sei denn, der Altersschwachsinn räume auch damit endgültig auf!)

Wie soll ich den Dingen – oder doch wenigstens ein paar von denen, mit welchen ich in Berührung komme – das Band um den Hals legen, das sie mir wie allen, denen ich davon spreche, so gegenwärtig, so zudringend macht wie die *Olympia* von Manet mit ihrem schwarz durchstrichenen Hals? Ein unersetzliches Band, dessen Realität als bloßes Schmuckelement, verziert mit einem Knoten nach Art einer Schuhschlaufe, ich ganz vergesse, ein Band, das ich nach Belieben gebrauche und – als Rettung vor dem Ertrinken – zu dem leichten, aber hilfreichen Korkreifen machen möchte, an den seine kreisrunde Umarmung erinnert ... Ein Band allerdings, das ich bei näherer Betrachtung seines gemalten Abbildes – die schmale Strippe, die einen fest auf den Schultern sitzenden Hals zuschnürt – eher in dieselbe zwielichtige Familie einordnen müßte wie den Knebel des Hingerichteten oder den Strick, mit dem man sich aufhängt!

Einem Vogel Salz auf den Schwanz streuen, um ihn zu erwischen, das Band umlegen – oder das Kunststück vollbringen –, das einem mit fast unfehlbarer Gewißheit die Freude verschafft, irgend einem das Bewußtsein affizierenden Gegenstand eine poetische Kraft zu verleihen: Operationen alle beide, die nur im Un-Sinn ihren Sinn finden, denn zu was wäre ein Rezept nütze, das sich nur dann gegebenenfalls bezahlt machen könnte, wenn die anvisierte Beute quasi schon in unserer Hand wäre und man nur noch zuzugreifen brauchte, anstatt sie wegfliegen zu lassen, kurz: wenn das zu lösende Problem schon gelöst wäre?

Am Rande eines Bahnsteigs, auf dem ein solches Gedränge herrscht, daß ich in dem Augenblick, in dem die Metro einfährt, auf die Schienen geschleudert werde.

Die dünne Planke, auf der ich vorwärtsgestoßen werde, so daß ich nach wenigen Metern ins Meer stürze.

Der Mechanismus, der bis jetzt immer repariert werden konnte, sich aber diesmal weder in Gang bringen noch austauschen läßt.

Das Kleidungsstück, das ich sehr wohl noch einweihen kann, das aber nicht die Zeit haben wird, sich an mich zu gewöhnen.

Den Gast, den ich, da ich hinweggegangen bin für immer, versetzen muß, ohne die Möglichkeit zu haben, mich zu entschuldigen.

Die Flasche, die ich halbvoll auf dem Tisch stehen lassen muß.

Der Tag, an dem ich gespürt habe, daß mein Glück mich verlassen hatte und daß ich auf allen Feldern verlieren würde.

Weder Abgrund noch Gipfel, die Leere, in die ich, Blei oder Feder, hineingestürzt bin.

Zu spät, um mir noch etwas zu nützen, die Erleuchtung, die mich lehren wird, was das Band am Hals der Olympia eigentlich ist.

Genau umrissene Angst: die Seite, die ich unvollendet lassen werde – dennoch mein Wunsch, da ich hoffe zu arbeiten (mich darin zu behaupten) bis zum letzten Atemzug.

Manchmal und ganz besonders in diesen Tagen, die einen dazu bringen könnten, Hellseherinnen und Sterndeuter aufzusuchen, so groß sind die Sorgen um die unmittelbare Zukunft der Welt, denke ich an jene noch ganz junge Frau zurück, die ich vor langen Jahren eines Abends in Köln erblickte, wie sie im Zickzack halb stürzend, halb laufend über den Bürgersteig rannte, manchmal anhielt, um darauf plötzlich weiterzutaumeln, und die mit beiden Fäusten gegen die Fensterscheiben in den Parterre-Wohnungen trommelte, an denen sie auf ihrem Weg vorbeikam. War sie betrunken oder stand sie unter Drogen? Oder aber bettelte sie in ihrer Verzweiflung um Hilfe, und kam es ihr nicht mehr darauf an, von wem? Wofern sie es in ihrem Haß nicht lediglich darauf abgesehen hatte, die Ruhe der anständigen Leute zu stören, die den Abend in trautem Beisammensein verbrachten …

Welches auch immer der Grund war für das Rasen dieses Mädchens, das nur für einen Augenblick zu sehen war, deren zerbrechlicher und schwankender Gestalt jedoch weder Grazie noch jugendliche Eleganz abgingen, es war belastend – für einen Fremden wie mich, der im Kreise der Seinen in einem Restaurant der entsprechenden Kategorie dinierte –, sich zu sagen, daß es irgendwo dort draußen jene Frau gab, die wie von Sinnen gegen alle Fensterscheiben schlug, weil sie nicht mehr wußte, welchen Gott und welchen Teufel sie anrufen sollte, um nicht länger allein gelassen zu sein mit ihrer Qual.

Als er sah, wie froh das kleine Kind war, das er ohne Veranlassung verwandtschaftlicher Art in den Zirkus mitgenommen hatte, um ihm dessen Märchenwelt vor Augen zu führen, empfand er ein halb zärtliches, halb quälendes Gefühl, und in dem Augenblick, als das liebe Gesicht bei einer halsbrecherischen Vorführung der Akrobaten in ihren flitterbesetzten Trikots in hingerissener Bewunderung erstrahlte, konnte er nur mit Mühe ein Schluchzen unterdrücken, denn er dachte an diesen Hohn: an den wie er von jeder Hoffnung auf Glück geheilten Erwachsenen, der sein noch unbefangener kleiner Begleiter eines Tages sein würde.

Eine Szene dieser Art hätte sich genauso gut in einem Zoo abspielen können vor einem Bären, der aufrecht auf seinen Hintertatzen gestanden hätte, vor einer Horde flink umherturnender Affen oder vor einem Elephanten, der behutsam mit der Spitze seines Rüssels ein Brötchen in Empfang genommen hätte, oder auch auf der Straße bei einer langsamen Parade der berittenen Republikanergarde.

Ich habe keine Lust, Sie umzubringen!« Dann wie zu sich selbst und in einem trotz der mitschwingenden Drohung weniger aggressiven Ton: »... Nicht im Augenblick.« Darauf erwidere ich, um zum Ausdruck zu bringen, daß es mir sehr fern liegt, auf eine mögliche Aggression gefaßt zu sein, die sich gegen mich richten könnte: »Ich denke gar nicht daran«, ein Satz, auf den der andere mir ein kaltschnäuzig abschließendes »Na also« zurückgibt, das deutlich macht, daß die Sache – wenn überhaupt eine Sache strittig gewesen war – klargestellt und der Zwischenfall – wenn es sich um einen solchen handelte – beigelegt ist.

Das Ganze spielte sich in der Metro ab, in der ersten Klasse. Mein Gesprächspartner und ich saßen mit dem Rücken zueinander, er auf einer ansonsten leeren Sitzbank, ich auf einem Klappsitz. Er war ein Mann von etwas über dreißig, sehr dunkelhaarig, mit einem blassen Gesicht, das glattrasiert war bis auf die dichten Koteletten, die ihm halb über die Ohren reichten, zweifellos von recht hohem Wuchs (daher sein selbstbewußtes Gehabe), und keineswegs häßlich, wenn er auch ein wenig vulgär wirkte. War er besoffen? Oder einfach ein Witzbold, der dem alten Herren, der ich bin, Angst einjagen wollte? Ich werde es nie erfahren, und zwar umso weniger, als ich nach unserem kurzen Wortwechsel unseren Wagen zum Umsteigen verlassen mußte.

Ich vermerke nur, daß der Mann, der mir bis dahin den Rücken zugedreht hatte, in dem Augenblick, als er mich so unvermittelt ansprach, die Zeitung *Le Monde* las. In dieser Ausgabe – ich wußte es, weil ich dieselbe Zeitung ein oder zwei Stunden zuvor in den Händen gehabt hatte – berichtete ein Artikel, daß in einer Wohnung im fünften Arrondissement fünf junge Frauen aus Deutschland festgenommen worden waren, die im Verdacht standen, mit der Baader-Meinhof-Gruppe und den Roten Brigaden in Verbindung zu stehen. Gewiß war der, der mich angesprochen hatte, kein Terrorist, aber ich vermute, daß er bei der Lektüre des betreffenden Artikels nicht ohne Sympathie an solche Dinge dachte: an Entführungen, Geiselnahmen, Mord am Nächstbesten oder an jede Form von Bruch mit den Grundregeln, die das bürgerliche Leben schützen.

Daß die Hände, die Füße, sogar Ohren und Nase abgeschnitten werden, all das kann mit einem geschehen, ohne daß der Tod eintritt. Nicht aber der Hals darf abgeschnitten, nicht jener eher grazile Stiel durchtrennt werden, der den Kopf mit dem Torso verbindet. Besonders rührend – insofern er einen in gewissem Sinne unschuldigen Teil des Körpers bedeckt, bei dem aber jede einschneidende Verletzung dem Opfer das Leben kostet – ist also der Halsschmuck, und dies in noch höherem Maße, wenn er als ein Band aus einem geschmeidigen Gewebe und nicht als Kette aus harten mineralischen Elementen dazu angetan scheint, eine leichte, aber grausame Wunde zu kaschieren oder unauffällig zu überschminken, die diesen Hals getroffen haben mag.

Ist es nicht in der Absicht, das Geschwür zu verbergen (zu maskieren) oder, wenn dies möglich wäre (durch ein Übersteigen) zu heilen, das an meiner Seele nagt und das für mich buchstäblich das *Unsagbare* ist – das, was ich, selbst wenn es mir gelänge, es auszudrücken, nicht ausdrücken könnte, denn mich als so bar jeglichen Glaubens zu erkennen zu geben, wie ich es bin, bedeutete moralisch eine völlige Selbstaufgabe –, daß ich oft so verfahre, als wollte ich, indem ich diesen unerwünschten Gegenstand, eben jenes Unaussprechliche, in den Gestank seines Morastes zurückstoße, das Band der Schrift zu einer Schlinge umformen, in dem dieses Unaussprechliche sich fangen soll?

Ein eleganter Zuhälter namens Linda de Castillon war es, glaube ich, der gegen Ende des letzten Jahrhunderts die Kurtisane Marie Aguettant umbrachte. Soweit ich weiß, handelte es sich nicht um ein sadistisches Verbrechen à la Jack the Ripper (obwohl er ihr, wie mir scheint, die Kehle durchschnitt und sie nicht etwa nach der sauberen Methode einfach strangulierte), nicht um eine Verzweiflungstat aus blindwütiger Leidenschaft, sondern, in der wohligen Wärme eines gut frequentierten Dirnenboudoirs, um einen Überfall, der ganz banal durch den Wunsch motiviert war, sich den Schmuck oder die anderen Reichtümer des Opfers anzueignen, und dieser ganz und gar unromantische und sozusagen funktionale Mord brachte seinen Urheber auf die Guillotine.

Zog der Henker an einer kleinen Schnur wie jemand, der eine altmodische Wasserspülung bedient oder eine Kanone abfeuert, oder drückte er auf einen modernen Knopf, als er ganz in Schwarz – vielleicht in Gehrock und Melone, wenn nicht gar mit Zylinder, wie diese zeremonielle Kopfbedeckung lange hieß – das Fallbeil auf den entblößten Hals des Verurteilten hinabschnellen ließ, den ich mir vorstelle mit rabenschwarzem Haar und einem aufgezwirbelten Schnurrbart auf seinem wie bei einem Zigeuner oder einem Bramarbas leicht bläulich schimmernden Gesicht, diesen Übeltäter, der – wie man sich vorstellen kann – in seiner kurzen, aber zweifellos wechselvollen Laufbahn, die ihn zu ihrem beiderseitigen Unglück zu Marie Aguettant geführt hatte, durch sein prahlerisches Auftreten und die Geschmeidigkeit seines Ganges, der eher katzenhaft als schaukelnd war wie jene berühmte Walzerart (die später zu datieren ist, da sie ja nicht weiter als bis zum Beginn dieses Jahrhunderts zurückreicht), so manche Frau verführt hatte.

Als Linda de Castillon oder der, der sich dafür ausgab, seine Strafe dafür empfing, daß er ein Freudenmädchen so behandelt hatte, als verheiße ihr Beruf ebenso sehr den Tod wie die Liebe, wurde die Todesstrafe noch öffentlich vollstreckt und übte, wie es scheint, auf die Lebewelt einen nicht minderen Reiz aus als auf das lichtscheue Gesindel. Der Gedanke ist also nicht abwegig, daß mehrere Schönen der Nacht, die er in den siebten Himmel hatte aufsteigen lassen, seinen Kopf mit geschorenem Nacken in den Kleiekorb hinabfallen sahen.

Einen großen Blumenstrauß, der dem Bahnhof St. Lazare und seinen bläulichen Rauchschwaden näher steht als den salzschweren Fluten des Toten Meeres, einen in weißen Papier eingeschlagenen Strauß und nicht den auf einem Silbertablett blutenden Kopf Johannes des Täufers bringt die schwarze Kammerfrau (dunkelhäutiger, als eine Tochter Judäas es sein könnte) ihrer jeden Schleiers baren Herrin, jener Olympia, deren souveräne Gleichgültigkeit noch grausamer erscheint als die wahnwitzige Leidenschaft, die in Salomé lodert.

In dem Doppelzimmer, in dem wir in unserem Haus an der Essone an diesem winterlichen Wochenende schlafen, weil es besser geheizt ist als unser gewöhnliches Zimmer, berichtet mir am Morgen meine Frau von einem Alptraum, der sehr lange, wenn nicht die ganze Nacht über angedauert zu haben scheint und der auch weiter schwer auf ihr lastet: ohne daß eine Möglichkeit zum Zurückweichen sich ergäbe, befindet sie sich auf einem großen Felsen, der allmählich zerbröckelt, so daß sie mit Schrecken absehen kann, daß er bald völlig auseinanderbirst und ihr den Boden unter den Füßen entzieht.

Diesen Traum – der in einem doppelten Sinne realistisch ist, zum einen insofern nichts darin vorkommt, was nicht einigermaßen plausibel wäre, und zum andern, weil er ziemlich unmittelbar unserer Situation entspricht, in der unsere Lebenserwartung sehr stark geschrumpft ist und in der wir uns ansonsten über den immer abscheulicheren Verlauf, den die Ereignisse jüngst eingeschlagen haben, über die uns Zeitungen, Fernsehen und Radio informieren, große Sorgen machen – hätte ich selber träumen können.

Bei meiner Frau, die normalerweise dazu neigt, sich über meine Tendenz, alles schwarz zu sehen, zu mokieren, erstaunt mich die Düsterkeit eines solchen Traumes. Könnte irgendein Phänomen von Telepathie, das den Abstand zwischen unseren beiden Betten überwunden und sich unter dem absoluten Schweigen unserer Münder und in Abwesenheit jeder Gebärde, durch deren Vermittlung wir miteinander hätten in Verbindung treten können, vollzogen hätte, sie dazu gebracht haben, mich in meiner Rolle abzulösen und an meiner Stelle diesen angstvollen

Traum, den nicht ich hatte, zu träumen? Oder darf man darin nur ein Indiz für eine Konvergenz unserer jeweiligen Gemütsbewegungen erblicken, da wir tagtäglich von schweren Sorgen geplagt werden und uns zwei Tage zuvor der Todestag eines Menschen, der uns sehr nahe gestanden hatte, in tiefe Trauer versetzte? Diese Hypothese, in der das Übernatürliche keinen Platz hat, ist offensichtlich die einfachste, und dies genügt, damit ich sie lieber als die andere übernehme. Wie dem auch immer sei, es schmerzt mich zu sehen, daß die Gefährtin, deren heller und unverzagter Mut gegenüber den großen oder kleinen Widerwärtigkeiten des Schicksals immer ein beruhigendes Gegengewicht zu meinem traurigen Kleinmut gewesen war, sich nun ihrerseits verdüstert hat, ja sie scheint mir (ein Grund zu Gewissensbissen) von meinem Pessimismus angesteckt – wobei die Strömung zwischen uns sich auf die Dauer umgekehrt hätte –, wofern nicht (ein Anlaß zur Sorge) global wie privat der Lauf der Dinge eine solche Wendung genommen hat, daß weder für sie noch für mich die Zeit des Sonnenscheins gekommen ist. Was nicht ihre Schuld ist, was ich ihr aber, weil ich allzu sehr daran gewöhnt bin, daß sie als Schutzengel meine Ängste zerstreut, ganz indirekt zum Vorwurf zu machen versucht bin.

Als das Aussprechen oder das Niederschreiben dieses weichen, weiblichen Vornamens zu dem einzigen Mittel geworden war, das er noch besaß, um eine Art Kontakt wiederherzustellen zu ihr, die er verloren hatte, da war es so, als verfügte sein Verstand über keine andere Vokabel mehr und als habe er – fast so hilflos wie Baudelaire, der gegen Ende seines Lebens mit einem Wortschatz auskam, der seinen Biographen zufolge auf »Verflixt!« beschränkt war –, um mit der Außenwelt Verbindung zu halten, nur mehr den so oft durchlaufenen Weg dieses Vornamens.

Band von der Farbe der Nacht, das indessen zur Klarsicht verhilft.

Band, dessen pechschwarzes Dunkel dem Radiergummi des Nichts eine Posse spielen zu wollen scheint.

Band, Peitschenschnur, die nur nach außen harmlos wirkt.

Band, das mehr Geschmack verleiht als daß es ziert.

Band, das durch die Roheit des Lebens zu einer würzenden Zutat wird.

Festtagsband, das man auch werktags trägt.

Wohlfeilstes Band und teuerstes zugleich.

Band, das man zu verknoten lernen muß und nicht im Winde flattern lassen soll.

Band, dessen Zauber dort wirkt, wo die Kehle sich verengt.

Band, das man zusammenrollen und entrollen muß, um von einem Faden zum anderen …

An dem unbestimmten, aber umbauten Ort, einem sehr sauberen und kahlen, »funktional« wirkenden Ort, in dessen Innerem ich mich befinde, und zwar im prallen geometrischen Licht eines wahrscheinlich sommerlichen Tages, liege ich fast zusammengekugelt am Rande einer großen rechteckigen Öffnung (wie bei einer Tür oder einem Fensterdurchbruch ohne Läden), die in eine völlig gestaltlose, aber – wie ich weiß – tiefe Leere mündet, die, insofern ihr Boden, falls es ihn überhaupt gibt, sich dem Blick entzieht, noch tiefer ist, als wenn auf einem Eisenbahngleis die Tür eines Waggons sperrangelweit offenstünde, der von einer in Höchstgeschwindigkeit dahinbrausenden Lokomotive neuester Bauart gezogen würde. Die Versuchung ist groß, mich von der anderen Seite der doch so nahen Öffnung hinabstürzen zu lassen, um vermittels einer Tat, die mich keinerlei körperliche Anstrengung kosten würde, der immerwährenden Unrast zu entrinnen, der zu entkommen mir soweit ich sehe kein anderes Mittel übrigbleibt. Ich nehme jedoch gerade in dem Augenblick davon Abstand, in dem ich mich fast dazu aufgerafft habe, denn meine Angst vor dem grauenhaften Fall in die absolute Neutralität dieser Leere übersteigt meine Neigung, Schluß zu machen.

Ist es nicht besser, wie wenig erfreulich dieses Glied der Alternative auch sei, noch einige Zeit fortzubestehen, anstatt in eine Zone hinüberzugleiten, in der unwiderruflich und schärfer als mit einer Rasierklinge das Band des Daseins durchtrennt wird?

Ein Morgentraum, genauso trostlos wie es die meisten meiner sich nur ganz allmählich lichtenden Momente vor und während des Erwachens geworden sind … Ich muß jedoch hinzufügen, daß dieser Traum – die bildliche Umsetzung einer jämmerlichen Wirklichkeit – und der Eifer, den ich dann darauf verwandt habe, ihn ohne Verdrehung und mißliche Verschwommenheit wiederzugeben, mir allein schon eine relative und kurzzeitige Befreiung verschafft haben. Sicherlich ist ein erzählbarer schlechter Traum einem ebenso schlechten Gedanken vorzuziehen, der einen unverhüllt und ohne jeden Anflug einer beschreibbaren oder entschlüsselbaren Gestaltung überkommt und der sich gewiß äußern – trocken berichten, in seiner ganzen zynischen Armseligkeit wiedergeben –, aber nicht erzählen läßt.

Vor allem die Angst davor auszusehen wie jemand, der nach seiner areligiösen Vergangenheit *in extremis* die Flagge gewendet hat oder wie ein Musikdilettant, der auf seine Liebhaberei so versessen wäre, daß er sich noch *post mortem* als solcher zu erkennen geben will, hält mich von dem Wunsch ab, meine Bestattung möge unter den Klängen eines schönen Requiems (Mozarts oder vor allem Verdis) vonstatten gehen. Hegte ich nicht diese Befürchtung, würde es mir nicht mißfallen, durch das Abspielen der entsprechenden Aufnahme – da die wirkliche Aufführung der Werke für jeden, der nicht etwa die Mittel und die Lust hätte, sich die Obsequien eines Nabab auszurichten – deutlich werden zu lassen, daß die Kunst, wie beschränkt der Glaube auch sei, den man in sie setzen kann, auch dann noch etwas bedeutet, wenn der Tod schon da ist. Noch demonstrativer als das entschieden begräbnishafte Werk, das ein Requiem darstellt, wäre ohne jeden Zweifel eine von reiner Leidenschaftlichkeit geprägte Komposition (zum Beispiel aus der Feder Puccinis) oder besser noch ein ganz leichtes Stück (eine entzückende Weise aus einer Opera buffa), das demnach keineswegs dem Anlaß angemessen wäre und das lediglich anzeigen würde, daß der Mensch außerhalb aller frommen Verschleierung seiner Daseinsbedingungen, denen er nur schwer ins Gesicht sehen kann, allein vermittels seiner Kunstfertigkeit dazu fähig ist, in seine prekäre Existenz etwas Wunderbares einzubringen. Aber würde dies nicht, weit entfernt, der strittigen Sache der Kunst zu dienen, vermuten lassen, die Wahl einer solchen Begleitmusik sei nichts anderes als das Resultat eines müßigen Verlangens nach Provokation?

Eine Präsenz, die nicht die jener Unbekannten ist, die *Olympia* auch weiterhin bleibt, auch nicht die von Victorine Meurent und nicht einmal die des berühmten Edouard Manet, sondern – viel seltsamer – diejenige einer Figur, die, bevor sie aus nicht ganz einsichtigen Gründen *Olympia* getauft wurde, von Edouard Manet nach dem Modell der Victorine Meurent gemalt worden war, deren Reize einen (treuen oder schmeichelnden) Spiegel gefunden haben auf jener Leinwand, auf der etwas erscheint, was nirgendwo sonst Gestalt angenommen hatte.

Ich kenne einen nicht-figürlichen Maler, der seiner Kunst nicht ohne Heroismus nachgeht (er arbeitet nachts trotz der anstrengenden Tage, die er auf undankbare Plackereien verwenden muß). Er ist noch recht jung und – nach dem Klatsch eines gemeinsamen Freundes – der Sohn einer Tänzerin, deren Hauptgeschäft das Striptease ist, eine mehr als figürliche Kunst, da sie darin besteht, zum Abschluß eines Rituals, das darauf abzielt, die Ungeduld anzustacheln und so angelegt ist, daß ein- und dieselbe Person dabei Dienerin und Idol zugleich ist, in all ihrem Glanz die prickelnde Realität des weiblichen Körpers zu zeigen.

Sich so weit wie möglich zu entfernen von jeder möglichen, im Leben anzutreffenden Wirklichkeit, es zu vermeiden, die Gegenwart irgendeines Gegenstandes durch sein Abbild heraufzubeschwören, wäre das für den betreffenden Künstler ein radikales Mittel, auf nichts zu treffen, was auf seiner Leinwand von nahem oder weitem an die Nacktheit erinnern könnte, der ein anstößiger Beruf seine Mutter aussetzte (oder immer noch aussetzt)?

Was mich angeht, den Schreiber ganz und gar bürgerlicher Herkunft, so ziele ich nicht nur in erster Linie darauf ab, unmittelbare Wirklichkeit zu behandeln, sondern führe bereitwillig einen geistigen Striptease vor. Keine Befürchtung, die ich davor hegen müßte, indirekt jemanden, dem ich aufgrund von Familienbanden Achtung schuldig wäre, zu kompromittieren, stellt sich einer Entblößung entgegen (in der ich so weit wie möglich die Masken ablege oder wenn nötig das Kind ganz unverblümt beim Namen nenne), der lediglich diese beiden anderen Befürchtungen eine Grenze setzen: in die Plattheit der Banalität zu verfallen oder allzu deutlich meine

Fehler offenzulegen, die zahlreicher und schwerwiegender sind, als meine scheinbar rückhaltlose Darstellung es vermuten läßt.

Ein nicht geträumter Traum:
Bei Strafe, in den Abgrund hinabstürzen, hinein in die Hölle der heutigen Welt (Mord, Folter, Lüge, politische Verfolgung, Hunger), muß ich in großer Höhe eine lange Linie, die aus den Buchstaben des Alphabets besteht, von einem Ende zum anderen durchlaufen. Indem ich mich mit beiden Händen anklammere und meine Beine ins Leere baumeln lasse, hangele ich mich von einem Buchstaben zum andern und werde jedes Mal von einem Schwindelgefühl gepackt, wenn ich, um mich weiterzuhangeln, mich nicht ohne Zögern dazu bestimmen lasse, einen weiteren Griff nach vorwärts zu tun. Von A ausgegangen, frage ich mich, ob ich die Kraft habe, bis Z zu gelangen, wo ich – wie ein Drahtseilkünstler, der nach der schwierigen Überquerung auf seiner Plattform angelangt ist – in Sicherheit sein werde. Ich habe große Lust aufzugeben, ebenso sehr wegen des körperlichen Schwindelgefühls wie aufgrund desjenigen, das auf das Bewußtsein von der Absurdität der Situation zurückgeht, aber wie soll ich es anfangen? Wenn ich mich dazu entscheiden würde, dann müßte ich nämlich entweder zu meinem Ausgangspunkt zurückkehren, ein Unterfangen, das genau so gefährlich ist wie das erste, oder aber bis zur Erschöpfung an dem Konsonanten oder dem Vokal hängenbleiben, über den ich auf meiner tastenden Bahn nicht hinausgelangt wäre.

Die Kunst:
barockes Prangen auf den harten Kanten des Lebens,
fürstliche Fülle,
aber ein Schloß, das dem übermächtigen Ansturm der tobenden Stürme nicht standhält.

Das doppelte Ziel, das ich erreichen möchte, wenn ich auf der Suche nach einem festeren Grund als dem der reinen Erfindung meine Arbeit auf den Realismus hin abstelle:

durch Einbeziehung einer lebendigen Realität (und sei es in der Fiktion) den Text Wurzeln fassen zu lassen und ihm eine Dichte zu verleihen, die weder der Schatten noch der Traum besitzen;

das Wirkliche aufzuhellen, so finster es auch sei, indem ich – ohne Schminke – aus einer seiner Parzellen (oder scheinbaren Parzellen) ein wenig Gold anrühre.

Das Band, das – ohne sie zu erwürgen – den Hals Olympias umschlingt und sich in seinem Knoten – ad libitum Zeichen des Unendlichen, für Authentizität bürgender Namenszug oder Zwillingsflügel eines wollüstigen Aufflug verheißenden Propellers – von der in den eigenen Schweif sich beißenden Schlange unterscheidet, welche das Bild der ewigen Wiederkehr darstellt, dieses Band, das viel mehr in mir entstehen läßt, als seine bloße Beschaffenheit es erheischte –, denn trotz meines doppelten Verlangens nach realistischer Exaktheit und nach Kompaktheit verlocken mich gleichwohl die Zufälle der Analogie –, dieses Band von bescheidener Länge und Breite war der Faden, der mich davor bewahrte, mich vollständig in dem Labyrinth zu verirren, in das das Schreiben mich hineinlockte; oder soll ich in ihm nur einen belanglosen Zusatz sehen, den ich gebrauchte wie eine Kokotte ihren Flitterkram? Weder Ariadnefaden noch bloße Ausschmückung, eine Kordel vielmehr, an der ich fast zufällig zog, damit der Vorhang sich auftue und eine Klarheit entstehe, von der ich kaum wußte, was sie mir zeigen würde: ich glaube, daß dieses Band das konkrete Detail darstellt, das mir in den Steigbügel geholfen hat und das – obwohl an sich selbst nichts weiter als ein Fliegenfänger, an dem alle möglichen fliegenden Insekten hängenbleiben – dennoch eine so treibende Rolle spielte, wie die Arbeitshypothese für den Wissenschaftler. Daß der von Manet gemalte Akt (ein von seiner Konzeption her so neues Gemälde, daß es zu seiner Zeit einen Skandal hervorrief) dank eines unscheinbaren Details eine solche Wahrheit erlangt, durch jenes Band, das Olympia aktuell macht und sie weit besser als ein Schönheitsfleck oder eine Saat von Sommersprossen noch präziser, noch unmittelbarer und sichtbarer werden läßt, indem es sie als eine in ihrem Milieu und ihrer Zeit stehende Frau darstellt, das war mir Anlaß genug zur Reflexion, wenn nicht zur Abschweifung.

Würde man einen platt positivistischen Geist an den Tag legen, wenn man den Wunsch bekundete, in jede künstlerische oder literarische Schöpfung möge zumindest ein solches Detail eingehen, das situierend und aktualisierend dem Ganzen eine unwiderrufliche Existenz verleiht, das es gewissermaßen zur Kristallisierung in einer Realität führt, die es nicht besäße, wenn nicht jene solide Parzelle als Auslöser fungierte? Mehr noch: muß eine Idee, die du auszuwerten gedenkst, nicht notgedrungen totgeboren sein, wenn von Anfang an das Band oder das Detail fehlt, durch das du dich ihrer bemächtigst, und zwar nicht als eines abstrakten Gutes bemächtigst, sondern als Jagdwild, das durch die spezielle Färbung seines Fells oder sein besonderes Federkleid hervorsticht? Muß ich nicht schließlich, wo ich nicht ewig einen Geschmack nach Asche im Mund behalten will, auch so manchen banalen Zwischenfall des laufenden Alltags auf eine Weise zu nehmen wissen, die ihn seiner Abgeschmacktheit enthebt, wenn ich dann als gewissenhafter Chronist davon berichte, ohne zu Gewürzen zu greifen, die aus wer weiß welch fernen Tropen importiert sind.

Es ist allerdings anzumerken, daß die betreffenden Freuden, auch wenn sie eines Trainings bedürfen, sich doch nicht mit Hilfe bewährter Rezepte zubereiten lassen, wie man leckere Gerichte zubereitet. Auf solche Weise mit diesen Freuden zu verfahren – von denen die bedeutsamsten diejenigen sind, die als spontane Reaktion auf Schönheiten, welche einen das Gewöhnliche zu überschreiten dünken, gerade durch ihre Tiefe zu beweisen scheinen, daß nicht nur Absurdität in der Welt ist und daß demnach in so manchen Bereichen die Hoffnung gerechtfertigt ist –, das liefe darauf hinaus, sie auf dieselbe Stufe zu stellen wie die Gaumenfreuden der Gastronomie, welche ihrerseits unbestreitbar eine Kunst darstellt, aber zu keiner Erleuchtung geeignet ist. Kann ich mit diesen glorreichen Augenblicken, die ich – im Leben oder wenigstens doch durch das Schreiben – zu erreichen trachte, so umgehen, als sei meine lange Faszination durch das Halsband der kühlen und verwirrenden Satansfee eine Einladung zu gastronomischen Großtaten?

O.K.!

Aber gleichviel, auch wenn ich diesem letzten Glücksfall einen noch so großen Wert beimesse, so ist dieses Band zu meinem Unglück doch nur ein kümmerlicher Spinnfaden, den ich nicht einmal für die dünnste Faser der Kordel auszugeben wagte, mit der jene vielgestaltigen Monster zu erwürgen wären: der Rassismus (der das Evidenteste nicht anerkennt: daß jeder Mensch ein Mensch ist), die Faschismen verschiedenster Spielart (die unsere Spezies derart verachten, daß sie glauben, man müsse ihr mit dem Knüppel Beine machen) und andere schmähliche Gemeinheiten mehr, die – obwohl sie auf mehr als abgedroschenen Vorstellungen beruhen – doch Tag für Tag die Welt sichtlich noch ein wenig schauriger besudeln.

Vor Zeiten,
früher,
neulich,

gestern,
heute,
morgen,

bald,
später,
nie.

Nachwort der Übersetzer

Am Strang seiner selbstinduzierten Obsession, jenes nichtigen und in Manets Bildkomposition dennoch zentralen Halsbandes, unterwirft Leiris sein Schreiben stets von neuem der Anstrengung einer maximalen Vernetzung, Verdichtung und Verästelung. Ein Schreiben, das unaufhörlich um seinen Urheber kreist und sich weder von der Dringlichkeit primärer, mit körperlicher Intensität erfahrener Besetzungen zu emanzipieren noch in die Geschlossenheit literarisch kanonisierter Formen zu integrieren vermag, findet in diesem Halsband nicht nur sein metaphorisches Korrelat, sondern ein stringentes Modell seiner Topologie.

Diese Topologie bewegt sich zwischen dem Mikrokosmos des Buchstabens und der potentiellen Unendlichkeit eines in sich selbst zirkulierenden, hypertrophen und hyperkomplexen Satzes. Der Buchstabe als Material und zugleich Referent des Bedeutens bildet die entscheidende Schranke, die Leiris als den eigenen Knoten, als das unaufhörliche Unsagbare erfährt und zu um-schreiben versucht und die die Welt der Objekte hinter den gläsernen Wall des Alphabets verweist. Vor jeder autobiographischen und ästhetischen Reflexion, vor jeder zeit- oder selbstdiagnostischen Analyse geraten Erinnerungen, Beobachtungen und wahrgenommene Gegenstände im Prozeß ihrer schriftlichen Fixierung zu Paradigmen einer Rhetorik, deren zusammenhangstiftende Kraft sich punktuell – im Abenteuer der Aufzeichnung – an der Zerstreuung der Objekte bewähren muß. Unter allen thematischen Variationen bleiben die unüberbrückbare Distanz zur Welt und die kompensatorische Besetzung des Schreibens und der Schrift die Fixpunkte, um die Leiris' Denklinien sich zentrieren.

Der Binnenraum der Sprache, dessen Grenzen er nicht zu überschreiten vermag, erstreckt sich von der elementaren Buchstäblichkeit bis zu dem komplexen Gewebe weitgespannter metaphorischer Vernetzungen. Am Beginn von Leiris' literarischer Karriere, im Banne des Surrealismus, stand der Versuch, in einer systematischen Ausbeutung des Anagramms die Buchstaben als verweisungslose Elemente mit einer generativen Kraft zu begaben, aus ihrer willkürlichen Rekombination eine Semantik zu schöpfen. Aus diesem Verfahren, das auch in alle späteren Werke von Leiris Eingang gefunden hat, geht eine künstliche Textur hervor, in der Referent und Signifikant ineinander verwoben bleiben wie die beiden Seiten eines Möbiusbandes: Olympia, relieflos in ihrem Halsband abgebildet.

Diese Künstlichkeit findet ihre konsequente Entsprechung in den Assoziationsfeldern, in die die Wiedergabe subjektiven Erlebens eingebettet ist: in einer Theatralik der Analogie, in deren Repertoire sich die Strenge des Rituals mit dem Spannungsmoment des Hochseilaktes verbindet. Die Bühnensituation liefert so zum einen die Referenz für die voraussetzungsvolle Inszenierung der sprachlichen Bilder, zum anderen das

Modell einer Sprache, die sich in ihrer hierarchisierenden, bisweilen kaskadenartig ausufernden oder fast in die Vertikalität abkippenden Syntax ständig am Rande der Bodenlosigkeit zu bewegen scheint.

Die damit zugleich suggerierte tendenzielle Unabschließbarkeit des Satzes, die die Gefahr des Absturzes bannen soll, reflektiert die Doppelfunktion der Sprache, Bedeutungsträger und Gegenstand in einem zu sein und somit die Totalität des einen in der Geschlossenheit des anderen zu garantieren, aber auch die Bemühung um simultane Vergegenwärtigung der auseinandergehenden Assoziationsbahnen, um Punktualität der diskursiven Vermittlung. Auch insofern bildet »Präsenz« das Schlüsselwort für ein Weltverhältnis, das gerade in seiner Defizienz untrennbar an (ästhetische) Vermittlung und die Nachträglichkeit der Reflexion gebunden ist. Dieser Begriff der Präsenz kennzeichnet die ästhetische Erfahrung als Festhalten einer Fluchtlinie, die das betrachtende Subjekt im wahrgenommenen Bild mit dem eigenen Akt des Sehens verbindet, gerade insofern, als die Absicht der Aufzeichnung der ästhetischen Wahrnehmung als Prämisse vorausliegt. Die Hierarchie zwischen Teil und Totalität, zwischen Identität und Variation, zwischen analytischer Selbstentblößung und katalytischem Detail erfährt mit jedem der neu einsetzenden Anläufe dieselbe Umkehrung wie diejenige zwischen Halsband und entblößtem Körper der Olympia.

Simon Werle

Wenn mich *die menschliche Komödie* nicht groß gemacht hat, so werde ich es unfehlbar durch diesen Erfolg, sagte Balzac zu seiner Schwester, in bezug auf seine bevorstehende Heirat mit Mme. Hanska. Die Biographen haben ihm das als Naivität angerechnet, denn nicht eine gelungene und vielleicht vorteilhafte Heirat mache einen *groß* (wenn auch vielleicht glücklich?), sondern eben das geschaffene Werk. Aber des Biographen naives Wissen um den Nachruhm Balzacs verschüttet die mysteriöse Richtigkeit dieses Satzes. Er bezeugt verblüffend, daß für das moderne Bewußtsein gerade das Leben etwas zu Leistendes ist. Nicht das Alte, das in lebensstiftenden Gebräuchen Regulierte, das »Gottgegebene« blüht weiter im Leben jedes einzelnen; vielmehr gibt ihm das in ihm hervortretende Neue seine Bestimmung.

Das *Neue* ist uns die Manifestationsweise dessen, was wir das Individuelle nennen und was seit dem 18. Jahrhundert sowohl die Gleichheit und Allgemeinheit des Subjekts, als auch seine Unverwechselbarkeit beinhaltet. Ohne es in der Masse untergehen zu lassen, verlieh die fundamentale Gleichheit dem allein vor sich selbst stehenden Individuum, wie es am deutlichsten zum ersten Mal in den Konfessionen von Rousseau zum Ausdruck kam, gerade eine Art Autarkie in dem Maße, als jeder Fehler oder jede Tugend (Mißgriff, Eitelkeit und Schwäche, das Gute wie das Schlechte, jede Apperzeption eines anderen) ihre Lokalisierung im Subjekt selbst zu finden vermochten: »Sein System mag falsch sein, aber indem er es entwickelte, hat er sich selbst in seiner Wahrheit gezeichnet, auf eine so charakteristische und sichere Weise, daß man darin unmöglich sich täuschen kann.« (Rousseau)

Abstrahiert man von der Behäbigkeit Balzacs und seinem intakteren Selbstgefühl des Bürgers, so setzt Leiris seine autobiographischen Verdichtungen genau an diesem Indifferenzpunkt von Leben und Werk an, der kein Ruhepunkt ist, sondern gerade aus der Unruhe des Mißlingens lebt. Nie waren die beiden Seiten dieses *Einen* so unauflösbar aufeinander bezogen. »Wenn das Leben nicht gelingt, so ist auch das Werk nicht gelungen«, scheint er zu postulieren und nicht nur: »Wo schon das Leben nicht gelungen ist, so mag wenigstens das Werk gelingen«. Zwar ist die zweite Version in Leiris' Werk immer gegenwärtig als Klage zumal über seine Unfähigkeit zu fiktionaler Erzählung (vgl. z.B. S. 52–56), über seine Unfähigkeit, sich vom eigenen Ich zu lösen und eigenständige Erzählfiguren zu erfinden. Wohl kommt in diesen, von der eigenen Schwere oder Ängstlichkeit immer wieder verhinderten Auffliegversuchen in die Freiheit der Fiktion die Zwitterstellung des Autobiographischen zum Ausdruck, gewissermaßen »noch nicht ganz Literatur« zu sein, die Notwendigkeit des Rückgriffs auf das »wenigstens nicht Falsche« (das gelebte Detail), das Zögern vor weiter ausholender Formbildung, die repetitiven Schreibmanien des Ungenügens, oder gar, wie Blanchot behauptet, die »angstvolle Weise, die fatale Einsamkeit des Schreibens hinauszuschieben«. Von hier aus gesehen mag einem das autobiographische Projekt, dessen Illusionen hinlänglich beschrieben sind (z.B. Pontalis: ». . . auch das glanzloseste Leben findet seine Definition nicht im Eingeständnis dessen, was geschieht und im absoluten Respekt vor den Eindrücken, sondern in der immer vermischten und oft unsichtbaren alltäglichen Erarbeitung eines Handlungs- und Daseinsraumes«), letztlich gar wie ein falsch gestelltes Problem vorkommen. Das »Erkenne dich selbst!« würde das Leben selbst verfehlen, das sich in Form einer Kontemplation – und sei sie analytisch enthüllend – nicht fassen ließe.

Und dennoch ist Leiris' Projekt an dem selbstgelieferten Vergleich mit fiktionaler Erzählliteratur nicht zu messen und auch nicht damit abzutun. Es geht bei Leiris weder um ein *Wissen* noch um ein *Bild*. Seine Reflexionen lassen sich dem supponierten Schatz an Konzepten und Kenntnissen nicht einfach hinzufügen (so gelesen bleibt selbst die große Abhandlung über die Modernität auf den Seiten 243–281 eigentümlich zerfahren und ungreifbar); das von ihm Erzählte bereichert nur geringfügig unseren Hort an »Geschichten« und »Figuren«: weder Sindbad noch Frédéric Moreau noch Franz Biberkopf und auch nicht Molloy stehen uns vor Augen. Das Leirissche »Ich« ist keine Erzählfigur, sondern ein Kaleidoskop, das sich unablässig nach innen und außen verschiebt, das immer wieder dieselben Konstellationen durchläuft und dieselben eckigen Formen als Bausteine seiner schreibenden Bewegung, seines Monologes gebraucht. Denn die einzige *inhaltliche* Geschichte, die Leiris vielleicht zu erzählen hätte, wäre das Protokoll einer fast »biologischen« Funktion: des Schreibens. Fast käme es überhaupt nicht darauf an, *etwas* zu schreiben, sondern eben zu schreiben, und zwar so, *als ob* das Schreiben unmittelbar eins sei mit der Tätigkeit des Lebens. Keine guten (politischen, moralischen, selbstzweiflerischen) Gründe genügen, es einzustellen. Warum dann nicht auch aufhören zu reden, zu zeigen, daß man lebt. Und doch wird dieses Schreiben zugleich von dem Wissen um die Fiktivität dieses *als ob* getragen, dem Wissen und der Trauer darum, daß man aus dem Medium, der Sprache, dem Gestus, dem Gleichen durch das Gleiche nicht herauszutreten vermag.

Bei aller stilistischen Preziosität sind die Texte des *Bandes am Hals der Olympia* von einer geradezu mikroskopischen Alltäglichkeit. Weit entfernt von aller behaglichen Kontemplation, die das im Leben Geleistete vor sich hinzustellen und wohlgefällig zu betrachten vermag – denn ist die künstlerische Kontemplation und Zergliederung überhaupt, wiewohl gerade sie unter diesem Anspruch steht, eine Leistung? –, zieht Leiris in diesem Buch, trotz der vorherrschenden Reflexionen über das Altern und die Nähe des Todes, nicht die Summe eines Lebens. Er verschreibt sich vielmehr einer radikalen Augenblicklichkeit oder Aktualität. Leitfaden zu ihr ist ihm jenes Detail in dem Gemälde Edouard Manets: das schmale, mit einer Schlaufe zugeschnürte Band am Hals der nackten Olympia, ein Detail, das Olympia »aktuell macht und sie (…) noch präziser, noch unmittelbarer und sichtbarer macht, indem es sie als eine in ihrem Milieu und ihrer Zeit stehende Frau darstellt.« (S. 319 f.)

Nun geht es Leiris im Grunde weniger um die klassische Beglaubigungsfunktion des realistischen Details, als vielmehr um eine Faszination. »Es gibt so viele Dinge, die ich interessanter finde als mich selbst«, notiert Gide in sein Tagebuch und entwirft damit gerade *kein* Gegenprojekt zur autobiographischen Haltung. Denn wo erschiene das (sich) schreibende Ich je in seiner supponierten Fülle und nicht in seiner Durchlässigkeit? Nicht als Held steht es vor uns, sondern als manischer Leidensort, in seiner Passivität und in der federleichten Behütung seiner selbst.

Das Band am Hals der Olympia ist ein Ideal, ein Fetisch, das Mikroskopische der Lebenszufälle, umgewandt in die erotische Faszination einer lebensmäßigen Intensität.

Rolf Wintermeyer

kunststück

herausgegeben von Klaus Herding

Juerg Albrecht,
Rolf Zbinden
Honoré Daumier
Rue Transnonain,
le 15 Avril 1834
Band 3950

Hermann Ulrich
Asemissen
Jan Vermeer
Die Malkunst
Band 3951

Oskar Bätschmann
Nicolas Poussin
Landschaft mit
Pyramus und
Thisbe
Band 3947

Eduard Beaucamp
Werner Tübke
Arbeiterklasse
und Intelligenz
Band 3922

Herbert Beck,
Maraike Bückling
Hans Multscher
Das Frankfurter
Trinitätsrelief
Band 3952
(in Vorbereitung)

Hans Belting
Giovanni Bellini
Pietà
Band 3927

Christian Beutler
Meister Bertram
Der Hochaltar
von Sankt Petri
Band 3912

Andreas Beyer
Andrea Palladio
Teatro Olimpico
Band 3937

Hartmut Böhme
Albrecht Dürer
Melencolia I
Band 3958

Albert Boime
Vincent van Gogh
Sternennacht
Band 3953

Horst Bredekamp
Botticelli
Primavera
Band 3944

Werner Busch
Joseph Wright of Derby
Das Experiment mit
der Luftpumpe
Band 3941

Georg Bussmann
Lovis Corinth
Carmencita
Band 3918

Karl Clausberg
Die Wiener Genesis
Band 3917

Matthias Eberle
Max Beckmann
Die Nacht
Band 3910

Fischer Taschenbuch Verlag

fi 501 / 3 a

kunststück

herausgegeben von Klaus Herding

Burckhard Fehr
Die Tyrannentöter
Band 3914

Hubertus Gaßner
Alexander Rodschenko Konstruktions 1920
Band 3916

Jutta Held
Antoine Watteau Einschiffung nach Kythera
Band 3921

Jost Hermand
Adolph Menzel Das Flötenkonzert in Sanssouci
Band 3928

Joachim Heusinger von Waldegg
Otto Freundlich Ascension
Band 3943

Berthold Hinz
William Hogarth Beer Street and Gin Lane
Band 3909

Werner Hofmann
Edouard Manet Das Frühstück im Atelier
Band 3908

Wolfgang Kemp
Rembrandt Die Heilige Familie
Band 3940

Hans-Joachim Kunst, Wolfgang Schenkluhn
Die Kathedrale in Reims
Band 3936

Christa Lichtenstern
Pablo Picasso Denkmal für Apollinaire
Band 3946

Hans-Ernst Mittig
Dürers Bauernsäule
Band 3905

Gunter Otto
Otto Dix Bildnis der Eltern
Band 3913

Wolfgang Pehnt
Hans Hollein Museum in Mönchengladbach
Band 3934

Alexander Perrig
Lorenzo Ghiberti Die Paradiesestür
Band 3925

Karl Riha
Heinrich Hoffmann Struwwelpeter
Band 3967

Herwarth Röttgen
Michelangelo da Caravaggio Amor als Sieger
Band 3966

James Henry Rubin
Eugène Delacroix Die Dantebarke
Band 3938

Fischer Taschenbuch Verlag

fi 501/2b

kunststück

herausgegeben von Klaus Herding

Willibald Sauerländer
Das Königsportal
in Chartres
Band 3911

Hans-Joachim Schalles
Der Pergamonaltar
Band 3925

Hans-Werner Schmidt
Edward Kienholz
The Portable War
Memorial
Band 3948

Uwe M. Schneede
Edvard Munch
Das kranke Kind
Band 3915

Norbert Schneider
Jan van Eyck
Der Genter Altar
Band 3933

Michael Schwarz
Felix Droese
Ich habe Anne Frank
umgebracht
Band 3955

Jörg Traeger
Philipp Otto Runge
Die Hülsenbeckschen
Kinder
Band 3942

Franz-Joachim
Verspohl
Joseph Beuys
Das Kapital
Raum 1970–1977
Band 3906

Adolf Max Vogt
Karl Friedrich
Schinkel
Blick in Griechen-
lands Blüte
Band 3924

Anne M. Wagner
Jean-Baptiste
Carpeaux
Der Tanz
Band 3961

Martin Warnke
Cranachs Luther
Band 3904

Paul Zanker
Die Trunkene Alte
oder Das Lachen
der Verhöhnten
Band 3960

Thomas Zaunschirm
Gustav Klimt
Margarethe
Stonborough-
Wittgenstein
Band 3931

Jörg Zimmermann
Francis Bacon
Kreuzigung
Band 3932

Fischer Taschenbuch Verlag

fi 501/1c

Victor Segalen

Der chinesische Kaiser oder Sohn des Himmels

Chronik der Tage des Herrschers

Band 3611

Der »Sohn des Himmels«, Kuang-Siu, ist ein junger chinesischer Kaiser, der 1889 in China die Macht übernahm und sich in die Tradition seiner Väter und Vorväter einfügte. Victor Segalen erzählt das Schicksal, die Geschichte des Kaisers in Form dramatischer Annalen. Die Herrschaft des Kaisers dauerte neunzehn Jahre, war aber in Wahrheit eine Scheinherrschaft, denn seine Tante, die schreckliche Kaiserin Ts'eu-hi, übte die Macht im Verborgenen aus. Nur zum Schein zog sie sich 1898, während der sogenannten »Hundert Tage der Reform«, aus dem inneren Kreis der Macht zurück. Der Roman spielt auf drei Ebenen: auf der Ebene der Erzählung des Chronisten, der vom Kaiser verfaßten Gedichte (seiner erlebten und literarisch gestalteten Wirklichkeit) und auf der Ebene der Erlasse, welche die Etappen des Machtkampfs markieren. Lust an Silbe und Wort – so definierte Segalen selbst seinen Roman, der darüber hinaus einen großen historisch-literarischen Entwurf über das Leben des vorletzten Kaisers von China darstellt. Das von 1910 bis 1912 geschriebene Buch ist Segalens Hauptwerk aus der Zeit seines China-Aufenthalts.

Fischer Taschenbuch Verlag

fi 291/2

Julien Benda
Der Verrat der Intellektuellen

Mit einem Vorwort von Jean Améry

Fischer Taschenbuch Band 6637

Die Intellektuellen sind eine Kaste für sich. Seit jeher war es ihr erklärter Vorsatz, Freiheit, Gerechtigkeit, Humanität und Vernunft zu wahren. Doch die Angehörigen dieser Kaste der »Clercs« - gemeint sind die Künstler und Philosophen, Gelehrten und Literaten, Juristen und Journalisten - haben ihr Amt verraten, seit sie begannen, sich in die Dienste der Macht zu stellen. Mit dieser polemischen These erregte der französische Sozialkritiker Julien Benda 1927 großes Aufsehen, zumal er mit ihr kompromißlos und militant die Werte der Demokratie gegen alle Tendenzen zum autoritären Staat und zum Faschismus verfocht. In einer Rezension dieses Buches schrieb damals Walter Benjamin: »Benda nimmt im Augenblick der schwersten Krisis aller im Humanismus ehemals gesicherten Begriffe von Gerechtigkeit, Wahrheit und Freiheit die besten Traditionen seines Landes auf, um die Intelligenz, die diese Losungen verraten hat, von neuem unter ihnen zu sammeln.« Vergebens, wie man weiß - doch Jahrzehnte später, 1958, und noch einmal 1975 wurde das Buch in Frankreich neuaufgelegt und neu diskutiert, denn es zeigt mit gallischer Schärfe, auf welche Irrwege eine Gesellschaft gerät, in der nicht mehr ernsthaft gedacht, sondern nur noch »gemacht« wird. Ein Pamphlet, das all jene trifft, die ihm ausweichen wollen. Ein großer, unverändert aktueller Denkzettel.

fi 820 / 1

Alfred Métraux

Die Osterinsel

Einleitung von Hans-Jürgen Heinrichs.
Nachwort von Christian Walter.

Kommentierte Bibliographie.

1989. 70 Abbildungen, 276 Seiten, Broschur
ISBN 3-88655-231-4

Der allgemeine Reiseboom, das Interesse an Lateinamerika und an der Südsee und die immer noch unabgeschlossene Erforschung der alten Osterinsel-Gesellschaft haben seit Jahren die von Métraux vorgelegten Theorien in den Mittelpunkt gerückt: Die Osterinsel wurde von Ostpolynesien aus besiedelt. Die erste Konzeption der »gewaltigen Büsten« war kühn, verfiel aber später der Serienherstellung.

Welch eine Konzentration von Mythen und Legenden, Rätseln und Geheimnissen, altem Wissen und Handwerk auf diesem nur mit 1000 Osterinsulanern bevölkerten Flecken Erde. Neben den überdimensionalen Köpfen, die die Landschaft beherrschen, gibt es also noch eine andere, ebenso große Kunst: mit fremden Zeichen geschmückte Holztafeln, sogenannte »Rohre des Sängers«.

Hans-Jürgen Heinrichs hat Métraux' Erfahrungen und Erkenntnisse rekonstruiert und stellt sie in den Zusammenhang der heutigen Forschung. Der auf der Osterinsel lebende Publizist Christian Walter hat ein Nachwort aus der Sicht der heutigen Osterinsel-Gesellschaft geschrieben. Der reich bebilderte Band wird mit einer kommentierten Bibliographie abgeschlossen.

Autor: Alfred Métraux (1902–1963), Ethnologe und Soziologe, veröffentlichte, außer den Büchern über die Osterinsel, die ebenfalls längst zu Standardwerken avancierten Studien über den haitianischen Vaudou und die indianischen Religionen Südamerikas. Zur Zeit erscheinen in Frankreich seine Tagebücher.